QUANQIU SHIYE
BENTU ZHIHUI
ZHONGGUO SHANGYE GUANLI ANLI JINGXUAN JI

全球视野
本土智慧
——中国商业管理案例精选集

梁剑平 主编

中国财经出版传媒集团
经济科学出版社
Economic Science Press

图书在版编目（CIP）数据

全球视野 本土智慧：中国商业管理案例精选集／梁剑平主编．—北京：经济科学出版社，2020.1
ISBN 978-7-5218-1252-7

Ⅰ.①全… Ⅱ.①梁… Ⅲ.①商业管理-案例-中国 Ⅳ.①F722.2

中国版本图书馆 CIP 数据核字（2020）第 021647 号

责任编辑：谭志军 李 军
责任校对：王苗苗
责任印制：李 鹏

全球视野 本土智慧
——中国商业管理案例精选集
梁剑平 主编
经济科学出版社出版、发行 新华书店经销
社址：北京市海淀区阜成路甲 28 号 邮编：100142
总编部电话：010-88191217 发行部电话：010-88191522
网址：www.esp.com.cn
电子邮箱：esp@esp.com.cn
天猫网店：经济科学出版社旗舰店
网址：http://jjkxcbs.tmall.com
固安华明印业有限公司印装
787×1092 16 开 14.5 印张 275000 字
2020 年 3 月第 1 版 2020 年 3 月第 1 次印刷
ISBN 978-7-5218-1252-7 定价：68.00 元
（图书出现印装问题，本社负责调换。电话：010-88191510）
（版权所有 侵权必究 打击盗版 举报热线：010-88191661
QQ：2242791300 营销中心电话：010-88191537
电子邮箱：dbts@esp.com.cn）

陈瑞球亚太案例开发与研究中心简介

陈瑞球亚太案例开发与研究中心，原名为亚太案例开发与研究中心，成立于2004年12月，是经中山大学批准成立的一家从事管理案例的开发、研究、出版和交流的专门学术研究机构。案例中心立足粤港澳大湾区，放眼全国和亚太地区，秉承中山大学优良的学术传统和人文精神，依托院内外雄厚的研究力量，以中国及亚太地区的企业为主要对象，致力于开发研究、撰写和推广包括工商管理、市场营销、会计财务等与商业和管理紧密相关的案例，构建教学案例库，组织并培训学生参加案例比赛及企业参访，积极谋求使该中心发展成为中国以及亚太地区具有一定知名度和影响力的组织，为中山大学管理学院及国内外合作院校研究、教学和培训提供支持，并服务于社会。

陈瑞球博士是香港纺织大王、香港杰出工业家，曾担任长江制衣集团、YGM贸易有限公司主席，中国人民政治协商会议全国委员会第八、第九届委员，中国香港特别行政区第一届政府推选委员会委员，获中国香港特别行政区颁授"金紫荆星章"及最高荣誉勋章"大紫荆勋章"，获广州市、无锡市、佛山市、东莞市及顺德市（现为佛山市顺德区）等多个城市的"荣誉市民"称号，并获中国香港特区多所著名大学的荣誉博士和院士。出于对本中心发展的认同和关心，热心教育的陈瑞球博士于2014年9月1日和管理学院正式签订捐赠500万元人民币的协议，以资助本中心的一切相关工作。为表彰陈瑞球博士对本中心所做之贡献，中山大学及管理学院决定把亚太案例开发与研究中心，冠名为"陈瑞球亚太案例开发与研究中心"，并聘请陈瑞球博士为该中心的荣誉主任。

鸣谢：

本书的出版得到国家自然科学基金项目（71672201，71832015）的资助，教育部重大专项课题（19JZDZ026）以及中山大学管理学院陈瑞球亚太案例开发与研究中心的资助。

感谢中山大学管理学院及其学生案例俱乐部的大力支持！

由于编著者水平有限，难免有谬误和不妥之处，尚祈专家、读者不吝指正。

序言 1

"不闻不若闻之,闻之不若见之;见之不若知之,知之不若行之;学至于行而止矣。"在工商管理学科的教学和研究中,案例作为理论与实践的桥梁,让我们能够站在管理者的角度,通过对企业等组织过去、现在甚至未来所面临的问题进行深入思考,并理论联系实际,在严谨的分析后,创造性的提出解决现实难题的可行性方案。从 1924 年哈佛商学院正式确立案例学习法为其主要教学方法以来,案例已经成为了全世界范围内工商管理学科教学和研究实践的重要途径。同时,在当今世界和中国发展的格局下,在国际规范的案例教学与研究的基础上,我们更需要撰写能够反映中国国情、具有本土特色的经典案例,建立和形成中国情境下的创新管理实践和案例体系。诚如教育部一直提倡的"顶天立地"的思想,开发、研究并使用具有中国基因的案例集对于我国工商管理学科的不断发展具有重要意义。

因此,中山大学陈瑞球亚太案例开发与研究中心编著这样一本基于中国商业实践,立足于本土企业发展现实的案例集是非常有价值的。本书主编,案例中心梁剑平主任,从工商管理、会计、财务等多个学科视角出发,就当前企业面临的挑战及前沿问题,通过典型的案例,让学界和业界一起探索企业发展与破局之路。其中的很多案例,深刻反映了时代特征与企业决策背景,具有很强的参考价值,非常值得应用于教学实践之中。

我相信通过本书,越来越多的师生将在案例的教学、研究和实践中对中国的工商管理案例有更加深入的理解,吸引和鼓励更多学者和研究人员不断创新能够解决本土企业发展问题的管理理论与实践方法。具有中国特色的工商管理学科体系建设之路漫漫,但我相信本书的编写和出版将是我们踏上这条必经之路的一个坚实的步伐。

李善民

教授,博士生导师

中山大学党委常委、副校长

2020 年 1 月 11 日于广州康乐园

序言 2

中山大学管理学院陈瑞球亚太案例开发与研究中心成立至今整整15周年，始终坚持服务工商管理学科建设和学院师生教学科研的宗旨，继承和发扬为国家和社会培养优秀工商管理人才的目标和"为教师赋能，为学生发展"的原则，不忘初心、勇于创新、开放融合。

工商管理案例的撰写、教学及研究对于商学院学术水平、教学质量、学生素质等各方面的发展都有着十分重要的作用和意义，案例教学成为目前商学院教学实践中不可缺少的内容。陈瑞球亚太案例开发与研究中心立足粤港澳大湾区，放眼全国、亚太地区及世界范围，加强对外合作与交流，通过各项案例活动提高整体教师的案例写作、研究和教学水平，并持续开展与"案例开发、研究、出版与交流"相关的具有开拓性、创新性的品牌化项目活动，为我院形成全方位、高质量的案例教学与研究打下坚实基础，有力地推动了中国工商管理本土化案例建设。

本书由陈瑞球亚太案例开发与研究中心梁剑平主任主编，在学院师生和案例中心研究人员的大力支持下编写完成。着眼于中国企业当前所面临的众多契机和挑战，从工商管理视角，结合多个相关交叉学科，探讨传统及新兴行业新趋势下所面临的困境、传统企业如何在新时代突围而出、如何有效管理团队等问题。本书聚焦和精选中国本土企业的各类型案例，希望为不同行业和不同规模的中国企业提供有效的决策指导和参考。同时，本书作为一本具有一定理论研究和实践应用价值的案例著作，既为工商管理学科的研究和教学人员提供新颖的方向和视角，也希望能进一步拉近工商管理专业学生与商业实践的距离。

王帆
教授，博士生导师
中山大学管理学院院长
2020 年 1 月 18 日书于
广州中山大学康乐园

序言 3

案例教学，作为一种兼具开放性与互动性的教学方法，有助于学生形成在真实商业情景中的代入感，基于管理者视角，提高将所学理论和知识应用于系统性分析问题和解决问题的能力，已获得国际众多商学院的广泛认同。在中山大学管理学院 EMBA 和 MBA 多年来的教学实践中，案例教学方法及其教学效果也已得到师生广泛认同。但与此同时，我们也深刻地意识到，影响案例教学质量的关键因素之一是案例本身，如案例来源、案例质量和数量以及案例时效性等，如何根据商业环境的变化和企业境遇的改变，开发研究新的具有代表性的案例至关重要。

基于这样的诉求，由我院陈瑞球亚太案例开发与研究中心主任梁剑平副教授主编，联合学院师生和有关科研人员，共同编写了本案例集。陈瑞球亚太案例中心自创始之初，致力于构建符合时代需求的中国案例体系，培养案例人才。本书秉承案例中心一直以来的理念，以中国企业所面临的实际问题为切入点，整理编写了一批能够深刻反映时代变迁和企业发展过程的优秀案例，收录了基于中国工商管理实践的系列鲜活案例，无论是对学术研究还是教学实践都具有重要意义。

面对中国商学院日益增长的优秀案例需求，相信本书能够有效服务于各大院校的教学实践，提升教学质量与教学效果。同时，也期望该书能够激发和带动更多教学一线老师和学生的案例编撰和学习热情，积极开发更具时代意义、更前沿、更为系统的符合教学需求的案例库，为在工商管理领域形成解释中国的解释学、说明书以及让世界了解中国的方法论，贡献一份力量。

刘静艳

教授，博士生导师

中山大学管理学院副院长

2020 年 1 月 18 日书于

广州中山大学康乐园

序言 4

案例是目前国内外主流商学院教学实践中的重要组成部分。案例的开发、教学及研究对于提升商学院教学研水平、锻炼学生理论联系实际的分析能力、培养 EMBA 和 MBA 等高级管理人才的决策能力等各方面都有着非常重要的作用。案例的撰写可以及时总结企业的经验教训、萃取企业智慧和反映决策困境，并能在商学院的教学中复盘重要和典型的企业决策过程。案例开发也可以为工商管理研究者和教学人员提供新的研究方向和教学视角。除此之外，案例教学可以增强学生的积极性，让学生主动代入案例中的相关角色参与课堂讨论，理论联系实际，加深对理论知识的理解和运用，提升学生在复杂环境中的思维和决策能力。

目前国内公开出版的本土案例仍然比较缺乏。为了更好解决这一问题，中山大学管理学院陈瑞球亚太案例开发与研究中心长期以来一直注重营造良好的案例教学文化，鼓励学院教师们针对中国本土案例进行开发，积极参与国内外优秀案例库的投稿参评活动，并向全国优秀商学院进行案例征集，推动中国本土案例的建设。本案例集便是案例中心一直以来积极进行案例开发的成果。案例中心联合学院师生和相关人员，共同编写了本案例集。

我们希望本案例集可以为中国工商管理的发展有所帮助，体现中国企业智慧，及时总结经验教训，充实本土案例库，为案例教学提供更多鲜明生动和与时俱进的教学素材，促进工商管理理论和实际的结合，培养更多符合新时代要求的高素质人才。案例的开发仍有提升空间，我们也非常欢迎广大读者批评、指正。

梁剑平
副教授，博士生导师
主任以及项目负责人
陈瑞球亚太案例开发与研究中心
中山大学管理学院
2020 年 1 月 23 日书于
广州中山大学康乐园

目 录
CONTENTS

第一部分　新经济与转型升级

财报亏损的京东市值超 500 亿美元：继续升值还是泡沫破灭？ …………… 3
长城汽车的聚焦 "SUV" 之惑 …………………………………………………… 27
唯品会：电商的新零售发展之路 ………………………………………………… 37
HE 宜可：传统矿泉水企业何以在新时代东山再起？ ………………………… 67

第二部分　新常态下的组织管理

让人心愁的薪酬 ……………………………………………………………………… 103
草草收场的薪酬改革 ……………………………………………………………… 112
电装管路公司的罢工事件 ………………………………………………………… 119
走还是留？领导信任与员工离职 ………………………………………………… 131

第三部分　案例教学实践

双陈普洱：高端普洱茶品牌突围之路 …………………………………………… 147
共享经济下平台商业模式的价值创造点——以 Airbnb 为例 ………………… 167

第四部分　案例中心年度报告

陈瑞球亚太案例开发与研究中心 2015 年年度报告 ………………………… 191
陈瑞球亚太案例开发与研究中心 2016 年年度报告 ………………………… 195
陈瑞球亚太案例开发与研究中心 2017 年年度报告 ………………………… 199
陈瑞球亚太案例开发与研究中心 2018 年年度报告 ………………………… 205
陈瑞球亚太案例开发与研究中心 2019 年年度报告 ………………………… 212

第一部分

新经济与转型升级

财报亏损的京东市值超 500 亿美元：
继续升值还是泡沫破灭？[①]

陈玉罡　莫　昕

(中山大学管理学院，广州，510275)

摘　要：2017 年 11 月 1 日，京东正式启动全球好物节，根据京东方面披露的数据显示，截止 11 日 7 时 46 分 58 秒，京东累计下单金额超过 1 000 亿元。2017 年 11 月 13 日，京东的市值达到 588 亿美元，在国内仅次于 BAT。根据 2016 年的年报数据显示，京东仍然是亏损的。一家亏损的企业为什么市值不断创新高？传统的以财务数据为基础的估值还能运用于互联网企业的估值吗？截至 2017 年 11 月，京东的市值已经超过 500 亿美元，作为投资者，应该期待泡沫的破灭还是期待京东创造另一个奇迹？

案例正文

1　引言

2017 年 11 月 1 日，京东正式启动全球好物节，根据京东方面披露的数据显示，截止到 11 日 7 时 46 分 58 秒，京东累计下单金额超过 1 000 亿元。与此同时天猫方面在 2017 年 11 月 11 日凌晨开启 2017 年天猫"双十一"活动，截止上午 9 点 00 分 04 秒，天猫交易额冲破 1 000 亿元，较 2016 年 18 时 55 分 36 秒的用时又有了大幅的缩短[②]。"双十一"当日，京东和天猫的高管对于京东的交易额的计算区间的问题进行

[①] 本案例授权中山大学陈瑞球亚太案例开发与研究中心使用，陈瑞球亚太案例开发与研究中心享有复制权、修改权、发表权、发行权、信息网络传播权、改编权、汇编权和翻译权。由于企业保密的要求，在本案例中对有关名称、数据等做了必要的掩饰性处理。本案例仅供教学使用，并提供材料作课堂讨论，并无任何意图证明、揭示或暗指所涉及的管理情景和管理方式是否合理及有效。本案例中的观点仅代表作者的观点。本教学案例改编自陈玉罡，刘彧，莫昕等著的《大数据与互联网公司估值》(东北财经大学出版社，2019 年) 中的京东案例。

[②] 数据来源于京东和天猫各自的披露。

了隔空的争论,自然天猫作为国内最大的电子商务平台不愿轻易让出自己的宝座,但不能回避的问题是,京东已经成为一个能够给天猫的霸主地位带来巨大威胁的竞争者,以往天猫的一家独大、独领风骚局面已经逐渐转变。

2　京东的发展历程

早在1998年,京东的创始人刘强东就在北京中关村创办了京东,那个时候的京东只是一家代理销售光磁产品的代理商。到了2001年,京东进一步演变为零售商,刘强东创办了名为京东多媒体的零售店,主要销售电脑相关的一些产品,比如鼠标、键盘等。不同于阿里巴巴,京东最初并非一家电子商务企业,而是做线下业务起家的。原本打算继续扩大线下零售的连锁店数量和规模的京东,却在2003年遇上了"非典"疫情,这使得线下经营的京东主营业务大受打击。为了摆脱这一困境,京东从2004年起在创始人刘强东的带领下向网上零售商转型。虽然起初是为了走出线下业务冷淡的困境才将业务转移到线上的,但很快京东发现即便在疫情结束,线下业务恢复之后,线上业务的订单量却增长得更快,在此背景下公司的业务重心不断转移,终于在2004年底刘强东做出了关闭线下零售业务的决定。京东由此正式成为一家以3C产品和家电为主的网上零售企业。

转型电商企业之后,京东迅速成长为我国电商发展史上重要的先导者之一,在十多年间由小变大,由弱变强,逐渐从同行之中脱颖而出,成为国内仅次于天猫的第二大的B2C电商企业。在2017年"双十一"期间,京东甚至已经能和龙头老大天猫分庭抗礼。

从主营3C产品和家电零售起步的京东,起初的发展主要以自营零售业务为主,品类也比较集中,给人的印象也与初创时主营书籍的当当网类似:京东就是一个卖电子产品和家电的。京东通过优质的经营服务,在2008年成为中国最大的自营类B2C平台,销售额超越了当当和卓越。而随着用户规模的进一步扩大,京东也尝试拓展自身的品类,先后上线了日用品、百货、图书等商品,向综合型电商转型。

与此同时,京东也在2010年正式上线了第三方卖家平台,开放第三方卖家入驻京东电商平台直接向消费者销售商品。由此京东打开了平台业务,并迎来了大量第三方商家的加入。据京东方面披露,在2014年上市前的几年间,京东平台的第三方卖家数量达到3万家,SKU数量(SKU指每款对应的、便于电商品牌识别商品的一种编码,商品的型号、颜色等不同则SKU编码也不相同,否则会出现混淆而发错货)达到2 500万个。而2014年京东上市之后,第三方平台业务发展更为迅猛,到2017年第二季度已经有13万户商家进驻了京东第三方平台。

另一个促成京东走向国内电商企业的巅峰改变是京东早期的物流自建。从2006

年开始，京东先后在上海、北京、广州建立物流体系。然而对于轻资产的电商企业而言，自建物流的资本投入无疑是一大障碍，京东高速增长的订单量和销售额使得原有的物流体系难以满足平台的需求。为了能够持续提供稳定高效的物流服务，京东进一步在2009年成立物流子公司，并将当时融资获取的资本金较大部分都投入到物流体系的建设和扩展之中，于2010年建成华北、华南、华东、西南四大物流中心。此后，京东不断加快推进自建物流系统的建设与完善工作，投入巨大的同时，多个现代化的物流中心先后投入运营。较早的布局和持续的投入使得京东在早期国内物流市场仍处在零散分割状态的时候就能够提供如"211限时达"这样的极速物流服务，创造了较好的客户体验。这也成为京东一直以来的核心竞争力之一。目前来看，在服务质量、配送速度、客户投诉率等方面京东自建物流甚至好于国内的许多物流公司。

依托自营业务的稳固发展、第三方平台业务的高速增长以及自建物流提供重要的竞争力支持，京东不断发展壮大。从2007年获得来自今日资本的第一笔1 000万美元的融资开始，京东先后经历了数轮融资，在2014年上市前累计达到29亿美元，其中不乏知名的国际投资机构，如老虎基金、高瓴资本、红杉基金等。2014年5月22日，与腾讯达成战略合作不久的京东正式在美国纳斯达克交易所挂牌上市，并通过首次公开发行募集资金17.8亿美元。

通过上市后的快速发展，京东集团目前的业务已经涵盖了电商、物流和金融三大板块，其中最为重要的京东商城目前已成为国内最大的自营类电商，并且地位稳固。在B2C平台之中也仅次于阿里巴巴旗下的天猫。2016年底京东的GMV（gross merchandise volume，即网站成交金额，实际指拍下订单金额）达到6 600亿元，同时拥有2.27亿活跃用户。京东商城正朝着全品类努力，打造综合型一站式购物平台。此外，京东的物流业务在2017年开始逐步对外开放，有望在未来实现盈利；金融业务通过从集团中剥离，为获得更多牌照，甚至在未来独立上市做好了准备。

在近年来高速发展的互联网公司之中，电子商务企业绝对是不容忽视的一股中坚力量。2017年11月的数据显示，全球市值排名前列的互联网公司之中，国内电子商务龙头阿里巴巴以4 772.10亿美元排名第四，仅次于谷歌、亚马逊和Facebook。京东则以568.75亿美元的市值排全球第十一位，在国内仅次于三巨头BAT，并且与百度的差距已经不大[①]。阿里和京东两家国内的电商巨头也不再满足于电商领域的发展，在近年早已开始利用自身的优势开拓物流和金融等新业务。可以看出，以阿里和京东为代表的电商类互联网公司有着举足轻重的地位（见附录二）。

---

① 根据WIND数据显示，2017年11月11日，腾讯控股市值为4 692.90亿美元，百度市值为824.31亿美元。

3 京东的主营业务模块

3.1 京东商城

京东商城是中国仅次于阿里巴巴的第二大电商平台,通过将业务侧重于 B2C 的细分市场,开展专业化的批发零售业务,京东商城获得了较好的声誉,被视为高质量产品的供应平台。这是与非专业化的商家直销产品给消费者的 C2C 业务具有显著差异的地方。从 2016 年公开的年度数据来看,京东在 B2C 市场占有 32% 的份额(以 GMV①为参考指标计算份额),相较之下第一位的天猫商城占据了 53% 的份额。

京东商城在初创之时就是从批发零售业务,即自营业务做起,目前已经成为中国最大的自营类电商平台。从 2010 年开始,京东商城也引入了第三方平台业务,但直到 2017 年的第二季度,京东商城的自营业务收入贡献仍然占到总体的 91%,从 GMV 方面来看第三方平台业务贡献了总体的 43%。

这种收入与 GMV 贡献份额的巨大差异来源于自营业务和第三方平台业务在确认收入和成本时的不同方法。首先,必须明白 GMV 的含义,以及不同业务中收入和成本的确定方法,才能对京东商城的业务构成有更好的理解。

GMV = 销售额 + 取消订单金额 + 拒收订单金额 + 退货订单金额

从以上等式可以看出,只要在网站上下了订单并生成订单号,网站就将计算 GMV,但在 GMV 转化为平台的实际收入即常说的营业收入过程中存在流失量,即:

取消订单金额:下单以后后悔并取消订单,未产生营业收入。

拒收订单金额:货物配送后买家拒收订单,未产生营业收入。

退货订单金额:买家签收货物后申请并完成退货,营业收入应冲销,实际未产生营业收入。

这样一来,第一层转化就随之产生,即 GMV 到营业收入的转化,这一步的转化率主要由订单取消、拒收、退货的发生率决定,以上情况出现的几率低的情况下 GMV 转化为营业收入的转化率也就相应较高。

第二层转化是营业收入到毛利的转化。对于正常的产销业务,营业收入扣除营业成本(可能包括直接材料、直接人工和制造费用等)就是毛利。比如生产一台电脑成本是 3 000 元,卖给客户赚了 5 000 元,毛利就是 5 000 - 3 000 = 2 000(元)。在这 3 000 元的成本中,仅考虑了能够直接归入这台电脑的成本,如原材料、零配件等的成

---

① 成交总额(gross merchandise volume, GMV)指的是一定时间段内的成交总额。在电商网站的定义里是网站成交金额,实际指拍下订单金额,其中包含付款和未付款的部分。

本。而对于那些支撑企业整体运营的成本如管理费用、财务费用、销售费用等暂不考虑，这就是营业利润与毛利的差别。

对于京东商城的自营业务而言，营业收入就是实际产生的产品销售收入，即GMV经过第一步转化之后的结果，由于此时京东商城扮演的是批发零售商的角色，营业成本简单来说就是从供应商那里进货的成本，收入与成本的差值就是自营业务的毛利。然而，对于第三方平台业务而言，京东商城扮演的是中介平台的角色。一般而言，第三方平台是以收取交易佣金的形式获取收入，即第三方商家在平台上销售商品成功之后，按照事先约定的销售额比例向第三方平台支付交易佣金。此时对于京东商城来说，营业收入就是获得的交易佣金，而营业成本则是那些能够被归集到这一平台中介活动的成本。因此，第二层转化的路径就决定了自营业务和平台业务的GMV、营业收入和毛利贡献率的巨大差异。

可以通过一个简单的例子来直观地理解这一问题：

假定京东商城自营业务和第三方平台业务的GMV都是5 000亿元人民币，GMV转化为销售额的转化率为10%，自营业务的营业成本率为90%，第三方平台业务的交易佣金为销售额的8%，营业成本率为20%。注意到GMV转化为销售额对于第三方平台业务而言转化产生的营业收入是第三方卖家的营业收入，京东这部分的营业收入是以此为基础计算的交易佣金。

这样一来便可以得到如附录三所示的结果。

可以看出，由于自营业务和平台收入确认的口径差异以及业务性质（重存货与轻资产）的差异，京东商城的自营和平台业务在相同GMV水平下营业收入、毛利的水平都存在较大差异。归属于京东的营业收入中平台业务收入未达到自营业务的1/10，但毛利水平又比较接近。

以上例子可以直观地看出，京东自营业务的毛利和第三方平台业务的营业利润在收入确认口径存在差异以及业务性质不同的前提下具有一定的可比性。从京东方面披露的真实数据来看：2015年的自营业务GMV转化率和第三方平台业务转化率（分别为毛利/GMV和营业利润/GMV，具有一定的可比性）分别为4.2%和6.1%，2016年分别为4.4%和6.5%。京东商城各业务总体的转化率在这两年分别为5.0%和5.2%。可以看出，每一单位GMV为自营业务和平台业务贡献的收益是比较稳定的，同时，GMV转化为收益的转化率也在逐年稳步上升，这主要是得益于京东自营业务不断产生的规模经济效益、对供应商议价能力的提升。对于第三方平台业务而言，京东商城目前的收入主要来自佣金收入，随着未来营销服务创造更多的收入，平台业务的GMV转化率有望得到提升（见附录四~附录六）。

（1）自营业务。京东商城最早通过自营业务起家，也因此建立了比较稳固的良好声誉，被广泛视为一个价格合理且商品质量较高的电商平台。通过自营业务，京东商城能够提供标准化的发票、快速的配送服务和高质量的商品。京东商城最初就尝试与品牌供应商建立批发零售关系，这使得京东能够实现相较于同行尤其是平台类电商而言更低的客户投诉率和更高的客户满意度。在2017年，京东商城的服装得到了美国的服装与鞋类商品协会（AAFA）的认证，而淘宝网被列入了黑名单。同时京东的直营业务能够提供标准化的发票也是竞争优势之一，京东和天猫都能够为企业类买家提供采购的平台，并且京东在服务质量标准方面更胜一筹。快速的物流服务也是京东商城能够培养较高的客户忠诚度的重要原因，越来越多的消费者为了追求更准时和及时的配送服务而选择京东。

（2）第三方平台业务。京东商城的第三方平台业务实际上是比自营业务更具有增长潜力的业务。阿里巴巴旗下的天猫和淘宝网是京东商城在中国本土的主要竞争者，但在平台业务方面，前者的主要收入是来自在线商城的布局、数据分析以及渠道拓展这些市场营销方面的服务，后者则以交易佣金费用为主（京东商城平台业务的交易佣金收入占到50%以上）。可以看出，京东商城的平台业务更加注重交易而非注重渠道建设。从收取的交易佣金费用占销售额的比重来看，京东的交易佣金绝大多数达到了5%~8%，高于天猫的0.4%~5%和聚划算的3%，此外，淘宝网是不收取平台交易佣金的。此外，虽然天猫商城的交易佣金较低，但商家需要为每一次的点击量支付一定的成本，这也是天猫和京东的平台业务各自注重交易和注重渠道及流量这一不同特征决定的。相比起天猫商城，京东的平台业务可以在品类和流量的拓展方面努力，而这也确实是京东正在做的：一方面，近年来京东商城引入了较多的第三方商家，并从最初主要经营IT和电子产品到日用品、书籍、服装，极大地扩展了商品品类；另一方面，京东与我国国内的互联网巨头企业如腾讯、百度、今日头条等深度合作，致力于增加渠道和流量。

对比国内的主要竞争者，天猫商城的收入中营销服务收入是交易佣金收入的两倍。天猫有着比京东更为成熟的技术优势，主要体现在天猫商城更为强大的产品检索、个性化推荐等方面，京东在这方面相较于国内领先的天猫仍有差距。未来预计这一差距将在京东商城引入战略合作者的努力下实现追赶。

对比起国际上的标杆企业亚马逊，京东身上有许多与这家国际龙头电商相似的地方。亚马逊电商平台中直营业务收入也占到了70%以上（京东商城为91%）；第三方平台的订单量占到了49%（京东商城为45%）；自建物流的使用率方面亚马逊也达到了55%（京东商城为50%）。从以上数据来看，比起国内的主要竞争者天猫商城，京东与国际领先的亚马逊更为相似，但亚马逊有着京东目前所不具备的出色的云服务。但京东若能够在技术方面有重要的改善和突破，创造收入增长的能力是十分巨大的，这是其第三方平台业务的一个重要的潜在增长点。

3.2 京东物流

京东从2007年开始自建物流服务，从2017年4月起，京东物流开始对第三方开放，目前京东物流仍然是一个京东的全资子公司。内部的自建物流使得京东能够大大提高送货效率，保持较高的服务质量，这是京东主要竞争优势之一。通过内部的自建物流，京东的存货周转天数减少到 32 天（行业平均水平为 70 ~ 90 天）。

与国内物流的标杆企业顺丰一样，京东物流也受到了客户的广泛好评。京东物流在电子商务领域确立了新的行业标准，当天猫实现了次日达时，京东物流已实现当天送货。进一步地，京东推出了"京准达"，这项服务允许客户选择一天内某个特定的 30 分钟作为交货的时间范围，精准的配送时间控制更大程度上方便了消费者。到 2016 年底，京东物流有 256 个仓库、6 906 个小点、7 个智能物流中心、覆盖全国 2 658 个城市。京东正投资于以技术为基础的物流体系，在扩展仓储、运输和配送服务以及供应链解决方案方面不断努力，致力于提供如无人机、无人驾驶汽车、无人仓库等物流技术服务以及销售预测和库存管理等数据服务。

京东 CEO 刘强东表示，目前京东已经拥有能够运输 5 ~ 30 公斤的货物、时速 100 公里的配送无人机，而承载量达到 1 000 公斤的机型仍然在测试之中。2017 年 6 月顺丰成为第一家获得我国政府许可使用无人机进行配送服务的公司，京东物流极有可能成为第二家。在 2017 年的"618 购物节"期间，京东物流的智能物流机器人在部分试点投入使用，据披露，智能机器人的捡货效率是正常人工处理的 5 ~ 6 倍，预计在 2018 年底，机器人将在京东物流正式投入使用。

受益于成熟的自建物流体系、不断改善的技术以及规模经济效应，根据国家邮政局公布的数据显示：京东物流的每个订单成本从 2015 年初的超过 15 元人民币下降到了 2017 年初的 12.3 元，并且从 2016 年初开始，京东物流的每单成本已经低于中国的行业平均水平。另外，受益于电子商务的高速发展，我国的物流行业在过去十年间经历了超过 30% 的年均收入增长。到 2017 年，增长速度仍然有增无减，未来随着我国物流行业越来越注重服务质量和效率，京东物流有望获得更大的发展。

2016 年京东物流的市场份额占比为 4.07%（见附录七）。在物流行业发展的初始阶段，进入的成本较低，但随着产业的不断成熟，小公司最终将走向被大公司吸收的道路。目前我国物流行业正处在这一转型阶段，2016 年，顺丰和"三通一达"相继以不同的方式上市。对于京东物流而言，这也是一个通过其背后技术驱动的核心竞争力扩大市场份额的良机。2017 年 4 月对于自营业务之外的卖方开放物流服务，是京东物流迈出的第一步。

3.3 京东金融

京东金融是京东自 2013 年开始独立经营的子公司，在 2016 年 3 月经历了 A 轮融资，并在同年宣布将从集团内部分拆该部分业务，分拆在 2017 年上半年完成。通过处置 68.6% 的京东金融的股权，京东集团获得 143 亿元现金、40% 的京东金融未来的税前利润以及可将这部分利润索取权在未来转换为京东金融40%股权的期权（见附录八）。

京东金融进行A轮融资时，做出了在五年之内以不低于930亿元的估值上市，否则将以9.37%的年利率回购股份的承诺。目前京东金融的主要业务主要包括消费者金融、供应链金融、支付服务、数据服务、资产管理业务和综合业务等板块，其中供应链金融是最具盈利能力的业务。对于消费者而言，京东白条是京东金融提供的最主要的产品。京东白条允许客户在30天内免息延迟付款，同时提供3~24个月的分期付款期限供选择，根据使用者信贷历史记录收取0.5%~1.2%的月利息。除了能够在京东商城使用之外，京东白条在2016年还拓展了线下门店的白条云闪付功能。现在在全国超过千万个POS机和门店，白条云闪付都是可以使用的新型付款方式。

除此之外，京东金融还将白条业务的收款权证券化，在2017年发行了我国第一款消费者金融资产支持票据（A评级产品年化收益率为4.8%，B评级产品为5.5%）。根据京东披露的信息显示，京东白条的坏账率可以被控制在2%左右，甚至在个别时期能够低于商业银行的同期坏账率水平。

京东金融最主要的收入来源于供应链融资业务，主要产品包括京保贝、京小贷和动产融资业务，目标用户为京东商城的供应商，它们可以在0.033%的日利率下进行12个月、额度达200万元的借款。对于动产融资，则有最高5000万元的借款限额，主要根据借贷人的资信状况决定。类似于消费者金融服务，京东金融在2016年将其供应链融资业务的服务对象扩展到了京东商城之外。

京东金融在2012年10月推出了第三方支付业务——京东支付，此时国内第三方支付市场已被阿里巴巴占领。到2017年第一季度，京东支付在线上第三方支付和移动端的份额分别为2.9%和1.0%（阿里支付为30.7%和64.2%）。在2017年，京东金融通过和中国银联合作推出了京东闪付的新业务，不同于目前占据了支付市场90%以上份额的支付宝和微信，京东闪付采用了和Apple Pay类似的基于NFC技术的支付方式，试图通过差异化获得市场份额。

结束语

和其他互联网公司一样，京东逐渐成为生态圈，囊括了电商、物流、金融等多个业务板块。2017年京东能盈利吗？在盈利的基础上，京东的市值会上涨多少？如果2017年京东继续亏损，其市值会降低吗？京东和乐视网会一样吗？

附 录

附录一：

2014~2016年京东的利润表摘要　　　　　　　　　　单位：万元

报告期	2016-12-31	2015-12-31	2014-12-31
营业总收入	26 012 164.50	18 128 695.50	11 500 231.70
营业总支出	26 226 654.20	18 499 628.20	12 080 475.40
营业利润	-214 489.70	-370 932.70	-580 243.70
税前利润	-323 422.40	-940 184.40	-497 703.40
净利润（GAAP）	-380 679.00	-937 801.60	-499 635.80
非经常性损益	197 342.00	-235 810.70	21 462.30
扣非后归属母公司股东的净利润	-578 021.00	-701 990.90	-521 098.10
EBIT	-214 489.70	-370 932.70	-580 243.70
EBITDA	149 707.10	-109 026.60	-415 190.40
净利润（NON-GAAP）	100 042.60	-86 005.50	36 266.90

资料来源：WIND数据库。

附录二：

BATJ公司2017年11月10日和13日的股价数据

企业名称	股票代码	10日股价(周五)	13日股价(周一)	所属行业
腾讯控股	0700.HK	385.4HKD	387.6HKD	互联网软件与服务
阿里巴巴	BABA.N	186.41USD	184.54USD	互联网零售
百度	BIDU.O	237.40 USD	237.37USD	互联网软件与服务
京东	JD.O	39.96USD	41.34USD	互联网零售

附录三：

自营业务与平台业务的 GMV 转化比较　　　　　单位：亿元

业务	GMV	GMV 转化率	销售收入	交易佣金率	归属京东营业收入	营业成本率	毛利
自营业务	5 000	10%	500	无	500	90%	50
平台业务	5 000		500	8%	40	20%	32

附录四：

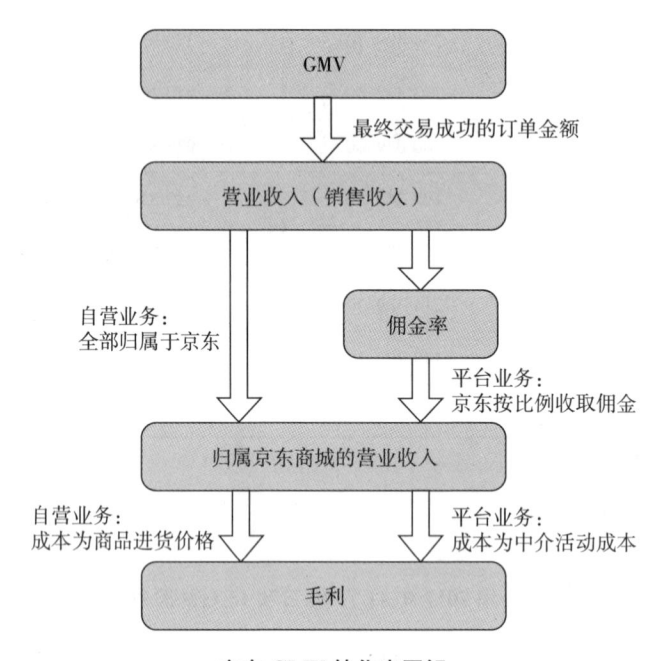

```
                    GMV
                     │
              最终交易成功的订单金额
                     ↓
              营业收入（销售收入）
                   │      │
                   │      ↓
                   │    佣金率
    自营业务：     │      │ 平台业务：
    全部归属于京东  │      │ 京东按比例收取佣金
                   ↓      ↓
              归属京东商城的营业收入
                   │      │
    自营业务：     │      │ 平台业务：
    成本为商品进货价格│    │ 成本为中介活动成本
                   ↓      ↓
                    毛利
```

京东 GMV 转化率图解

附录五：

京东重要指标概览

年份	2011	2012	2013	2014	2015	2016
GMV（亿元）	327.0	733.0	1 255.0	2 062.0	4 627.0	6 582
活跃用户数（万人）	1 250.0	2 930.0	4 740.0	9 060.0	15 500.0	22 660
订单量（百万单）	65.9	193.8	323.3	689.0	1 263.1	1 600

资料来源：根据招股说明书和公司公告整理。

附录六：

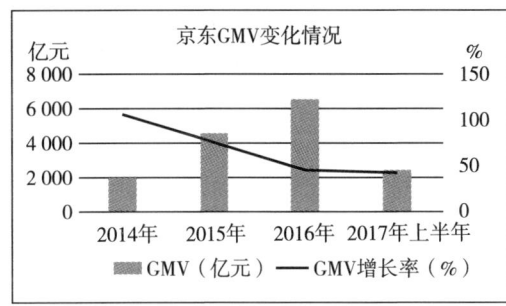

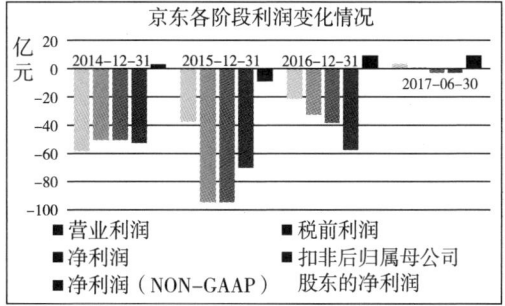

	2014年	2015年	2016年	2017年上半年
净亏损/利润（亿元）	-50	-94	-35	-2.87
非美国通用会计准则（亿元）	3.627	-8.505	10	9.765

京东 GMV 与其他指标变化

资料来源：根据招股说明书和公司公告整理。

附录七：

2016年我国物流行业市场份额

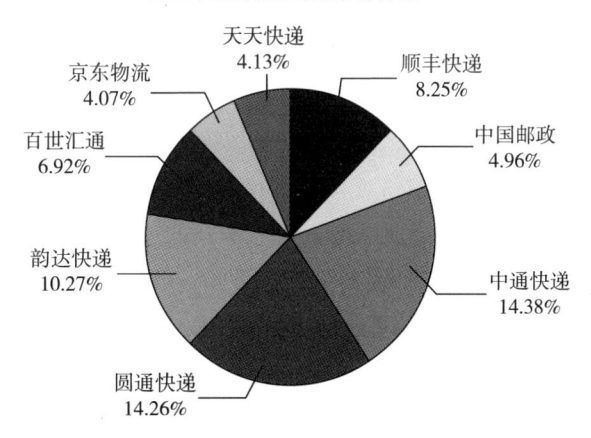

- 天天快递 4.13%
- 京东物流 4.07%
- 百世汇通 6.92%
- 韵达快递 10.27%
- 圆通快递 14.26%
- 中通快递 14.38%
- 中国邮政 4.96%
- 顺丰快递 8.25%

2016 年物流行业市场份额

资料来源：Analysys 易观千帆大数据分析。

附录八：

京东金融获得的投资　　　　　　　　　　单位：亿元

日期	轮次	投资者	获得对价	估值
2016年3月	A轮	红杉中国、中国太平等13家投资者	66.5	466.5
2017年3月	分拆处置	未公开	143.0	500.0

教学笔记

1　教学目的与用途

本案例适用于本科生、研究生、MBA 的公司金融、财务报表分析与证券定价等课程，帮助学生理解互联网企业的特点以及互联网企业的估值与传统企业估值的异同点。

2　启发思考题

（1）一家亏损的互联网企业为什么能上市？
（2）一家亏损的互联网企业为什么市值会不断创新高？
（3）传统的估值模型能应用于互联网企业估值吗？
（4）如何对京东这类互联网企业进行估值？
（5）2017 年乐视网陷入了困境，京东会和乐视网一样吗？

3　分析思路

（1）一家亏损的互联网企业为什么能上市？

分析：以财务数据为基础，结合美国资本市场和中国资本市场 IPO 的制度来分析。

（2）一家亏损的互联网企业为什么市值会不断创新高？

分析：从企业资金的投入方向与未来可能产生的价值之间进行分析，投入应能带来企业未来价值的增加。处于成长期的互联网企业由于其投入比收入要大，所以财务上是亏损的，但投入能带来未来价值的增加。需要引导学生讨论未来价值来自哪里，如何判断是否能带来未来价值的增加。

（3）传统的估值模型能应用于互联网企业估值吗？

分析：可以先用传统的现金流贴现模型来估算，看看在模型应用上遇到哪些问题。一般会遇到的问题包括盈利为负、现金流为负、贴现率不知道如何算。

（4）如何对京东这类互联网企业进行估值？

分析：可以让学生课前先搜索一下不同互联网企业的估值方法，然后让学生专注于讨论电商类企业的估值方法。引导学生讨论电商类企业的关键指标（GMV），尝试建立股价与 GMV 之间的关系。另外，对业务板块多的企业，引导学生对每个业务板块单独估值，加总后得到整个企业的估值。

（5）2017 年乐视网陷入了困境，京东会和乐视网一样吗？

分析：首先，引导学生对比京东和乐视的业务模式区别；其次，引导学生对比京东和乐视的财务指标；最后，引导学生对比京东和乐视各个模块之间的协同效应强弱。

4　理论依据与分析

（1）传统的现金流估值模型。第一步，估算京东未来的自由现金流（仅供参考）。

设定主要假设：①2017 年的自由现金流（FCF）预计增长率为 40%（与预计的 GMV 增长率相当），并以每年 5% 递减至 2024 年。②永续增长率为 2%，永续增长期间从 2025 年开始。

得到如附录一的数据。

第二步，计算加权平均资本成本 WACC。

在计算 WACC 时，我们可以先参考一些经验值。纽约大学斯特恩商学院提供了美国上市公司行业 WACC 的数据，学生可以从如下网址获得数据来源：http://www.stern.nyu.edu/~adamodar/New_Home_Page/data.html。

京东属于零售行业，该行业的 WACC 相关数据如附录二。

其中：

行业平均 β 值为 1.23；

权益的资本成本为 9.43%；

权益价值占比为 91.47%；

股价的标准差为 50.54%；

债务的资本成本为 4.05%；

税率为 8.46%；

税后债务资本成本为 2.43%；

债务价值占比为 8.53%；

资本成本 Cost of capital 为 8.84%。

京东的 β 系数为 1.24（来自雅虎财经；亚马逊的 β 系数为 1.42，阿里巴巴的 β 系数为 2.59）。京东的 β 系数与 stern 数据库中行业为在线零售商 Retail（Online）的 β 系数十分接近。因此直接使用 stern 数据库中的权益资本成本和债务资本成本数据，结合京东自身的平均税率和权益债务占比计算京东的 WACC。

权益价值使用公司市场价值为 573.1 亿美元①；

负债价值使用公司第三季度报告披露的总债务账面价值为 193.77 亿美元；

京东的 E/（D+E）=74.73%；D/（D+E）=25.27%。

由于京东目前仍然处于亏损状态，债务资本成本总的税盾尚未得到体现，预计在 2017 年京东能够首次实现盈利，将开始在债务资本成本之中产生税盾。

WACC（JD）= 9.43% × 74.73% + 2.43% × 25.27% = 7.66%

通过以上假设，计算得到京东在 2017 年末的企业价值为 440.28 亿美元（对应 2017 年末的股价为 31.03 美元/股），低于 2017 年 11 月 17 日收盘价 40.25 美元/股以及基于 P/GMV 估值的结果 743.74 亿美元（对应 2017 年末的股价为 52.41 美元/股）。基于传统的财务方法对京东进行估值出现偏差的原因可能存在于：京东目前仍然处于净利润转正的过程之中，现金流状况仍然不稳定，且上市仅三年可参考数据较少，对未来自由现金流增长的估计可能存在较大偏差。此外，基于传统财务方法估值很可能不适用于互联网企业，部分假设难以成立。

通过对永续增长率进行敏感性分析，我们可以得到京东的估值范围为 27.63 ~ 56.52 美元/股（见附录三）。

（2）基于 GMV 对京东电商的估值。对于互联网企业，在无法采用现金流贴现模型估值的时候，往往用相对估值法进行估值。最常用的相对估值比率包括市盈率（P/E）、市净率（P/B）和市销率（P/S）等。模型中的比率可能基于类似企业的对应比率选取，也可以基于本企业的历史数据估计。

P/E 估值：公司估值 = 预估 P/E（来自类似公司或自身过往数据）× 预估每股收益

优点：①计算市盈率的数据容易取得，并且计算简单；②市盈率把价格和收益联系起来直观地反映了投入与产出的关系；③市盈率涵盖了风险补偿率、增长率和股利支付率的影响，具有很高的综合性。

局限性：如果收益是负值，市盈率就失去意义。故市盈率估值适合连续盈利的企业。

从中可以看到在美国通用会计准则（GAAP）和非美国通用会计准则（Non-GAAP）计算的净利润存在明显差异。在 Non-GAAP 下计算的净利润显示京东在 2016 年已有盈利，但按照 GAAP 准则，京东在 2017 年上半年仍处于亏损状态（根据京东披露的公开信息，2017 年京东二季度基于 GAAP 净亏损 2.87 亿元，而 Non-GAAP 下则实现净利润 9.765 亿元）。

在美国上市的企业都需要用 GAAP 来作账和出具财务报告。而 Non-GAAP 则指

---

① 由于该案例是在"双十一"后完成，我们基于 2017 年 11 月 17 日收盘价数据计算了京东当时的市值。

企业在 GAAP 基础上加工后的财务报表。差别主要在于非常规的一次性非经营性支出会在 Non-GAAP 中予以剔除，以反映实际业务表现。而对于京东这样的互联网公司来说，股权激励是财报调整的项目。从京东财报可以看出，2017 年二季度 Non-GAAP 数据剔除的最大项目就是股权激励，高达 7.47 亿元。另外，是资产和业务收购所带来的无形资产摊销，也达到 4.43 亿元。由于这种差异的存在，不仅仅是京东，我国在美国上市的企业讨论财务报表基本都是基于 Non-GAAP 的数据，GAAP 数据可能仅仅是上交给美国证券交易委员会的必要流程。一般的观点认为，GAAP 数据倾向于低估企业利润。如果要用 P/E 进行估值，需要注意这个差别。

P/B 估值：公司估值 = 预估 P/B（来自类似公司或自身过往数据）× 预估每股收益

优点：①市净率极少为负值，适用范围广泛；②净资产账面价值的数据容易取得和理解；③净资产账面价值比净利率更稳定，不容易受到人为操控。

局限性：①账面价值受会计政策的影响，如果各企业执行不同的会计标准和会计政策，会失去可比性；②高新技术企业或服务类企业固定资产很少，所以净资产与企业价值的关系不大；③少数企业市净率仍有可能为负值，使得市净率变得无意义和无法比较。

所以，市净率模型主要使用在拥有大量资产且净资产为正的企业。

P/S 估值：公司估值 = 预估 P/S（来自类似公司或自身过往数据）× 预估每股收益

优点：①不会出现负值，对于亏损企业和资不抵债企业也能计算出有意义的价值乘数；②稳定可靠，不易操控；③对价格政策和企业战略变化敏感，可以直观反映这种变化的后果。

局限性：不能反映成本的变化，而成本是影响企业现金流量和价值的重要因素之一。主要适用于销售成本率较低的服务类企业或销售成本趋同的行业（在参考类似公司数据时）。

此外，还有一些衍生的类似指标，如 P/EBITDA、EV/EBITDA 等，从以上分析可以看出，对于不同特征的企业，选用指标的时候会有很大差异。而决定指标是否合适一个企业，该指标与企业的收益以及最终企业价值的关系是重要的考量。

通过案例介绍可以看到，对于京东商城而言，其自营业务和平台业务都是交易导向而非流量导向的，GMV 的增长与收入的增长高度相关。对于电商企业，GMV 是一个很特殊的指标，P/GMV 可以作为一个很好的估值比率。京东的 GMV、活跃用户数和订单量方面增长都十分迅速，在短短五年间各项指标均翻了接近 20 倍。京东上市以来 GMV 与营业收入的变化趋势十分相似，一方面体现了京东在 GMV 扩张的同时营业收入增长能够跟上，另一方面也证明了 GMV 与收入的高度相关性。从附录六也可以看到 GMV 的增长与收入增长高度相关，GMV 向着收益的转化也比较稳定。同时，也要注意到京东商城在过去数年仍然处于亏损状态，又是轻资产的电子商务企业，并不适用传统的股票市值模型，因此这里选用 P/GMV 对京东商城的自营和平台业务进行估值。可以建立股价与 GMV 之间的关系来对电商类企业进行估值。

结合前面部分对于京东商城业务的深入分析以及历年的 GMV 变化数据，需要预测未来 GMV 以及 P/GMV 的比率的变化趋势（见附录四）。

分别基于 2017 年末预测值和 2020 年预测值进行估值，可以得到当前的合理估值水平以及未来估值的增长空间。选取一个三年的预测阶段即到 2020 年，预计在此时间点京东集团的各个业务都将到达新的发展阶段：如京东商城平台业务增长潜力的实现、京东物流在市场份额上赶上对标公司顺丰、京东金融的分拆上市等。预期 2017 年 GMV 的增长幅度为 40%，预期以 2016 年为基数到 2020 年的年均增长率为 30%。由此计算，京东商城的 GMV 在 2017 年末将接近 1 万亿元，在 2020 年接近 2 万亿元（对比阿里巴巴整体 GMV 在 2016 财年突破 3 万亿元）。

然后估计 P/GMV 的比值（见附录五）。

京东上市后三年的 P/GMV 逐年下降，该变化趋势与 P/E 等市值指标的变化趋势吻合，预计未来将继续下降并趋于平稳。对标公司阿里巴巴根据集团总的 GMV 计算的 P/GMV 在 2014～2016 年落在 0.065～0.087（口径与上述京东的 P/GMV 计算相同）。但由于阿里巴巴内部商城业务的占比远低于京东商城在京东集团的比重，阿里巴巴的 P/GMV 的参考价值不大。以预估的 2017 年 GMV 水平和当前股价（2017 年 11 月 17 日收盘价为 40.25 美元/股）计算的 P/GMV 值为 0.062，结合京东商城在京东整体业务中的占比，预计 2017 年京东商城的 P/GMV 为 0.06，在逐步走向成熟发展的 2020 年，该指标进一步下降至 0.04。

根据以上估计结果，可以得到对于京东电商业务的整体估值（见附录六）。

（3）分部加总估值。京东通过上市后数年的发展，已经不再仅是一家电子商务公司，其业务已经拓展到物流、互联网金融等新领域。考虑京东的物流业务和金融业务与商城业务的分界较为清晰，可以对这三部分业务分别采用各自最为合适的方法进行估值，再进行加总得到公司整体的估值。

由于其他业务并没有上市，所以现金流数据难以获得。对于京东物流，考虑使用相对估值法进行估值分析，并参考顺丰作为京东物流对标的可比公司。最后，对于成立不久仍在融资阶段的京东金融而言，直接参考其最近一次融资的估值可能是一个更好的选择。

先对京东物流这一分部进行估值。根据前面的介绍，虽然京东物流在国内的市场份额仅有 4%，但依靠自建的完善物流系统，能够提供和我国国内物流龙头企业顺丰相当质量的服务，同时保持低于行业平均水平的每单成本。随着京东物流在 2017 年正式开放对自营业务以外的订单提供配套服务，以及京东商城不断上升的GMV，可以预期京东物流将扩大自身的市场份额，未来估值有望向着顺丰目前的水平靠拢。

附录七是国内主要的已上市的物流企业的市值情况。

京东物流目前的市场估值水平大约是50亿美元，注意到国内的特许经营类型的物流企业在上市之后估值都达到了500亿元左右的水平，而国内的标杆企业顺丰虽然在市场份额方面不及三通一达，但仍然在资本市场享受到了数倍于它们的高估值。依托京东商城的大平台优势，京东物流仅依靠自营业务的订单就占据了4%的份额。较低的订单履约成本是其把业务扩展到第三方商家时有力的竞争力。就目前而言，京东物流的合理估值应当至少与特许经营类的物流公司类似，预计在2020年，实现业务拓展和技术革新的京东物流能够享有与顺丰相当的估值水平。即2017年合理的估值水平为550亿元人民币，到2020年达到2200亿元。据此计算的京东物流的估值水平如附录八所示。

对于京东金融部分的估值，直接采用最近一次融资时的估值（500亿元）作为当前的合理估值水平。同时对于京东持有的其他长期股权投资（如永辉超市10%股份、达达47%股份等）对其中已经上市的直接采用市值乘以持股比例的方式进行估值，对于未上市的则类比京东金融采用最近一次融资时的估值数据见附录九

汇总以上京东金融和权益类投资的估值情况，得到的结果见附录十。

最后，根据分别加总估值法的原理，加总各个分部的估值，得到公司整体估值水平为52.4美元/股（见附录十一），这是基于对京东各个分部业务的分析、对于未来发展趋势的预测以及对于GMV与公司价值的内在相关性、分部加总估值法的适用性等假设得出的。注意到该估值水平下京东的股价与京东当前市场决定的股价（2017年11月17日为40.25美元/股）有一定差距。

下面将本部分所得到的估值与当前的实际股价一起计算其他股票市值指标，同时考虑与京东较为相似的互联网巨头阿里巴巴。由于营业收入和GMV等属于经营成果指标，一年只公布一次年度数据，这里选用2016年的数据来进行简单的横向比较。可以看出，使用P/GMV和分部加总估值法所得到的对于京东52.4美元/股的估值虽然抬高了其他股票市值比率的水平，但修正后的这一水平实际上十分接近阿里巴巴当前股价对应的水平［P/B修正后为9.58，接近阿里巴巴的9.62；P/GMV（2016）修正后为0.113，接近阿里巴巴的0.124］。此外从营业收入来看，市值数倍于京东的阿里巴巴实际上2016年实现的营业收入甚至低于京东，这可能是收入确认口径的不一致或是业务结构的差异所致，因为阿里巴巴无论是天猫商城还是淘宝网，都是以第三方平台的形式经营为主，业务结构类似于京东的第三方平台业务，即商品销售价格只能按照销售佣金的比例确认为营业收入，其中天猫商城的佣金率大致为京东的一半，而淘宝几乎不收取销售佣金费，这是造成阿里巴巴有着数倍于京东商城的GMV水平

却在营业收入上不及京东的主要原因。但修正后的 P/营业收入（2016）从 1.53 上升至 1.98 仍处在合理的范围之内（见附录十二）。

结合近一年的股价走势来看，在 2016 年末阿里巴巴的股价仍在 100 美元/股以下徘徊，京东的股价也始终未持续突破 30 美元/股，均是处在上市以来的低谷。进入 2017 年后，到 2017 年 11 月阿里巴巴的股价接近翻了一番，京东的股价也一路上涨 50% 以上，但涨幅不如阿里巴巴。这种情况的背后可能是源于投资者对于京东定位的判断，但京东并非是始终跟随国内巨头阿里巴巴的"电商老二"，而是一家与阿里巴巴一样各具优势的企业：京东商城一直以来都有着更优质的产品和服务；京东物流的成本控制、新技术的革新以及配送效率都是国内领先水平，部分指标甚至超过顺丰；近年来京东在发展思路上也逐步明晰，积极开展更为多元却是与电商业务相辅相成的新业务，通过战略合作引入流量和发展线下，以更大程度发挥自己的竞争优势，逐步开放自身优质服务给第三方平台的商家拓宽市场份额。

与京东商城更为相似的不是天猫商城，而是同样注重自营业务、拥有自建物流的亚马逊（附录十三为京东与亚马逊部分估值指标的对比，P/GMV 估值下以下指标更接近亚马逊的水平）。市场份额虽不大，但京东物流凭借自身领先的技术研发和服务质量，对标的也不是特许经营类的国内物流企业，而是作为国内标杆的顺丰。因此，在使用股票市价比率指标的时候，预计京东在这些指标上有着与阿里巴巴相当的倍数是合理的。

综合来看，阿里巴巴和京东都是仍然具备无限发展潜力的我国互联网企业的代表，京东是目前最有可能改变 BAT 三足鼎立格局的互联网新锐。而通过 P/GMV 估值和分部加总估值得出的 52.4 美元/股与当前股价的差异可能正是这种潜在机会的体现。

5 背景信息

在分析过程中需要查询同行业上市公司的数据进行对比分析，可以通过 WIND 数据库、雅虎金融等搜集相关信息。纽约大学斯特恩商学院还提供了美国上市公司行业 WACC 的数据，学生可以从如下网址获得数据来源：http://www.stern.nyu.edu/~adamodar/New_Home_Page/data.html。

6 关键要点

（1）会估算未来现金流、加权平均资本成本，并以此为基础用现金流贴现模型估值；

（2）熟练掌握 GMV 的概念，能运用 P/GMV 这种方法对电商类公司估值；

（3）能对每个业务板块进行独立估值，加总后获得公司总估值。

7　建议的课堂计划

（1）本案例教学可采用课前分发案例与课堂组织讨论结合的形式。课前需要求同学们阅读案例和查找相关其他资料并进行小组讨论，制作PPT。课堂组织讨论时间控制在1个课时内；

（2）学生应具备基础的财务和会计知识；

（3）小组讨论内容参考启发思考题。

附　录

附录一：

估算京东 2017 年以后的自由现金流

时期	实际期	实际期	实际期	预测期 t0	预测期 t1	预测期 t2	预测期 t3
年度	2014	2015	2016	2017	2018	2019	2020
FCF	-30 839.19	-109 512.59	62 085.22	86 919.31	117 341.07	152 543.39	190 679.23
预计增长率	WACC(D.0)		7.666%	40%	35%	30%	25%
贴现到 t0 价值				86 919.31	108 992.26	131 608.71	152 805.95

时期	预测期 t4	预测期 t5	预测期 t6	预测期 t7	预测期 t8	预测期 t9
年度	2021	2022	2023	2024	2025	2026
FCF	228 815.08	263 137.34	289 451.07	303 923.63	310 002.10	316 202.14
预计增长率	20%	15%	10%	5%	2%	2%
贴现到 t0 价值	170 320.58	181 932.63	185 886.95	3 384 371.36	求和	4 402 837.76

附录二：

行业 WACC 的数据

A	B	C	D	E	F
Industry Name	Number of Fims	Beta	Cost of Equity	E/(D+E)	Std Dev in Stock
Recreation	66	0.92	7.69%	76.71%	45.47%
Reinsurance	3	0.75	6.70%	75.74%	29.15%
Restaurant/Dining	86	0.77	6.82%	75.79%	40.67%
Retail(Auutomotive)	25	0.91	7.65%	63.90%	46.34%
Retail(Building Supply)	6	1.30	9.84%	82.86%	50.34%
Retail(Distributors)	88	1.10	8.74%	64.05%	52.36%
Retail(General)	19	1.05	8.42%	73.25%	46.87%
Retail(Grocery and Food)	14	0.69	6.38%	62.61%	51.57%
Retail(Online)	57	1.23	9.43%	91.47%	50.54%
Retail(Special Lines)	108	1.02	8.27%	68.48%	50.69%
Rubber& Tires	4	1.35	10.11%	58.62%	38.00%
	G	H	I	J	K
Industry Name	Cost of Debt	Tax Rate	After-tax Cost of Debt	D/(D+E)	Cost of Capital
Recreation	3.70%	13.21%	2.22%	23.29%	6.42%
Reinsurance	3.50%	19.33%	2.10%	24.26%	5.59%

续表

	G	H	I	J	K
Restaurant/Dining	3.70%	16.47%	2.22%	24.21%	5.71%
Retail（Auutomotive）	3.70%	22.58%	2.22%	36.10%	5.69%
Retail（Building Supply）	4.05%	20.11%	2.43%	17.14%	8.57%
Retail（Distributors）	4.05%	16.95%	2.43%	35.95%	6.47%
Retail（General）	3.70%	22.22%	2.22%	26.75%	6.76%
Retail（Grocery and Food）	4.05%	24.11%	2.43%	37.39%	4.90%
Retail（Online）	4.05%	8.46%	2.43%	8.53%	8.84%
Retail（Special Lines）	4.05%	21.29%	2.43%	31.52%	6.43%
Rubber& Tires	3.50%	10.09%	2.10%	41.38%	6.79%

资料来源：纽约大学斯特恩商学院。

附录三：

基于永续增长率变化的敏感性分析

永续增长率(%)	市值(亿美元)	对应每股股价(美元/股)
1	392	27.63
2	440	31.03
3	509	35.87
4	615	43.34
5	802	56.52

附录四：

预测 2017~2020 年的 GMV

年份	2011	2012	2013	2014	2015	2016	2017 预计	2020 预计
GMV(亿元)	327	733	1 255	2 062	4 627	6 582	9 214.8	18 798.85
GMV 增长率(%)		124	71	64	124	42	40.0	年均 30

附录五：

京东 2014~2016 年 GMV 与股价

年份	2014	2015	2016
GMV(亿元)	2 062.000	4 627.000	6 582.00
年末股价(美元)	23.140	32.270	25.44
P/GMV	0.159	0.099	0.055

注：由于 P/GMV 是比值指标，实际选取任意单位作为基准对估值结果并无影响，考虑到京东股价一般为美元数据，而公布 GMV 则一般以人民币计量，为了避免汇率变动的影响，这里直接选用美元为单位的 P 和人民币为单位的 GMV 构造 P/GMV 指标。

附录六：

对京东电商的估值

年份	GMV 预计（亿元）	P/GMV 预计	分部市值估计数（亿美元）	对应每股股价（当前股数计算）（美元/股）
2017	9214.8	0.06	552.89	38.96
2020	18 798.85	0.04	751.96	52.99

附录七：

已上市的物流企业的市值情况

经营方式	企业名称	市场份额(%)	市值（亿元人民币）
自建	京东物流	4	/
自建	顺丰	8	2 374
特许经营	申通	10	374
特许经营	中通	14	121
特许经营	圆通	14	512
特许经营	韵达	10	544
平台型	菜鸟	无	515

资料来源：以上指标基于 WIND 提供的 2017 年 11 月 17 日数据计算。

附录八：

京东物流的估值

年份	估值预计（亿元）	当前汇率折算	美元估值（亿美元）	对应每股股价（当前股数计算）（美元/股）
2017	550	USD/CNY = 6.6	83.33	5.87
2020	2 200	USD/CNY = 6.6	333.33	23.49

附录九：

京东权益类投资业务的估值

主要的权益性投资对象	持股比例（%）	所属行业	估值水平（亿元人民币）	归属京东份额（亿元）
永辉超市(601933:CH)	10.0	超市	918.0	91.8
易车(BITA:US)	25.7	汽车互联网	183.5	47.2
达达（未上市）	47.0	同城配送	67.0	31.5
途牛(TOUR:US)	20.7	在线旅游	75.3	15.6
金蝶(00268:HK)	10.0	云服务	108.5	10.9
易鑫资本（未上市）	14.2	车贷金融	80.0	11.4
天天果园（未上市）	17.8	生鲜产品	7.0	1.2
合计数				209.6

资料来源：根据 WIND 数据获得上市公司的市值，均取 2017 年 11 月 17 日收盘价数据。

附录十：

京东金融和权益类投资估值汇总

年份	估值合计（亿元）	当前汇率折算	美元估值（亿美元）	对应每股股价（当前股数计算）（美元/股）
2017	709.6	USD/CNY=6.6	107.5	7.58

附录十一：

京东的整体估值

分部	人民币估值（亿元）	美元估值（亿美元）	对应当前股价（美元/股）
京东商城	3 649.0	552.89	38.96
京东物流	550.0	83.33	5.87
京东金融	500.0	75.76	5.34
权益类投资	209.6	31.76	2.24
合计	4 908.6	743.74	52.40

附录十二：

京东与阿里巴巴的估值对比

	P/GMV 估值	京东当前市值	阿里巴巴当前市值
股价水平	52.4 美元/股	40.25 美元/股	185.18 美元/股
P/B	9.580	7.380	9.620
P/营业收入（2016）	1.980	1.530	20.410
P/GMV（2016）	0.113	0.087	0.124

资料来源：根据 2017 年 11 月 17 日 WIND 的数据计算得出。

附录十三：

京东和亚马逊对比

	P/GMV 估值	京东当前市值	亚马逊当前市值
股价水平	52.4 美元/股	40.25 美元/股	1 129.88 美元/股
P/B	9.58	7.38	22.080
P/营业收入（2016）	1.98	1.53	3.378

资料来源：根据 2017 年 11 月 17 日 WIND 的数据计算得出。

长城汽车的聚焦"SUV"之惑[①]

汪建成　汪洋

（中山大学管理学院　广州　510275）

摘　要：本案例以 2018 年 2 月份长城官方发布财务数据，2017 年公司净利润下降 58.42% 为背景，先后描述了长城汽车的发展历程，采取聚焦 SUV 战略的原因以及其所取得的辉煌成果，以及在中国汽车行业崭新的趋势下其所面临的困境，如蓝海变红海，新能源汽车政策，以引发出对长城汽车是否应该进行转型和在未来的新能源市场上，长城应该采取什么战略的疑问与讨论。

案例正文

2018 年 2 月，一条关于长城汽车 2017 年净利润下降 5 成以上的新闻，刷爆了各大门户网站的头条，从长城汽车官方发布的财报数据我们可以得知，2017 年归属于长城汽车上市公司股东的净利润预计为人民币 50.34 亿元，与上年同期相比减少人民币 55.16 亿元，同比减少 52.28%，而作为最单纯地反映企业经营业绩的指标，长城汽车归属与上市公司股东的扣除非经常性损益的净利润为人民币 43.05 亿元，与上年同期相比减少人民币 60.48 亿元，同比减少 58.42%[②]。在港股市场，乘用车自主品牌并不多，比如常见的吉利、广汽、比亚迪、北汽、长城，以及东风集团。在市场估值方面，长城汽车市场估值 PE 为 7.5 倍，排名倒数。估值最高的是吉利，市场给的估值 PE 为 38.3 倍，是长城汽车的 5.1 倍[③]。长城汽车作为中国企业实施"聚焦战略"的典型代表，自 2002 年聚焦于专做 SUV 以来，连续 14 年蝉联我国 SUV 市场销量第

[①] 本案例授权中山大学陈瑞球亚太案例开发与研究中心使用，陈瑞球亚太案例开发与研究中心享有复制权、修改权、发表权、发行权、信息网络传播权、改编权、汇编权和翻译权。由于企业保密的要求，在本案例中对有关名称、数据等做了必要的掩饰性处理。本案例仅供教学使用，并提供材料作课堂讨论，并无任何意图证明、揭示或暗指所涉及的管理情景和管理方式是否合理及有效。本案例中的观点仅代表作者的观点。

[②] 腾讯新闻：利润下滑 58% 2017 长城汽车攻防转换进行时，http://auto.qq.com/a/20180202/002299.html.

[③] 网易新闻：2017 年净利润下降 5 成 长城汽车新年伊始祸不单行？http://auto.163.com/18/0207/07/DA1AQ7OD000884MM.html.

一，2017年的销量为1 070 161辆，较之2016年下降了0.4%，但是仍然稳居SUV销量的龙头位置，虽然销量变动不大，但是在利润方面却遭遇了滑铁卢。2016年长城汽车的净利润为105.47亿元，同比增长达到了30.87%，而2017年则下滑了52%。有人说，长城聚焦SUV，已经触碰到了利润的天花板，与之相对的，吉利汽车2017年净利润达到102.2亿元，同比增长约100%，这与吉利的均衡发展密不可分，小型轿车品牌帝豪和SUV品牌博越，都进入了中国最畅销车型的前50位，与长城汽车对比明显。

曾几何时作为长城汽车的掌门人魏建军的"军队式"企业管理方式，曾引起业内的争议；他提出"专注于SUV"的战略，也被看作是一意孤行的做法，其原因究竟是什么，长城汽车是否也应该进行转型呢？

1 长城汽车发展历史

长城汽车的前身长城工业公司成立于1984年，最初是一家从事汽车改装和组装生意的公司。自1991年起开始从事整车制造，生产轻型客、货汽车。1995年董事长魏建军出国考察，确定了皮卡这种有潜力的产品，决定投入皮卡生产。长城汽车从田野汽车引进技术人员、从绵阳采购发动机、在东北采购车身覆盖件、从唐山齿轮厂采购变速箱后，于1996年3月下线第一辆长城皮卡Deer。从1998年起，长城皮卡一直占据中国皮卡销量和出口量第一名的位置。1998年长城工业公司改名改制为长城汽车有限公司，2001年长城汽车有限公司改制为长城汽车股份有限公司（简称长城汽车）。2002年6月长城投产首款SUV赛弗，抓住了当时的市场空白点，当时国内市场SUV均为中高端型产品，缺乏低端SUV，赛弗定位为8万元左右的经济型SUV，当年赛弗SUV销量位列全国第三。2003年公司在香港上市，2011年在A股上市。2007年11月7日，长城汽车获得轿车生产资质。

长城汽车是我国第一家在海外市场上市融资的自主品牌汽车企业，也是我国规模最大的SUV和皮卡的生产商。目前，公司销售的汽车品类为三大类：皮卡、SUV、轿车。其中皮卡是起点，轿车属于后起之秀，SUV是中流砥柱。现在，长城汽车拥有皮卡、轿车、SUV几个品种总计达80万辆这样大规模的整车制造能力，而且，具有车桥、变速器、发动机这类关键零部件方面的自主配套功能。长城汽车拥有控股子公司30多家，员工总人数超过6万人，在全球汽车企业中，长城汽车的利润率仅次于保时捷公司，位居第二。

长城汽车生产的皮卡在国内市场一直蝉联销量冠军，长城旗下的哈弗SUV也连续多年蝉联全国冠军。长城汽车在国内自主品牌汽车企业中连续9年占据出口量第一的地位，目前，长城汽车的出口国有130多个，批量出口的国家为81个。

长城汽车持续4年名列"中国500最具价值品牌";两次进入福布斯评出的中国顶尖企业百强榜;多次入选"中国制造500强""中国企业500强"等。长城汽车凭借其稳健的经营理念、雄厚的基础和先进的生产技术,获得了市场的认可和肯定。

2 长城舍弃轿车,聚焦SUV创造辉煌

在长城汽车的发展过程中,其实施的成功聚焦战略,是它能取得成功的关键因素,从皮卡到SUV,在每一个其所聚焦的领域,长城都取得了可观的成效。在皮卡方面,自1996年长城汽车开始生产皮卡以来,积累了先进的技术和成功的经营经验。自1996年首台长城皮卡问世且于两年内成为国内市场霸主,其在13年间,市场保有量、出口数量、占有率、销售量全面持续占居首位,同时,与外资企业的品牌皮卡竞争时,竞争态势强劲,有效挤压了它们在国内市场中的生存空间。但是由于国内政策的限制,皮卡被看作货车并被限制管理和收税,部分城市和地区禁行皮卡,现有的皮卡市场已被长城、江铃等几家企业形成接近寡头垄断的局面(8家企业合计的市场占有率接近95%)。

而在SUV方面,在经验与技术的支撑下,长城汽车2002年打入SUV市场,一直保持全国SUV销量前三、自主品牌SUV销量第一的地位。2008年,跻身轿车市场,炫丽、长城精灵随之问世,当年便有约一万辆的销量;次年,凌傲、酷熊两款新车上市。2010年,腾翼C30(首款A级3厢轿车)上市只6个月时间,月销量便过万,当年年底,位列国内轿车销量第4,为自有品牌亚军。长城定位在中档市场,车型定价在国产自主品牌中比较合理,性价比高。在国产主打的明星车型,如哈弗H系列、腾翼C30以及风骏皮卡等,价格主要位于8万~12万元的区间,这样既规避和合资品牌之间产生直接市场争夺,也具备了较高自有品牌质量水准,竞争力渐强。

近几年长城也将目光从低配置低端城市SUV转向了中高端豪华SUV。在低配置低端SUV中具有代表性的是长城哈弗H6,其属于紧凑型SUV,售价在10万元左右,物美价廉,良好的外观以及宽敞的空间使得H6在上市后受到广大消费者的喜爱。而长城汽车即将推出的H8,属于中端豪华SUV,定价为20万元左右,而H9则是长城汽车新推出的高端车型,定价超过了27万元。H8与H9这两款车在发动机、底盘及配置上均有大幅度提升,虽然受到了汽车研发平台的限制,使得这两款车的面市困难重重,极具挑战,但长城汽车通过其自身优势,如车上配备的七大先进电子装备、ABS刹车防抱死、EBD电子制动力分配、9.0最高版本的ESP车身稳定控制系统、EBA刹车辅助式制动、RMI防翻滚电子系统、HHC+HDC上下坡辅助功能等,使得哈弗汽车的技术含量越来越高,在同等价位市场中的竞争优势也在不断加大。

根据长城汽车的车型变迁,从品类上,长城汽车从皮卡,到SUV,再到轿车,表

现为逐步拓展，在稳扎稳打的基础上开展新的业务。目前长城汽车的战略是集中在这三大品类，采用"聚焦"战略做专 SUV，在长城汽车定位的专业 SUV 领域，不断增加新产品，实现资源利用的最大化，形成品类聚焦，打造明星车型和精品车型，以增加产品的吸引力并覆盖更多的客户群体。

长城汽车在 2008 年进入轿车领域后，把轿车作为公司主要发展目标，在轿车研发领域投入资金比较多，实现了皮卡、SUV、轿车"三足鼎立"的局面，但由于轿车在乘用车市场中一直是主流车型，且轿车市场主要由合资品牌占据，自主品牌占比小，竞争力弱，在车型设计、技术及性能上与合资品牌还有较大差距，导致轿车市场竞争惨烈。而在当时 SUV 处于起步阶段，对国内消费者来说还是新鲜事物，竞争相对较弱，关注度不及主流轿车，但由于 SUV 的实用性，在乘用车市场开始崭露头角，市场潜力大，将会逐渐取代轿车的市场份额。因此，长城汽车在 2009 年及时调整战略，把市场优先顺序从轿车、SUV 和皮卡转变成 SUV、皮卡和轿车。

长城汽车舍弃轿车市场，聚焦 SUV 的主要原因，具体来说，主要是由于：

2.1 受挫轿车市场

长城汽车在轿车市场推出的几款车型如精灵、凌傲和酷熊，都是两厢车型，且在车型设计与布局上极具运动感和空间感，与 SUV 区别较小。之后长城汽车发布了两款三厢车型腾翼 C30 与 C50，接近中端车水平。虽然腾翼 C30 与 C50 上市后销量较前几款轿车车型有大幅提升，但在整个轿车市场来看，由于轿车市场目前主要由合资品牌占据，且几乎形成了几大车企垄断的局面，国产自主品牌在轿车市场的份额很小，影响力也比较小，难以有亮眼的表现。另外，长城汽车的优势在于 SUV 生产，若将精力和资源投入处于相对劣势的轿车市场，会造成精力分散和资源浪费。

2.2 皮卡市场受到限制

皮卡车功能多样、性能突出，在国外的汽车市场十分畅销，在美国和巴西等国家的市场份额已达到 20%~30%。在国内，由于皮卡被归为货车类，属于轻型货车，需办理运营牌照，所缴税费也高于普通的乘用车，使得消费者购买和使用的成本比较高。另外由于政策限制，皮卡行驶受限。种种因素使得国内皮卡市场需求严重萎缩，皮卡销量在国内市场仅占 2%。

而皮卡在国外市场的需求十分旺盛，长城汽车有近 20 年的皮卡生产经验，技术娴熟、产品成熟、质优价廉，售价仅为国外同类型产品的 60%~70%，因此在国外市场十分有竞争力。目前长城汽车的皮卡海外销售量有所增加。

2.3 SUV 市场潜力巨大

第一，SUV 在长城汽车公司的主营收入和净利润中占据了最大的比例，远超轿车业务和皮卡业务。

第二，居民购买力提高使得 SUV 市场快速发展。与轿车相比，SUV 在空间、驾驶感、视野等方面都有明显的优势，其购车花费、使用成本等也高于轿车，因此主要满足具有一定经济实力且追求良好驾乘体验的消费者的需求。而随着国内自主品牌的快速发展，低端 SUV 市场也得以爆发，SUV 也不再是经济实力的象征。

第三，SUV 市场空间广阔。2009 年与 2010 年 SUV 市场呈现了爆发式的增长，SUV 的市场份额在乘用车中占 10%左右，但与美国约 30%的市场占有率相比，我国的 SUV 比例比较低，还存在着很大的发展空间。

第四，城市 SUV 需求旺盛。SUV 主要分为城市 SUV 和越野 SUV 两种，由于多数 SUV 用户主要用车场合仍为城市路况及高速公路，因此以轿车底盘为基础发展起来的城市型 SUV 更受到青睐，且与越野 SUV 相比，城市 SUV 在售价上更具优势。

第五，SUV 生产具有优势。长城汽车由皮卡入门，皮卡的成功为 SUV 的生产提供了丰富的经验。在皮卡生产线上，不需要投入太多即可生产 SUV。高性价比的城市型 SUV 是长城汽车制胜关键，并且在国内自主品牌中，其他几家车企如比亚迪、吉利和长安涉足 SUV 的时间较短，因此长城汽车在 SUV 市场具有独特的优势。长城汽车通过缩减皮卡和轿车业务，缩减对中高级轿车的研发投入，将优势资源投放在自己熟悉的 SUV 领域，扬长避短，不仅能够更大范围地集中自己的精力和资源，同时可以不断丰富自己的产品品类，让哈弗 SUV 覆盖低、中、高三个档位，打造真正的哈弗 SUV 专业品牌，提升品牌知名度。

第六，国内竞争加剧。基于国内不断提升的行业竞争压力，长城汽车全球化的进军国际市场是其必然之举。其近几年生产的 SUV、轿车在国内面临了更多的竞争，我国各制造商陆续增加产能投入，新老车型和相近排量、国外品牌和自有品牌、国内企业和合资企业等，相互竞争均无比激烈。

第七，与国际化保持同步。当前，全球经济一体化要求长城汽车必须走进世界领域，发现自身更好的生存、发展之路。现在，我国境内车市供需失衡，行业利润降低，相互间竞争渐趋惨烈。而且，汽车行业属于技术、资本密集行业，具有极强的规模效应。因此，其业已日益世界化，必须参与全球产业分工。此外，诸多发展中国家及其国内的细分市场可以大有作为，正基于此，长城必须融入世界经济一体化进程。

总体来说，长城汽车从起步时的皮卡生产，逐步过渡到 SUV 和轿车。由于近几年，国内汽车市场整体低迷，销量增速下降，合资汽车企业车型纷纷降价，直接挤压了自主品牌汽车的市场份额。且中国的汽车企业发展历史短，技术与国外汽车企业及合资企业相比比较落后，在这种大环境下，若企业盲目地多元化，追求大而全，会丧失其原本具有的优势，稀释核心竞争力，难以获得成功。另外，从全球汽车行业的发展规律来看，只有少数几个极具影响力的自主汽车品牌能同时存活在一个国家内，因此自主品牌汽车必须找准其定位，才能避免被其他企业吞噬掉的厄运。因此，长城汽车最终确定了聚焦战略，做专SUV。由于前景广阔的SUV市场，以及长城具有的SUV专业生产优势，这一战略转型使得长城汽车能够在其定位的专业SUV领域，不断增加新产品，实现资源利用的最大化，形成品类聚焦，打造明星车型和精品车型，以增加产品的吸引力并覆盖更多的客户群体。

这种战略转型升级的模式，不仅使长城汽车获得了成功，也为我国自主品牌汽车企业的发展提供了一个很好的借鉴和范本（见附录一和附录二）。

在对长城聚焦SUV战略的自我评价中，魏建军认为，我们之所以给自己评70分，就是因为聚焦不够彻底。我们做过MPV、轿车，但实事求是地说，轿车不是很成功。我们的轿车可以盈利，但盈利水平没有达到SUV那么好。假如我们更早地认识到聚焦的价值、更早地聚焦，可能我们的产品会更好，产品有更强的竞争力，占有消费者心智的时间会更短。当然也会更单一、生命力更长。①

可是，经过几年的高速发展之后，长城聚焦SUV的"蜜月"期似乎遇到了发展的"瓶颈"，中国汽车行业发展的新趋势导致长城汽车面临巨大的挑战。

3 中国汽车行业的新趋势

通过上面的描述，我们可以知道，长城汽车的成功与其实施的成功的聚焦战略密不可分，直到2016年，它仍然是自主品牌在这一领域的销量与利润的头名，然而，2017年却遭遇了的利润的迅速下滑，在这短短的一两年中，中国汽车行业的趋势也发生了改变。

3.1 SUV市场从蓝海变为红海

在长城刚刚进入SUV市场的时候，SUV处于起步阶段，对国内消费者来说还是新鲜事物，竞争相对较弱，关注度不及主流轿车，对于国内自主品牌来说，这是一个亟待开发的市场空间，竞争压力很小，是一片"蓝海"（"蓝海"是一种没有恶性竞争，充满利润和诱惑的新兴市场，在"蓝海"中，竞争无从谈起，因为游戏的规则还未制定，长城汽车依据"专注、专业、专家"的理念，进入了市场空白的10万元以下SUV，由于定位准确，进入了一个竞争空白的市场，行业竞争程度低，市场份额达到15%，奠定

---

① 2018年2月19日魏建军在"2017哈弗SUV品牌盛典"的发言。

了长城汽车在SUV领域的竞争优势,并且逐步做大做强)。然而,如今的中国SUV市场已经从"蓝海"逐步演变成了一片"红海"(在"红海"中,每个产业的界限和竞争规则为人们所知。随着市场空间越来越拥挤,利润和增长的前途也就越来越黯淡。各竞争者已经打得头破血流,残酷的竞争也让"红海"变得越发鲜血淋漓)。随着SUV的实用性越来越受到消费者的重视,各大厂商也逐步开始加大在这一领域的投入,2017年的SUV市场增速放缓。与此同时,市场上的竞争对手却越来越多,宝骏、吉利等品牌都纷纷推出产品力不俗的车型,对长城汽车已经占有的"阵地"进行冲击,吉利博越2017年销量达到243 144辆,环比增长165%,而在高端品牌上,吉利的领克01对长城的WEY系列也产生了较大的冲击,不只是自主品牌,许多的合资企业也纷纷推出了自己的产品加入市场竞争,如一汽大众的途观与上汽通用的昂科威等,也取得了不错的成绩。

3.2　中国新能源汽车新政

2017年1~10月,国家累计出台32项新能源汽车相关政策(包括征求意见稿5项),涉及宏观、补贴、基础设施、安全管理、技术研发、智能网联等诸多方面。在政策的支持下,2017年新能源汽车产量接近82万辆,同比增长58.7%,可以预见,未来的汽车市场上,由于对于环保和节能的需求越来越高,新能源汽车的潜力是巨大的,这很有可能是SUV之后的另一片"蓝海",北汽、比亚迪、吉利已经率先加入了国家新能源汽车技术中心,目前,比亚迪在这一领域投入了大量精力,并取得了一定的成果,其自主生产的比亚迪宋EV已经入选了工信部发布的《免征车辆购置税的新能源汽车车型目录(第十五批)》,并且与戴姆勒集团联合推出了新能源汽车品牌腾势;吉利也推出了帝豪EV450型号汽车;而长城汽车的动作较晚。

在32项国家新能源汽车政策里,《乘用车企业平均燃料消耗量与新能源汽车积分并行管理办法》是2017年度最重要的一项政策,其中,乘用车企业平均燃料消耗量积分,是指为该企业平均燃料消耗量的达标值和实际值之间的差额,与其乘用车生产量或者进口量的乘积。而乘用车企业新能源汽车积分实际值,即为该企业在核算年度内生产或者进口的新能源乘用车各车型的积分与该车型生产量或者进口量乘积之和[①]。根据工信部的规定,长城汽车的尾气排放标准值是7.34升/公里,而长城汽车的平均尾气排放量实际为7.64升/公里,长城尾气排放量严重超过国家设置的标准,根据"双积分"政策,如果不进行转型,到了2020年,长城汽车的负积分也许会达到60万以上,如果没有足够多的新能源汽车研发与生产来抵消负分,届时,长城汽车将会面临严重的处罚。

进入2018年,面临诸多挑战的长城汽车何去何从?

---

① 中华人民共和国工业和信息化部:《乘用车企业平均燃料消耗量与新能源汽车积分并行管理办法》解读,2017年9月28日。

附 录

附录一：

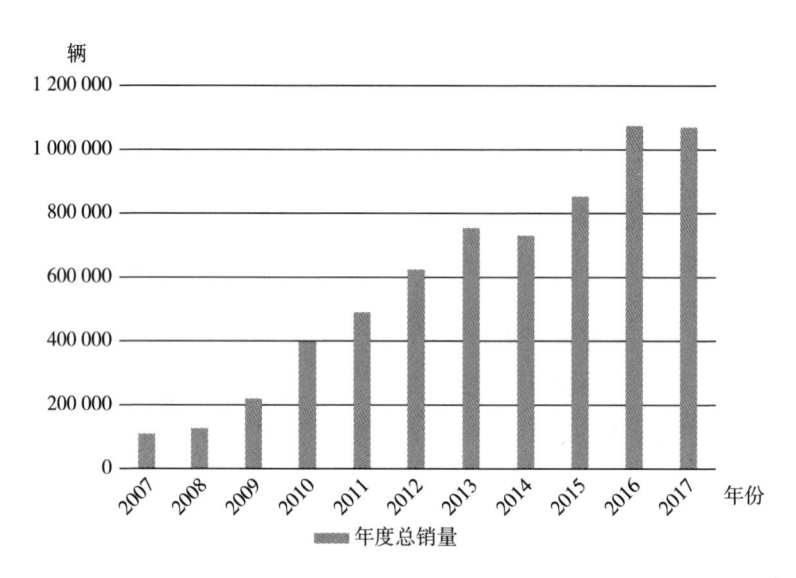

2007～2017年长城汽车历年销量

资料来源：根据长城汽车公司历年年报整理。

附录二：

2007～2017年长城汽车历年收入利润　　　　　　　　　　单位：亿元

年份	营业收入	净利润
2007	75.80	9.37
2008	82.11	5.13
2009	123.96	10.23
2010	221.75	26.98
2011	309.90	34.26
2012	431.60	57.08
2013	567.84	82.31
2014	625.99	80.52
2015	760.33	80.40
2016	986.16	105.51
2017	1 011.69	50.34

资料来源：根据长城汽车公司历年年报整理。

教学笔记

1　教学目的与用途

（1）本案例适用于战略管理、管理经济学课程，适用于 MBA 学生。

（2）本案例的教学目的是帮助学生理解战略选择，尤其是聚焦战略问题。

2　启发思考题

（1）随着越来越多的竞争对手的加入，使得长城在 SUV 市场的份额受到稀释，面临的竞争压力也越来越大，在此压力下，是否应该尽快重新进入轿车市场？

（2）在新能源汽车市场上，长城是应该继续聚焦 SUV 呢，还是直接转型新能源小轿车领域？

3　分析思路

给出案例分析的逻辑路径：首先，需要会回购波特竞争战略的分类，对聚焦战略进行分析；然后，通过对中国汽车产业的分析，探讨长城聚焦战略的合理性；最后，结合中国汽车产业，引导学生讨论中国本土品牌是否有成功的可能。

4　理论依据与分析

竞争战略、聚焦战略、PESTEL 分析工具。

5　背景信息

中国汽车产业发展的基本情况；

合资汽车与本土汽车品牌的发展。

6　关键要点

对长城资源能力的分析，虽然 SUV 市场竞争激烈，但轿车市场的竞争似乎更不乐观。

7 建议的课堂计划

25 分钟,讨论中国汽车市场现状,引导学生讨论中国本土品牌是否有成功的可能;

20 分钟,讨论第一个思考题;

20 分钟,讨论第二个思考题;

15 分钟,教师总结。

8 案例的后续进展

长城继续聚焦 SUV,寄望成为全球最大的 SUV 生产商再进入轿车市场;

谋求收购 Jeep 的机会,希望借此快速提升 SUV 的市场地位;

开始发力新能源汽车市场,收购低端新能源汽车企业,寻求与宝马展开合作。

9 相关附件

附表 2007~2017 年中国乘用车市场历年销量　　　　　　　　单位:万辆

年份	总销量	轿车销量	SUV 销量
2017	2 471.83	1 184.80	1 025.27
2016	2 525.13	1 208.33	878.89
2015	2 114.63	1 172.02	622.03
2014	1 970.06	1 237.67	407.79
2013	1 792.89	1 200.97	298.88
2012	1 549.52	1 074.47	200.04
2011	1 447.24	1 012.27	159.37
2010	1 389.71	957.59	133.80
2009	1 033.13	747.31	65.88
2008	675.56	504.69	44.77
2007	629.75	472.66	35.57

资料来源:中国汽车工业协会统计信息网。

唯品会：电商的新零售发展之路[①]

梁剑平　陈元燊　吴志豪

（中山大学管理学院　广州　510275）

> **摘　要**：本案例以主打精选特卖的国内电商巨头唯品会为主体，通过分析唯品会的发展历程、商业模式和核心竞争力以及电商零售行业市场现状，探讨唯品会模式成功之处以及现今进一步发展中遇到的"瓶颈"和难题。面对竞争越来越激烈的电商行业现状，唯品会也立足于解决企业发展"瓶颈"，采取了一系列的对应措施。学员可结合企业经营理论对唯品会所采取的措施进行剖析，同时在营销和新零售等方面为唯品会未来的经营发展提出相应的可行方案。

案例正文

1　引言

Gilt 是一家创办于 2007 年的美国在线购物网站，其创始人借鉴了法国 Vente-Privee 网站的"闪购"模式，以限时高折扣销售奢侈品的方式赢得了美国消费者的青睐，在市场中掀起一股热潮。[②] 2008 年，沈亚和洪晓波二人联手创办了唯品会，首次将"闪购"这个模式引入中国。唯品会网站于同年 12 月 8 日上线，主营业务为互联网在线销售品牌折扣商品，涵盖名品服饰鞋包、美妆、母婴、居家等各大品类。

通过"名牌折扣＋限时抢购＋正品保障"的创新电商模式，唯品会给消费者刻下

[①] 本案例授权中山大学陈瑞球亚太案例开发与研究中心使用，陈瑞球亚太案例开发与研究中心享有复制权、修改权、发表权、发行权、信息网络传播权、改编权、汇编权和翻译权。由于企业保密的要求，在本案例中对有关名称、数据等做了必要的掩饰性处理。本案例仅供教学使用，并提供材料作课堂讨论，并无任何意图证明、揭示或暗指所涉及的管理情景和管理方式是否合理及有效。本案例中的观点仅代表作者的观点。本案例撰写得到国家自然科学基金项目（71102099，71672201，71832015），教育部重大专项课题（19JZDZ026）以及陈瑞球亚太案例开发与研究中心资助。

[②] 维基百科：Gilt Groupe，https：//en.wikipedia.org/wiki/Gilt_Groupe，最后访问时间为 2018 年 9 月 29 日．

了深刻的品牌形象，赢得了一批忠实客户群体，自发展初期便呈现出强劲的发展势头，并慢慢成长为国内电商行业的领跑巨头之一。2012年3月23日，公司在美国纽交所上市，成为华南首家在美国纽交所上市的电子商务企业。

然而从2015年下半年起，特卖模式本身带来的产品品类少的缺陷和市场红利逐渐耗尽的问题被放大，企业发展的脚步开始放慢，在营收、净利润、活跃用户数等方面增速都不断放缓。怎样才能使唯品会走出发展"瓶颈"？怎样开辟新的用户群，保持活跃用户数的持续增长？怎样在日趋激烈的电商市场竞争中保持领先地位？CEO沈亚正试图通过品牌转型以及发掘企业新的增长点，来解决唯品会面临的发展后劲不足的问题。

2 行业现状

近五年，随着中国经济转型发展跨入"消费升级"全新时代，电商零售经历了高速的增长。无论是绝对值指标（网络零售交易额）或是相对值指标（实物商品网上零售额占社会消费品零售额比例）都有明显的增长。根据统计局公布的数据，2017年我国网络零售市场交易规模达到7.2万亿元，同比增长32.2%，增速较上年提升6个百分点，社会销售品零售总额中实物商品网上零售额的占比从2015年的10.8%上升到2017年的15%（见附录一）。①

易观的《中国网络零售B2C市场季度监测报告》数据显示，2018年第一季度，中国网络零售B2C市场交易规模为9 528.5亿元人民币，同比增长32.2%。②

在产品品类方面，服装和家电3C品类作为网购的主要品类，各占据了电商B2C销售规模的35%和27%。此外，快消品（FMCG）板块作为目前各大电商争夺的重点，个人护理和食品饮料品类已经分别占据线上B2C销售规模的4.8%和5.1%（见附录二）。在线上渗透率（线上销售额占整体销售额的比例）方面，较服装、化妆品、家电3C等品类而言，快消品的线上渗透率明显低得多：日化百货类的线上渗透率为3.5%、母婴类约为2.8%，而OTC药品、生鲜和酒水等细分品类的线上渗透率则在1%左右（见附录二）。③

在企业市场份额方面，2018年第一季度，天猫成交总额较去年同期增长41.2%，占据市场份额59.6%，排名第一；京东成交总额同比增长25.0%，其市场份额为25.3%，

---

① 中国产业信息网：2017年中国网络零售市场交易规模分析，http：//www.chyxx.com/industry/201803/625445.html，最后访问时间为2018年5月18日.
② Analysys易观：2018年第一季度中国网络零售B2C市场季度监测报告，https：//www.analysys.cn/analysis/trade/detail/1001308/，最后访问时间为2018年5月18日.
③ 中国产业信息网：2017年中国电商行业市场现状及发展前景，http：//www.chyxx.com/industry/201701/489822.html，最后访问时间为2018年5月18日.

排名第二；苏宁易购继续保持稳定发展的态势，其2018年第一季度的市场份额增长至5.0%，排名第三；唯品会和国美分别以4.1%和1.3%的市场份额占据第四和第五的位置。① 从行业竞争格局来看，天猫仍旧处于霸主地位，与京东同为"第一梯队"，两家企业合计占比超过80%，领先优势难以撼动，使得行业呈现寡头竞争格局；苏宁易购、唯品会、国美等为B2C市场的"第二梯队"，三家平台市场占比稳中有升；而包括1号店、亚马逊中国、当当、聚美优品、蜜芽等在内的多家平台为"第三梯队"。

而自2017年下半年以来，出于互联网化和消费网络化的红利正在逐步减退的事实，各大电商平台纷纷着眼于未来零售市场的战略布局而采取行动，力图从多角度、多层次抢占零售市场。

阿里巴巴于2018年1月份继续追加对于高鑫零售的投资，并与一致行动人一起完成了对其的控股。高鑫零售旗下拥有"欧尚""大润发"两大卖场品牌，拥有400个以上的实体门店，覆盖了全国29个省市自治区的200多个城市，在中国大卖场业态的零售市场中有较大的影响力。这一举措正是其对天猫、淘宝的线上入口与线下实体的供应链体系和仓储配送不断进行融合的体现，阿里巴巴打通整个交易链条的新零售模式已初见雏形。京东则在2018年2月份联合腾讯正式入股线下商超步步高，三方以共同发展"智慧零售""无界零售"为愿景，建立长期战略合作伙伴关系。同时线下的京东便利店也在迅速拓展之中，目前已覆盖全国所有省份，并且维持着快速的新增势头，体现出京东线下扩张的决心。具有线下主场优势的苏宁易购，则在今年继续加快基于场景的互联网门店布局，全力推进"智慧零售大开发"战略，加速布局其智慧零售业态族群的全国布局。②

整体而言，零售电商行业尚处于高速发展期，未来一段时间仍将保持增长势头。行业内部的竞争格局较为稳定，"马太效应"日渐明显，天猫和京东双寡头垄断的格局将在短时间内很难被打破，行业新进入者正通过开辟包括移动社交电商在内的细分市场来赢得发展机遇。2017年下半年以来互联网红利呈现出消退趋势，行业中的企业纷纷着眼于未来零售市场的发展方向，调整战略布局和企业举措。

3 唯品会介绍

3.1 发展历程

唯品会全称为广州唯品会信息科技有限公司，公司成立于2008年8月，总部设

---

① Analysys易观：2018年第一季度中国网络零售B2C市场季度监测报告，https：//www.analysys.cn/analysis/trade/detail/1001308/，最后访问时间为2018年5月18日.

② Analysys易观：2018年第一季度中国网络零售B2C市场交易规模达9 528.5亿元，http：//www.sohu.com/a/231773842_115326，最后访问时间为2018年5月18日.

在广州，旗下网站于同年12月8日上线。唯品会主营业务为互联网在线销售品牌折扣商品，涵盖名品服饰鞋包、美妆、母婴、居家等各大品类。得益于新兴的闪购模式以及中国网络折扣零售的广阔市场空间，唯品会自2008年创立之初起实现了爆炸式增长，2009~2011年间复合增长率达800%，并于2010年10月和2011年5月先后获得红杉资本和DCM 2000万美元和5000万美元的融资额。2012年3月23日，距创始不到四年的唯品会在美国纽约证券交易所（NYSE）上市，成为华南首家在美国纽交所上市的电子商务企业，成为最高市值接近200亿美金的"妖股"。[①]

从2012年第四季度开始，唯品会营收增速相较成立初期有所放缓，但仍保持着可观的增长幅度。从2015年下半年起，外部竞争激烈及内部增长趋缓使得唯品会股市表现回落，公司开始谋求战略转型。2017年5月16日，唯品会正式宣布分拆互联网金融业务和重组物流业务。同年6月，唯品会正式宣布将定位语从"一家专门做特卖的网站"升级为"全球精选 正品特卖"。[②]

在美国权威财经杂志《财富》发布的2017年中国500强榜单中，唯品会位列第115，并位列B2C电商第三。《财富》杂志同期发布的"2017年中国500强净资产收益率最高40家公司"榜单中，唯品会凭借35.53%的资产收益率位列第三，稳居互联网行业第一。唯品会在美国零售行业杂志《Stores》联合德勤发布的《2017全球250强零售商排行榜》中，蝉联"全球增速最快的顶尖零售商"。在BrandZ™《2017年最具价值中国品牌100强》中，唯品会排名第40，并获"最佳新晋中国品牌"称号。

3.2 商业模式

唯品会在中国开创了"名牌折扣+限时抢购+正品保障"的创新电商模式，自创立初期便受到国内消费者的青睐，呈现出迅猛的增长态势，并根据战略发展需要逐渐转变为"精选品牌+深度折扣+限时抢购"的正品特卖模式。[③]作为国内首个采取特卖这一商业模式的企业，唯品会通过完备的电子商务模式及物流管理系统，在国内电商市场中占据一席之地。

唯品会采用的是"闪购"的商业模式，整个运作过程为：采购环节中，采购团队和品牌商建立合作关系，以低价采购供应商的库存产品（一般预付10%~15%的押金，长期合作的厂商可以不收押金）；销售环节中，唯品会在官方网站上以"闪购"和"特卖会"等形式吸引消费者购买，通过限时促销活动提高产品销售额；活动后

---

① 网易：唯品会的发展历程：成立3年即赴美上市，http://tech.163.com/12/0323/23/7TAMMP8200094L5P.html，最后访问时间为2018年5月18日。

②③ 百度百科：唯品会，https://baike.so.com/doc/1706084-1803821.html，最后访问时间为2018年5月18日．

期,唯品会可以将剩下未卖完的商品退给供应商,整个流程约为40~50天。① 唯品会战略性地舍弃了一线品牌当中的奢侈品,选取了大众熟知的一二线品牌作为合作伙伴,消费者对于这些品牌的熟知度能转化为好感,更便利地挑选所要的商品,同时正品的标签也使消费者对于唯品会产生很好的品牌感知。通过商品直接的价格对比,唯品会让消费者能直观地看到商品购买的实惠之处,同时调动消费者的心理因素,利用"限时"这一噱头提高消费者购买意愿向购买行为的转化率。

对于品牌供应商而言,抢购这种模式具有高频、量大的特点,可以帮助供应商较快处理库存商品。对于唯品会而言,由于"闪购模式"库存预付的保证金低、卖不出的商品可以退给供应商、库存周转快,使得唯品会对运营资金的要求比较低,资金周转快,运营杠杆比较高,有利于在短时间内爆发。而且限时抢购的模式有助于提升顾客对于商品的新鲜度,以闪购的形式刺激顾客持续的消费,有利于培养顾客的消费习惯,形成企业的忠实客户群。

3.3 核心竞争力

在独具特色的电商闪购模式之下,唯品会自创立之初起渐渐建立起其核心优势,在激烈的B2C电商行业竞争中保持着很强的竞争力。

(1)精选导购。不管是从商品还是价格的角度上来说,天猫、京东以及淘宝上确实存在大量的商品可以形成对唯品会的替代效应,但是海量的品类、鱼龙混杂的商家以及参差不齐的商品为消费者的购物带来了极大的不便。唯品会的价值就在于其站在独立第三方的角度,从海量的商品中为消费者做了一次精选,并且由于这些商品基本上都有一定的品牌认知度,产品质量也相对有保证,因此唯品会能通过口碑逐渐地在消费者中间建立信任感。唯品会依靠对商品的精选优化了消费者的购物流程,使得消费者的购物行为变得轻松与快乐。②

(2)购物保障。一方面,唯品会是国内独家为品牌购买保险的电子商务网站,由中华保险公司为货品提供名牌正品保险,只要发现购买的产品非名牌正品,即可通过正规的保险理赔手续,得到全额的保偿;③ 另一方面,唯品会建立起了相对完善的退货体系,顾客申请退货的流程也非常简便,除部分贴身产品外几乎都能够7天无条件退货,为顾客的线上购买提供了较完善的保障。

---

① 网易:唯品会的发展历程:成立3年即赴美上市,http://tech.163.com/12/0323/23/7TAMMP8200094L5P.html,最后访问时间为2018年5月18日.
② 虎嗅网:什么是唯品会商业模式的核心? https://www.huxiu.com/article/21331/1.html,最后访问时间为2018年5月21日.
③ 百度百科:唯品会,https://baike.so.com/doc/1706084-1803821.html,最后访问时间为2018年5月18日.

（3）用户洞察。唯品会的用户中80%的是女性①，而唯品会对于女性群体的消费需求和消费心理有非常深入的调查和了解，因而能更好地抓住其目标客户群，在女性细分市场中保持着很好的发展。唯品会品牌及公关副总裁冯佳路就在采访中谈到过，经过调查唯品会发现，在网站上购买商品的女孩子有一大部分不是因为需要才购买，而是因为喜欢才购买，特别是在服装、美妆、居家等产品方面。② 唯品会通过抓准顾客特点，有的放矢，使用更符合用户个性化偏好的导购引流，使顾客保持较高的满意度和更为频繁的购买行为，进而促进品牌产品的热销。

4 遭遇"瓶颈"

然而自2015年以来，伴随着互联网红利逐渐耗尽，唯品会这种特卖的垂直电商模式缺点开始突显，企业经营中存在的问题让唯品会陷入发展"瓶颈"期，与行业主要竞争者天猫和京东的高速增长形成鲜明对比。

唯品会营业收入增速呈现出明显下滑，2015年以前唯品会每个季度营收增速超过100%，而2015以来增速已有所放缓，2016年下半年以来增速更是保持在30%以下，与天猫和京东的高速增长相比已经稍显乏力。盈利方面也是增速不断放缓，甚至在2017年第三季度出现了负的同比增长（见附录三）。

而在活跃用户数方面，2015年以来的同比增长率也是呈现出下降的趋势，2017年第三季度唯品会活跃用户的同比增长更是仅仅为14.4%，流量的天花板已经比较明显（见附录三）。

在竞争对手仍保持高速增长的对比下，唯品会业绩表现的不如人意使投资人对唯品会发展前景难再持有乐观态度，其股价也自2015年起呈现出一路波动式下跌的趋势，企业市值一再降低③（见附录三）。

一方面，唯品会陷入发展"瓶颈"有垂直电商本身缺陷的原因，垂直电商聚焦在某一个细分品类上，这一商业模式有一些天然的缺陷需要克服。出于便利性以及实惠性考虑，消费者对一站式购物有着很高的需求，这就使得相较于垂直电商，综合性电商平台具有越来越强的规模效应，用户的黏性也越来越大。而且垂直电商更加依赖于互联网流量，只有保证用户流量不断增大和较高的用户复购率，企业的销售收入才可能越大。然而这两年来伴随着互联网红利的逐渐耗尽，以及对新用户的获客成本越来

---

① 搜狐网：https://www.sohu.com/a/193329179_104421，最后访问时间为2018年5月21日．
② 中国新女性的移动电商制胜之道——专访唯品会品牌及公关副总裁冯佳路［J］．声屏世界·广告人，2015（6）：57 - 59．
③ 虎嗅网："妖股"不"妖"了，唯品会能否走出垂直电商模式之殇？https：//www.huxiu.com/article/222946.html，最后访问时间为2018年5月21日．

越高,唯品会在提高流量这个问题上面临着很大的挑战。

另一方面,唯品会在企业运营发展的过程中,还面临着其他的具体挑战。近些年国内市场呈现出明显的消费升级趋势,唯品会的这部分核心用户群体对品牌的认识和分辨能力变得更强,他们的品牌消费观念也正在养成。而且这部分用户群体的选择也在增加,天猫、京东等综合性电商巨头提供了类似唯品会的模式,在服装鞋帽品类持续发力。而且随着海淘和海外代购的发展,用户也有了从海外获得具有更高性价比商品的渠道。

在外部竞争日趋激烈的同时,唯品会内部还爆发了接连的假货事件,这对一直强调自己产品是"正品"的唯品会而言是在品牌声誉上的重大打击,可能会引起部分消费者的信任缺失进而导致客户流失,给唯品会的发展带来了更大的压力。

走过快速发展期的唯品会目前正遭遇较大的发展"瓶颈",如何更好地应对互联网红利的消退,保持稳定的用户流量增长,如何克服现有商业模式的缺陷,在与综合型电商平台的竞争中保持独特的竞争优势,唯品会需要从企业战略的高度思考应对举措,赢得更多消费者和投资者的支持,尽快走出现阶段的"瓶颈"期。

5 唯品会的解决策略

对于互联网企业而言,最致命的困境无疑就是增长速度的下滑,一家成长性有限的互联网企业,将难以获得资本市场的青睐。因此,目前用户增速大幅度放缓、收入增长乏力的唯品会正在面临着快速成长后最为严峻的考验。

在原本的特卖模式看似已经快要触及到"天花板"的情况下,唯品会开始打造驱动公司下一轮发展的全新引擎。在2017年5月,唯品会正式提出分拆互联网金融业务以及重组物流业务,打造由"电商、互联网金融和物流"三大版块组成的战略矩阵,以求在继续强化原本优势的电商业务的同时,电商能够与互联网金融和物流相互配合,产生良好的协同效应,打破唯品会目前面临的"增长天花板"。

5.1 电商变革

唯品会当初能够从巨头林立的电商市场中杀出重围,成为新巨头,离不开其发展初期选择的独特定位——"特卖"。与天猫、京东等商城不同,唯品会用低价、正品、短时间促销的手段来销售美妆、服饰等核心品类的产品,吸引了大量的二三线城市女性消费者,而这样的特卖模式带给前期的唯品会巨大的增长动能。

但在细分市场红利被开发殆尽的当下,唯品会继续依靠少数核心品类、已有的客户人群,自然难以实现资本市场所期待的高增长速度。所以,对电商的变革是必然的选择。

如何提升公司的营收增长速度？唯品会面前主要有两个选择：一方面，是通过进一步优化和改善，提升原有顾客的复购率以及平均消费支出；另一方面，则是通过挖掘新的增量市场，扩大用户数量来实现增长。唯品会针对这两方面，都做了针对性的布局和改革。

（1）定位调整。"一家专门做特卖的网站"，这个定位伴随唯品会走过了高速增长的发展初期，简单明了地让唯品会成为消费者心目中的中国第一特卖网站，把唯品会和"名牌折扣＋限时抢购＋正品保障"画上了等号。

但随着已有的特卖市场的上升空间到顶，定位中的"专门"二字，无疑成为唯品会实现下一轮增长的最大阻碍。与此同时，在大部分消费者心目中，低价与优质往往难以并存，继续强调特卖以及低价的优势，将会使唯品会被贴上"廉价"的标签，不利于唯品会本身的品牌形象建设，甚至会使唯品会失去品牌价值较高的品牌客户，这是唯品会所不愿意看到的。

因此，在2017年6月，唯品会正式放弃原有的"专门做特卖"的招牌，对公司进行重新定位，从原本的"专门做特卖"，升级成为"精选全球，正品特卖"。[①] 对比起原本单纯的特卖模式而言，唯品会更加注重全球供应链的布局，以海淘、跨境电商的模式，扩大产品品类和品牌数量，提高在平台上面销售的产品品质，改变原本主要为大品牌进行尾货清仓的"廉价""劣质"形象。

在正式确立新定位之前，唯品会其实已经在布局全球供应链上花了许多的精力。

早在2014年2月，唯品会就通过开通港澳台跨境平台，开始发展跨境业务。在2015年2月，唯品会与韩国著名电商平台CAFE24签订合作备忘录，该协议使得CAFE24旗下的75万家韩国商家无缝纳入唯品会"全球特卖"海淘业务平台，产品能够直发中国。[②] 通过"产地直采＋自营正品＋免邮包税"的策略，唯品国际设立买手团队进行规模采购，在全球11个国家和地区进行选货，确保选品优质以及价格优势。同时由于用欧全球12大海外仓和国内11大保税仓，唯品会能够实现快速配送。一系列优势使唯品会订单实现100倍以上的快速增长。

基于之前一年半以来的成绩，唯品会在2016年5月10日宣布唯品会旗下"唯品国际"跨境业务实现全面升级，推出了针对唯品国际的"五大信赖升级战略"，继续深化"正品、精选、价格、服务、规模"五大核心差异化竞争优势，将原有的"跨境

[①] 搜狐新闻：用了十年的广告语说换就换 唯品会把被迫转型称作战略布局？http：//www. sohu. com/a/194427034_452858，最后访问时间为2018年5月1日．

[②] 百度百科：唯品会，https：//baike. baidu. com/item/% E5% 94% AF% E5% 93% 81% E4% BC% 9A/8403006? fr = aladdin#7，最后访问时间为2018年5月1日．

商品特卖平台"升级为用户"遇见全球美好生活"的"生活方式平台"。①

在更换企业定位后,唯品会更是进一步强化在海外供应链上的建设,与最新的战略投资者——京东"牵手",将合作延伸至跨境电商的核心地带——海外仓储。

"唯品会将为京东全球购提供海外仓储物流服务,开放12个海外仓资源,其中8个为自营仓。首期就是英国伦敦仓的合作。在仓储物流体系全面打通后,双方将共享包括采购、营销、物流、服务在内的全供应链体系,以达成获取最低成本、提升品牌影响力和用户体验度等目标。"②

实现重新定位的唯品会,通过这一系列的自建以及合作共建的方式,再重新构筑起新的核心竞争力。

(2)接入第三方商家。唯品会发展之初,就是与品牌合作,以寄售的模式,完全由平台提供销售服务。但完全的自营业务背后是沉重的成本负担,虽然能够提供更加优质的用户体验,但却对收入增长有着不利的影响。因此,在目前沉重的业绩压力下,布局利润更高的第三方商家业务,成为唯品会业务增长的重要选择。

Marketplace 开放平台正是唯品会在拓展第三方商家上做出的努力。该平台于 2018 年 4 月开始第三方商家内测,截至 5 月 4 日,已完成产品的全部测试,并正式对外招商,这被唯品会看作未来重点发展战略。

秉承着开放、赋能与共建共赢原则,唯品会提供给第三方商家的支持非常充足,且选择多元化。

在店铺类型上,唯品会为入驻 Marketplace 开放平台的商家设置了三种入驻形式:"旗舰店""专卖店""专营店"。

在支持平台上,入驻的商家店铺将同时存在于唯品会主站的 PC 端、APP 端以及微信小程序,享受唯品会在三个平台上的流量。同时,唯品会支持让商家店铺实现一键生成小程序,使商家在微信动态中获得更多、更完善的营销与流量工具方面的赋能。

在消费品类上,Marketplace 平台对家居建材、家电数码、母婴用品、食品饮料、图书文娱、汽车用品、医疗保健、虚拟产品在内的八大品类商家全面开放。

之所以一直侧重于自营的唯品会会选择在第三方商家业务上发力,离不开这项业务的极高利润率。一直以来,第三方商家业务就被视作自营类电商利润奶牛。③

---

① 产地直采自营 唯品会全面发力跨境电商业务,http://economy.gmw.cn/2016 - 05/12/content_20068812.html,最后访问时间为 2018 年 5 月 1 日。
② 63Kr:京东与唯品会达成跨境电商合作,首期开放英国伦敦仓储,http://36kr.com/p/5133555.html,最后访问时间为 2018 年 5 月 11 日。
③ 经济经营报:股价大跌背后:营收增长持续放缓净利下滑 拆解唯品会转型路,http://www.sohu.com/a/231972449_118622,最后访问时间为 2018 年 5 月 18 日。

以国内自营业务做得最为优秀的京东为例，京东营收包括"商品销售"及"提供服务"两个部分。前者就是自营业务，后者主要向第三方卖家提供服务。从2015年下半年开始，"服务业务"对京东的毛利润的贡献率从原本的10%左右，快速上升，达到40%~50%，使得京东整体毛利润率被显著抬高。①

其中，京东佣金、广告收入绝大多数来自服装卖家，而恰恰是唯品会最为强势的品类。基于第三方商家业务如此出色的业绩，平台卖家扩容、广告收入提升更被认为是京东中短期内最强的利润催化剂。

自营业务如此强大的京东尚且需要依靠第三方商家业务来支持，对于唯品会而言，第三方商家业务自然是不可丢失的"肥肉"。为了更好地服务第三方商家，唯品会主动向第三方开放了一系列的功能接口，帮助平台上的第三方商家实现高效运营。

基于开放的原则，唯品会将数据维度、用户维度、工具维度、仓储配送、内外部流量以及平台系统开放化，使得第三方商家能够充分利用平台已有的数据、物流以及流量等资源，实现快速发展。唯品会希望最终能打造一个平台、商家、用户和第三方服务商共建的电商生态系统，② 对平台内的外部商家和第三方服务商进行赋能，互利共生。

第三方商家业务初起步，是否会对唯品会原有的自营模式带来冲击？唯品会能否在大量的第三方商户进驻的同时，依旧能够保持原来的"正品承诺"？一切都依旧充满了许多的未知数。

（3）流量新入口。在唯品会增长乏力、饱受质疑的2017年，唯品会在年末迎来了一个好消息：腾讯和京东将会对其进行战略投资，三方共同宣布达成合作。根据最终协议，腾讯、京东将在交易交割时，将以现金形式向唯品会投资总计约8.63亿美元，分别获得7%和5.5%的股份。③

本次的投资并非一次纯粹的财务投资，唯品会通过接受腾讯以及京东的战略投资，与社交巨头腾讯以及电商巨头京东结成联盟，给唯品会开放流量入口，带来庞大的潜在新用户群体，扩大了唯品会的增长空间。

在腾讯方面，唯品会主要是获得了腾讯旗下的超级应用——微信的支持。微信给唯品会提供的流量入口主要有以下两个：微信钱包入口以及小程序入口。

在微信钱包中的第三方服务栏中，所有微信用户在2018年4月8日中都能看到唯

---

① 虎嗅网：撕掉"亏损"标签，京东也丢掉了"增长"，https：//www.huxiu.com/article/243929.html，最后访问时间为2018年5月18日。
② 亿邦动力网：唯品会Marketplace平台试运营规则都在这里，http：//www.ebrun.com/20180515/277454.shtml？eb＝com_dtl_lcol_tttj，最后访问时间为2018年5月18日。
③ 经济经营报：股价大跌背后：营收增长持续放缓净利下滑 拆解唯品会转型路，http：//www.sohu.com/a/231972449_118622，最后访问时间为2018年5月18日.

品会的入口，通过点击，能够直接转跳到唯品会实现消费，给唯品会直接带来流量。除了开放微信入口外，近年来一直被微信卖力推广的小程序也是本次的合作重点。例如，由唯品会提供电商服务支持的"巴黎欧莱雅"品牌小程序在5月8日正式上线，根据唯品会的构想，微信中的品牌电商运营不再是搭建一个孤立的"线上货架"，而是要围绕用户进行综合运营。而唯品会将会在这个过程中承担起为进入微信的品牌方提供电商基础设施支持的角色。①

从数据来看，相比于唯品会以女性为主的用户分布，微信入口呈现出比主站更高的男性偏好、一二线城市偏好和年轻化特征。在唯品会"419"大促期间，其微信入口的活跃用户中男性占比25.8%，高于主站男性占比，"90后"人群占比近半。更多男性用户的进入有效地缓解了唯品会原本过于依赖女性客户的情况，体现出微信入口有效地为唯品会扩宽了用户的边界。

在京东方面，唯品会是以京东旗舰店的形式进驻。京东为唯品会提供了非常优良的页面位置——APP首页一级入口全量展示。

与微信入口一样，京东提供的入口同样成绩斐然：在唯品会京东旗舰店中上线品牌数量持续增多，从最初3月上线品牌271个，到4月份，上线品牌直线飙升到890个。在刚上线的两个月内，店铺粉丝迅速增长至50万人。

同时，唯品会方面透露，"419"大促期间，通过京东入口进入唯品会的客户中98%都是新客。其中，得益于京东的以男性为主的客群属性和平台特点，唯品会在京东入口售卖的各品类中，男装品类销售排名第一，美妆增速同样高速。②

唯品会和京东的合作，充分地体现出了优势品类和用户结构互补所带来的巨大好处。唯品会的核心品类——服饰穿戴和美妆——恰恰是京东相较于天猫与淘宝的弱势部分；用户结构方面，唯品会3亿会员中女性会员超过80%，而京东以3C数码起家，男性用户占比较高。双方一下子都补上了各自的短板。

从效果来看，唯品会和腾讯、京东的合作，都极大地拓宽了自身的用户群体以及销售品类，弥补了原来过于单一的用户结构和优势品类的缺陷。但新增的用户是否能够有效地转化为高黏性的老用户，这个问题将会是唯品会后期需要努力的方向。

5.2 物流与金融的独立之路

除了电商这个龙头业务以外，唯品会也在大力拓展"三驾马车"中的另外两个增长点——物流和金融业务。而为了更好地发展这两个业务，唯品会进行了大刀阔斧的

---

① 经济经营报：股价大跌背后：营收增长持续放缓净利下滑 拆解唯品会转型路，http://www.sohu.com/a/231972449_118622，最后访问时间为2018年5月18日.
② 牵手微信京东后，连续22季度盈利的唯品会如何再造唯品会？http://www.sohu.com/a/231712087_117891，最后访问时间为2018年5月18日.

改革,在 2017 年年中直接宣布将两大业务板块独立出去,希望通过将这一部分业务的风险从上市公司体系中剥离出去,减少对于核心电商业务以及上市公司财务表现的影响,同时,分拆后的业务将进行对外融资,以获得外部资金支持。其中,依旧亏损的唯品会金融业务成为风险剥离和融资的重点。

唯品会在这两个业务领域已经具有一定的积累,但目前这两个领域中同样存在着非常激烈的竞争,阿里巴巴、苏宁等电商领域的老对手同样也在这些业务上投入巨大,因此,唯品会只能在通过不断调整来适应这样的竞争格局。[①]

(1) 物流系统的扩张与开放。唯品会从 2013 年开始自建物流配送网络,并且在仓储建设上投入了大量的资源,使唯品会的整个物流体系在这几年发展迅速。

截至 2017 年 12 月,唯品会已经在全国拥有物流分拨中心 64 个、直营站点 3 700 个、290 条干线物流、1 866 条支线物流,公司 98% 的订单由自建的物流系统实现配送。

不仅如此,唯品会还建成五大物流中心,遍布华北(天津)、华东(江苏)、华南(广东)、华中(湖北)、西南(四川),实现全国覆盖。而在境外,唯品会拥有中国香港特区、日本、韩国、法国、美国、澳大利亚、意大利、英国等海外仓 8 个,海外仓面积达到 5.3 万平方米。唯品会在境内外投入使用的总仓储面积达 250 万平方米。

如此庞大的物流体系依旧能够高效运作,背后离不开唯品会重金投入建设的自动化物流仓储设备。目前,唯品会物流使用的自动化设备主要有:输送系统、Miniload 集货系统、商品分拣系统、包裹分拣系统、蜂巢式电商 4.0 系统、智能 AGV 搬运机器人、魔方密集存储系统等。

唯品会在自营货品、自营仓储、自营物流的一系列布局,最终都会体现在用户体验的提升上。根据唯品会的数据显示,由于物流扩张,唯品会的用户黏性在不断提升,其中用户的复购率高达 84.4%。[②] 当然,如果唯品会的物流体系能够使用户更快速地拿到爆款,在社交平台上进行分享,进而催动爆款在特卖时间内形成更快的传播,那么这将会把唯品会的特卖属性发挥到更加极致的程度,大幅度提升唯品会爆款销售的爆发力。

虽然物流体系的建设会给电商企业带来巨大的竞争优势,但物流建设需要公司大量"烧钱",导致公司有巨大的资金压力,增加运营成本。因此,提高物流系统的利用率,甚至物流系统本身能够实现盈利,成为目前自建物流的各大电商企业所追求的

---

① 36Kr:电商营收放缓,唯品会要发力金融和物流业务,http://36kr.com/p/5075559.html,最后访问时间为 2018 年 5 月 18 日。

② 36Kr:唯品会发力时尚+正品,金融、物流业务开始反哺电商,http://36kr.com/p/5104045.html,最后访问时间为 2018 年 5 月 2 日。

目标。

继京东2017年年初宣布开放物流系统后,唯品会也在同年5月开始宣布,重组物流业务,将旗下的品骏快递独立出来,并且加大开放力度,大力发展社会化业务。[①]而品骏快递也在7月份正式获得国家邮政局颁发的全国快递业务经营许可证,拥有直营站点约3 700家,半年时间新增约7 000名快递员,总数已超过27 000人。

这个新独立的品骏快递被唯品会赋予了厚望,甚至期待其5年内能在中国主板独立上市。[②]

(2) 发力互联网消费金融。唯品会在金融业务的布局始于2013年,设立金融事业部。在2015年之前,唯品会主要布局的金融业务集中在供应链领域的,在此期间,唯品会拿到了保理牌照与上海、广东两地的小贷牌照。

从2016年开始,唯品会从原来的面向B端开始向面向C端发力,加强消费金融和互联网理财几个板块,先后推出了唯易贷、唯品宝、唯多利、唯品花等一系列理财产品。而为了进一步建立起平台自身的支付方式,在2016年末,唯品会对浙江贝付科技有限公司进行全资收购,以获得第三方支付牌照。

唯品会的收购对象——浙江贝付,是国内270家已获得支付牌照的公司之一,成立于2011年6月,2012年6月获得中国人民银行颁发的支付业务许可证,2013年9月获得国家外汇管理局批准的跨境支付试点资格。贝付公司的主营业务是基于互联网推出了一系列垂直化的支付产品,包括网银支付、快捷支付、委托代收支付等,目前现有用户超过6 000万户,年交易规模达数百亿元。

在收购贝付公司后,拥有支付牌照的唯品会就能够形成支付闭环,进一步完善电商生态,打通闭环后有利于数据留存与挖掘,帮助唯品会实现精准营销、风险控制和产品优化,甚至是企业转型迭代。

但目前市场中,入局的电商巨头并非只有唯品会一家。甚至电商巨头布局金融似乎已经成为一种标配:美团点评、苏宁、国美、小米等公司都在疯狂布局互联网金融,电商巨头们坐拥渠道、流量、消费者、供应商、大数据等资源,这些资源都能够帮助巨头们快速地延展至互联网金融,因此,唯品会面临的竞争格局非常激烈。

也正因如此,唯品会在该业务上的大规模投入仍然没有办法带来金融业务的盈利。虽然唯品会公布针对B端的业务已经实现盈利,亏损的是面向C端的消费贷。亏损的主要原因是前期为了吸引用户,唯品会金融服务全部免息。但营销优惠活动结束过后,唯品会要能将前期吸引来的新用户继续留存下来而不被竞争对手抢走,仍然是

[①] 21世纪经济报道:唯品会聚焦电商:年内完成互金拆分、物流重组,http://tech.163.com/18/0518/07/DI2ROI5T00097U7R.html,最后访问时间为2018年5月18日.

[②] 36Kr:电商营收放缓,唯品会要发力金融和物流业务,http://36kr.com/p/5075559.html,最后访问时间为2018年5月18日.

个非常困难的问题。

面对这样的环境,唯品会希望能够通过将互联网金融业务剥离上市体系,分离风险的同时,赋予其更高的自由度,以适应更激烈的同业竞争。其中一种重组的可能将会是,已经上市的唯品会将互联网金融业务以及相关资产剥离出上市体系,将其和VIE(可变利益实体)进行重组。新的公司将会获得更高的独立性,以及能够获得唯品会以外的外部融资。与此同时,在独立的互联网金融子公司中,部分高管将获得该子公司的股票,以此来进一步激励业务骨干,提升员工的积极性。

金融业务的成功,对当下急需发掘新的增长点的唯品会而言,非常关键。唯品金融对公司业绩提升的作用主要体现在两大层面:一是通过向用户提供定制化、全方位的金融服务,刺激用户的消费欲望,有效提升唯品会在每个用户身上获得的收入;二是金融服务能够呼应电商客群年轻化的趋势,适应新一代消费者的消费习惯,有效提升"90后""95后"用户的黏性,为唯品会未来业务增长创造巨大发展前景。[①]

6 结语及问题

电商是一个竞争激烈的行业,目前各大巨头已经占据了巨大的市场份额,同时还在不断地将触角延伸到新的细分市场,抢夺其他竞争对手的生存空间。

唯品会作为主要面向女性市场的特卖型电商,目前面临着天猫这样的竞争对手的猛烈进攻,企业发展的脚步开始放慢,在营收、净利润、活跃用户数等方面增速都不断放缓,似乎已经触到了自身的增长"天花板"。CEO沈亚正面临着2008年创业以来最大的难题。

面对这样的难题,唯品会的管理层从战略合作、公司结构调整、业务扩张等多个维度来对公司进行改革,然而目前却仍未有明显的改观。这些改革的举措是否有效?还是说只是时间太短尚未生效?唯品会未来的路途又在何方?这些仍是未知数。

1. 面对现存的发展"瓶颈",唯品会采取了一系列的手段来应对,这些措施能否助力唯品会走出困境?

2. 唯品会除了通过战略合作来给平台带来新的用户以外,是否可以采用其他的营销手段来进一步吸引新的用户呢?

3. 目前新零售概念在电商行业受到广泛的关注,各路巨头纷纷布局,那么以正品特卖为核心商业模式的唯品会是否适合进军新零售行业呢?

---

① 36Kr:唯品会发力时尚+正品,金融、物流业务开始反哺电商,http://36kr.com/p/5104045.html,最后访问时间为2018年5月2日.

附 录

附录一：

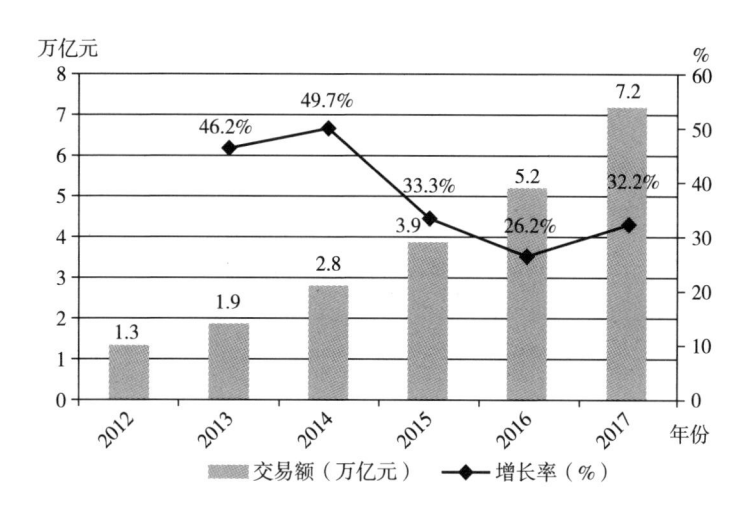

2012～2017年中国网络零售市场交易规模

年份	交易额（万亿元）	增长率（%）
2012	1.3	
2013	1.9	46.2%
2014	2.8	49.7%
2015	3.9	33.3%
2016	5.2	26.2%
2017	7.2	32.2%

资料来源：中国产业信息网。

附录二：

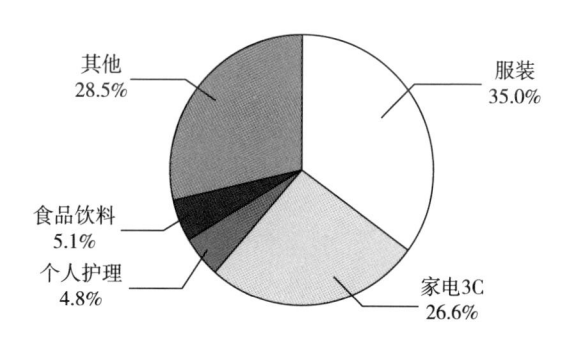

2016年中国B2C电商销售品类分布

- 服装 35.0%
- 家电3C 26.6%
- 个人护理 4.8%
- 食品饮料 5.1%
- 其他 28.5%

资料来源：中国产业信息网。

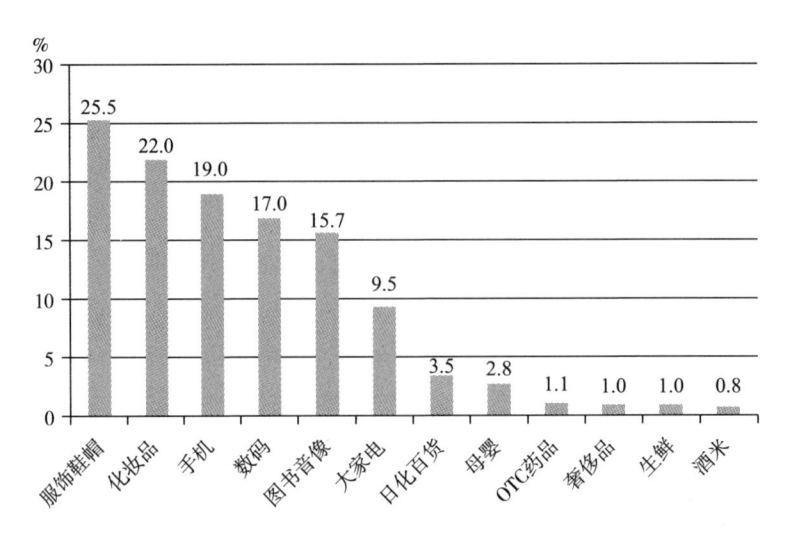

2016 年 B2C 电商各品类线上渗透率

资料来源：中国产业信息网。

附录三：

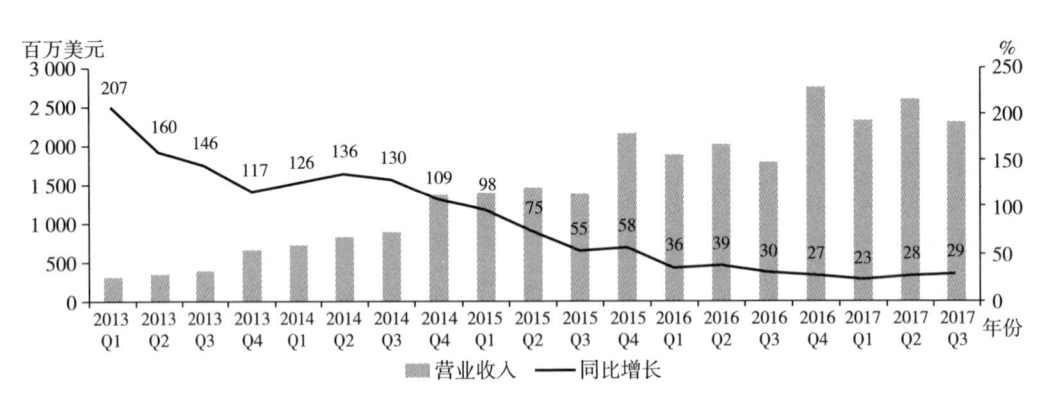

唯品会营业收入及同比增长

资料来源：唯品会财报。

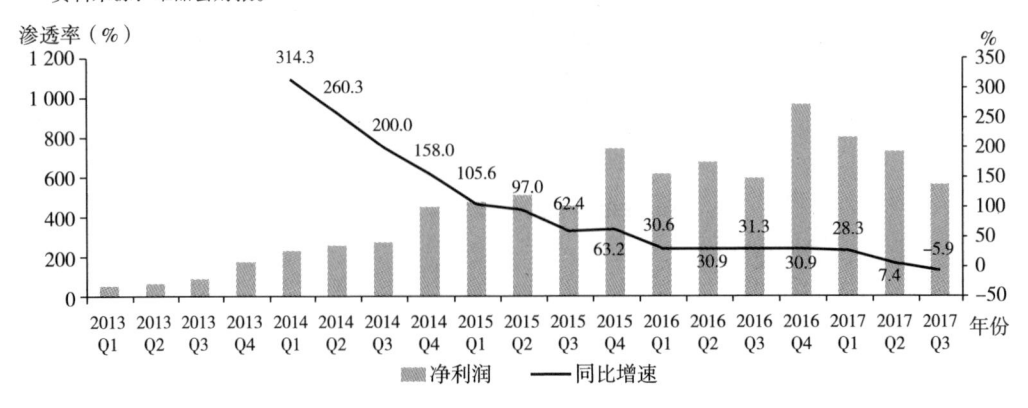

唯品会 Non-GAAP 净利润及同比增速

资料来源：唯品会财报。

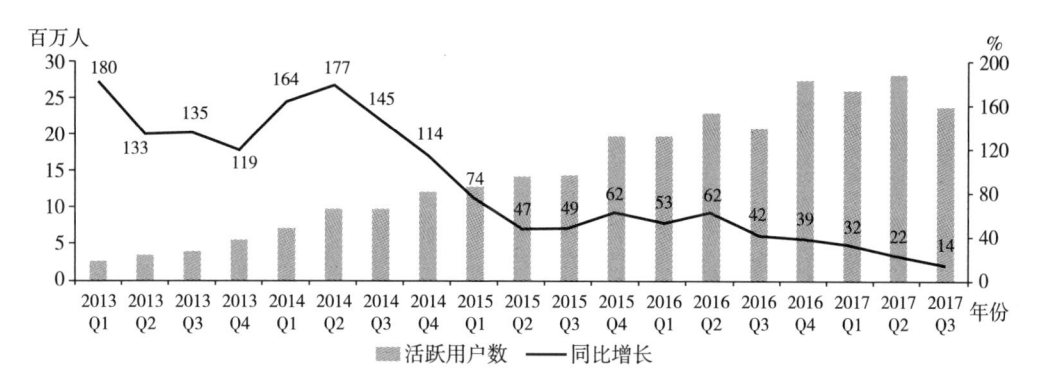

唯品会活跃用户数及同比增长

资料来源：唯品会财报。

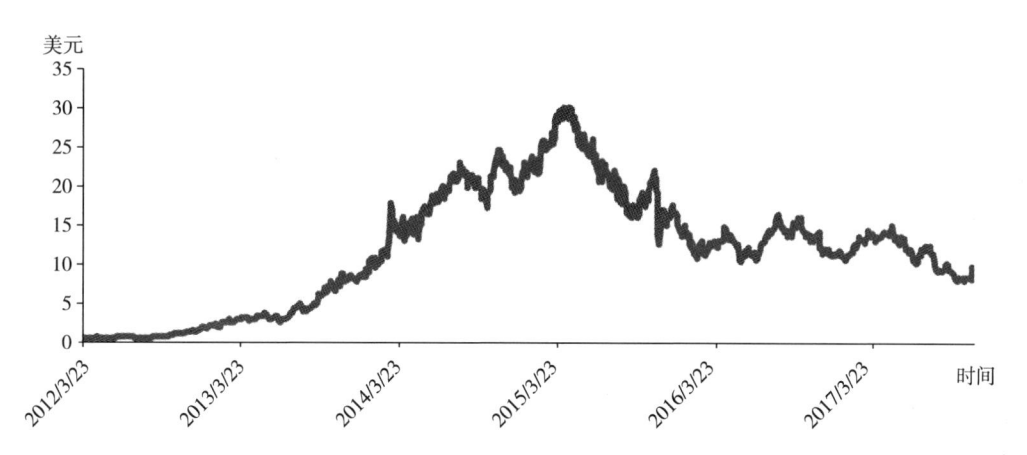

唯品会上市以来股价变动

资料来源：Yahoo Finance。

教学笔记

1 教学目的与用途

1.1 适用课程

本案例主要适用于《战略营销》《营销管理》《网络营销》《电子商务》等课程。案例适用对象为工商管理专业的本科、硕士及 MBA 等商科学生。

1.2 教学目标

本案例的教学目标主要是通过分析和讨论案例的相关内容,使学生对市场营销的相关理论在电子商务时代和新零售时代的运用,并对以唯品会为代表的特卖商业模式发展历史和进程有更深刻的认识和了解。

本案例的具体教学目标有以下三个方面:

首先,学生从消费者需求和互联网企业竞争态势的变化,考虑企业应该如何应对,运用相关的市场营销理论(如定位理论、价值链理论)进行分析。

其次,从市场营销的战略和战术实施角度出发,运用相关的营销理论分析消费者行为,并指导学生提出相关的营销手段来吸引新的用户。

最后,对于目前的新零售发展态势进行分析,了解并深入剖析新零售对于唯品会来说,究竟意味着什么,并运用相关的理论知识和工具如 SWOT 进行分析,并提出合理化建议。

2 启发思考题

2.1 面对现存的发展"瓶颈",唯品会采取了一系列的手段来应对,这些措施能否助力唯品会走出困境?

2.2 唯品会除了通过战略合作来给平台带来新的用户以外,是否可以采用其他的营销手段来进一步吸引新的用户呢?

2.3 目前新零售概念在电商行业受到广泛的关注,各路巨头纷纷布局,那么以正品特卖为核心商业模式的唯品会是否适合进军新零售行业呢?

3 分析思路

问题一:

针对企业发展遇到的"瓶颈",唯品会采取了一系列的应对措施,在分析中可以结合企业品牌的定位理论、横向纵向一体化的经营理论以及客户关系管理理论来对这些措施的优缺点进行分析，探讨唯品会的这些手段未来的成效如何以及要怎样进一步在激烈的市场竞争中树立起其竞争优势。

问题二：

在目前传统的宣传手段成本较高的情况下，唯品会可以采用更加高效率、用户黏性更高的社会化营销手段来吸引新的用户。因此，在该部分分析中，参考奥美广告公司提出的社会化解决框架，主要从三个方面来实现社会化营销，分别是：内容投放、品牌资产以及关键意见领袖。

问题三：

在考虑唯品会是否进入新零售领域时，我们可以按照某个企业是否进入新市场的分析步骤来对唯品会进行分析：

Ⅰ．明确唯品会计划进入新零售领域的目标和动机是什么？

Ⅱ．通过 SWOT 分析来进行内外部分析，确定唯品会是否应该进入新零售领域；

Ⅲ．如果确定应该进入该领域后，确定唯品会进入新零售领域的策略以及手段。

通过上述流程，既能判断出唯品会是否适合进入新零售领域，同时，提供进入该领域的策略。

4 理论依据与分析

4.1 面对现存的发展"瓶颈"，唯品会采取了一系列的手段来应对，试评析这些措施能否助力唯品会走出困境？

（1）企业定位。美国著名营销专家艾·里斯与杰克·特劳特于 20 世纪 70 年代提出的企业定位理论认为，企业定位即要在预期客户的头脑里刻下对产品的认知，让预期客户感知到产品是有高价值的，其理论以"打造品牌"为中心，以"竞争导向"和"消费者心智"为基本点。唯品会此番调整其企业定位，恰恰建立于国内市场消费升级的基础上，以重塑品牌和建立竞争优势为导向，是唯品会在内外部环境变化下做出的正确战略选择。

在经济学界，人均 GDP 8 000 美元是一个重要的经济增长节点，普遍的观点都认为超过这一节点，意味着人们可支配收入增加，购买力增强，购买范围变大，从国内扩展至全球，对商品和服务的品质要求也变得更高。2016 年中国正式跨过人均 GDP 8 000 美元的大关，麦肯锡在 2017 年年初的一份研究报告中就表示，"随着消费者越来越成熟，普遍性的市场增长时代逐渐走向尽头。消费形态正从购买产品到购买服务，从大众产品到高端商品转变……中国消费者正在向现代化升级。"[1]

此次唯品会的自我升级正是基于近些年国内消费者消费心理的改变,是对消费者消费习惯由价格敏感转向品质优先所采取的必要的应对措施。与此同时,面对着激烈的行业竞争现状,唯品会放弃自创立之初便确立起来的"专门做特卖"的招牌,对品牌进行重新定位,力图在消费者心中树立起"精选全球,正品特卖"的新品牌形象。这一战略举措是应对电商激烈的竞争环境和前瞻布局自身发展的理智选择,在新定位之下,唯品会将对已有品牌进行重塑,进一步突出其全球布局和正品质量,在消费者心中留下刻印,力图在与行业中越来越多的特卖网站的竞争中形成差异化优势,这恰恰体现了艾·里斯和杰克·特劳特提出的定位理论的"一个中心,两个基本点",对于唯品会未来的发展势必起到至关重要的作用。

(2)接入卖家。横向一体化是企业在单一行业经营中采取的竞争战略之一,多指企业收购或兼并同类产品生产企业以扩大经营规模的成长战略,本质上指企业开展那些与企业当前业务相竞争或相互补充的活动。横向一体化有利于通过利用已有基础设施和规模经济优势降低成本结构,提高企业在单一行业中的盈利能力,还利于提升产品差异化程度,进而提高消费者的满意程度。

在激烈的市场竞争和业绩压力下,唯品会试图对网站的运营模式进行调整,尝试布局第三方商家业务,希望能模仿京东的较为成熟且高盈利的第三方服务体系,逐渐向综合型电商平台过渡,通过提高企业的横向一体化程度来为唯品会的内部发展注入活力。

对于唯品会而言,这是一次基于业绩增长放缓的内部环境下做出的一个战略尝试,寄托着唯品会以此提高企业营收能力的愿望。由于此前唯品会采用的垂直型电商模式所暴露出来的问题越来越多,唯品会此举利于平台通过引入卖家来拓展品类,逐步向发展潜力更大的综合型电商平台过渡。通过提高零售电商业务上的横向一体化程度,唯品会在未来能更好地提升产品差异化程度,吸引和留住更多的消费者,赢得更佳的发展机遇。

但与此同时,这一战略选择也可能给唯品会带来非常大的风险。一方面,引入第三方商家,这一板块可能会与唯品会原有的自营模式产生竞争甚至冲突,对于消费者的品牌认知以及唯品会自营业务板块可能产生消极的影响。另一方面,引入了第三方卖家以后,唯品会能否继续做到其对消费者的"100%正品"承诺也将存疑。引入第三方卖家诚然能给唯品会注入发展的新动力,但一旦引入机制和审查监管上不到位,出现假货泛滥的现象,将会使得唯品会长久以来树立起的品牌形象受到影响,对唯品会造成难以弥补的品牌声誉上的伤害。

---

[1] 麦肯锡·加速前行:中国消费者的现代化之路,https://max.book118.com/html/2017/1221/145231568.shtm,最后访问时间为2018年5月26日。

总体而言,把第三方卖家融入现有的运营体系中,同时加强进入资格的审查和售卖商品的监管,最大限度地利用横向一体化的优点来开辟市场空间,保证唯品会能延续其良好的品牌形象,真正做到趋利避害,唯品会才能利用这一战略举措为其争取更大的顾客群体和发展空间。

(3) 顾客管理。客户关系管理(customer relationship management,CRM)理论指的是企业通过富有意义的交流沟通,理解并影响客户行为,最终实现提高客户获得、客户保留、客户忠诚和客户创利的目的。CRM 理论强调企业以客户为中心,按照客户的分类情况有效地组织企业资源,与客户建立起长久良好的合作关系,并以此为手段来提高企业盈利能力、利润以及顾客满意度。

唯品会于 2017 年 12 月与腾讯以及京东达成合作协议,唯品会将从这两巨头获取额外的开放流量入口,力图为企业带来庞大的潜在新用户群体,扩大了唯品会的增长空间。腾讯为唯品会提供社交平台微信中的钱包入口以及小程序入口,京东则为唯品会提供 APP 首页一级入口全量展示。

唯品会找寻新的流量入口是基于企业面临的平台流量增速放缓,用户流量遭遇"天花板",以及现有用户群较为单一,女性用户红利逐渐消退的现状而做出的战略决策。与腾讯和京东这两个社交和电商上的巨头合作,将通过这两个平台上的高曝光度,吸引更多新潜在用户的关注,切实地提高陷入"瓶颈"期的缓慢增长的用户流量,为唯品会未来的长期持续发展奠定较好的用户基础,是唯品会未来一段时间在客户关系管理上的重要一环。此外,唯品会此前主打的二三线城市女性细分市场遭遇越来越激烈的竞争,市场开拓红利正一步步消退,通过新的流量入口的导流更有利于吸引包括男性用户、一线城市女性等在内的用户群,使得唯品会的用户结构更多样化,弥补了原来过于单一的用户结构的缺陷,提高了企业在日趋激烈的电商市场中的竞争力。

多样化的流量入口能给唯品会未来发展带来更多的潜在用户,与此同时唯品会还要考虑如何把这些潜在用户转化成真正的购买用户,以及怎样能转化成高黏性的长期用户,这样才能助力唯品会摆脱目前增长乏力的现状。如进一步优化针对不同细分消费群体的网站页面设计,结合企业的顾客信息系统强化个性化推荐的定制服务等,通过这些措施进一步与各类消费者建立起长久良好的关系,为企业未来的持续健康发展奠定用户基础。

(4) 附加业务。纵向一体化是企业在两个可能的方向上扩展现有经营业务的一种发展战略,它包括前向一体化和后向一体化。采用纵向一体化战略的企业,可以通过两种方式来扩张其业务:一是向后扩张,进入产业链上游的行业领域;一是向前扩张,进入位于产业链下游的分销或者销售等行业。企业通过提高纵向一体化程度有利于提高专用资产投资的效率,同时提高核心业务的产品和服务质量,使企业的运营更有效率,进而提高企业的盈利能力。

从2013年开始，唯品会就致力于自建物流配送网络，投入了大量资源于仓储建设上，并于2017年5月宣布重组物流业务，将旗下的品骏快递独立出来，大力发展社会化业务。唯品会也自2013年就开始布局其金融业务，从2016年起从原来的企业端向消费者发力，重点建设了消费金融和互联网理财几个板块，同时把唯品金融业务慢慢地拆分出去，以谋求唯品金融获得更高的估值，减轻对集团整体现金流的占用，力图对企业整体的发展起到更好的促进作用。唯品会对于仓储物流、供应链金融和消费金融等方面的重点建设，正有利于提高其在产业链上下游的纵向一体化程度，吸引更多的卖家和消费者，交付更加高效高质的服务。

消费升级让商家必须越来越重视用户体验，而大数据和云计算使得针对特定群体提供精细化服务变得可能。物流配送一直是网购用户最看重的服务之一，尤其是服饰行业无法试穿可能带来尺码不符现象的特点。唯品会退货上门揽件覆盖率的提升正是其差异化服务的体现。通过自建仓储物流体系，唯品会在特卖这一细分领域为用户提供别致的服务，不断改善用户体验，增强用户的品牌认同，进而提高顾客黏性和复购率，符合其发展的长期战略目标。唯品会将旗下的品骏快递独立出来，一方面能够将快递业务的风险从上市公司体系中剥离出去，减少对于核心电商业务以及上市公司财务可能表现的消极影响；另一方面，分拆后的业务将进行对外融资，以获得外部资金支持，对企业整体带来更正向的影响。

对于电商平台而言，网络流量和商品展示共同构成了天然的金融消费场景，可以形成一个基于供应商和消费者的金融生态圈。借鉴电商零售巨头京东和阿里巴巴的经验，唯品会也凭着多年的用户积累和对关键用户群体的高渗透率，进军互联网金融，打造贷款、消费、理财、保险一体化生态圈，服务于唯品会商城以及众多的唯品会用户。电商平台带来的场景优势、唯品会的用户资源优势以及数万家品牌供应商等，都是唯品金融能够迅速发展的重要条件，也可以看出唯品金融的推出是符合唯品会面临的市场竞争现状和企业内部条件，在消费不断升级的当代中国情境下对于企业的发展有着重要的战略意义。在未来的发展过程中，唯品金融应该更加注重平衡，面对企业的供应链金融和面对消费者的消费者金融，让两者的融合来更好地促进唯品金融板块的发展。同时，唯品金融的发展很大程度上依赖于唯品会的用户流量基础，因而保证用户流量的稳定增长以及流量向金融板块的高转化率同样是非常关键的。

4.2 唯品会除了通过战略合作来给平台带来新的用户以外，是否可以采用其他的营销手段来进一步吸引新的用户呢？

在2016年时，唯品会就已经在营销上投入重金，邀请周杰伦夫妇担任形象代言人，以及赞助《中国新歌声》等热门综艺节目。但尽管唯品会在这些营销渠道上投入了重金，这样的营销方式却没有给唯品会带来相应的销量。高投入、低产出的问题，使这些传统的营销手段，逐渐变得失去吸引力。

而近年来，社会化媒体营销以其广泛且深入的信息传播能力和低营销成本吸引了众多企业关注以及使用。这些特点对于唯品会的新用户吸引来说非常有价值。因此，除了可用传统的媒体进行广告投放以外，社交化媒体同样可以带来良好的营销效果。

具体而言，社会化媒体营销是指运用社会化媒体，如博客、微博、社交工具、社会化书签、共享论坛，来提升企业、品牌、产品、个人或组织的知名度、认可度，以达到直接或间接营销的目的。这一概念的最大亮点就是社会化媒体的应用。

参考奥美广告公司提出的社会化解决框架，唯品会可以主要从三个方面来实现社会化营销，分别是：内容投放、品牌资产以及关键意见领袖。

（1）内容投放。内容投放是指在第三方社交平台上，如论坛、贴吧、微博等，用户针对企业的产品和服务自发生产的内容（UGC）。这些用户通常采用体验分享以及评论等方式来与其他消费者或潜在消费者进行互动，表达自己对企业提供的产品和服务的观点。而雇用"水军"进行恶意的篡改和散布不实的企业信息是被明令禁止的。因此，对于企业而言，这样的内容具有不可控性。也正因为如此，这些UGC会让潜在的消费者更加信任，更有影响力。

如果消费者产生的UGC普遍是对企业的积极评价，那么，将会对企业的形象带来非常积极的影响。但一般的消费者往往会缺乏主动分享消费体验的积极性，使得有利于企业形象的消费感受难以获得传播。

那么，唯品会如何在这样不可控的第三方社交平台上面创造对自己有利的UGC？

虽然操纵网络舆论是被明令禁止的，但唯品会可以通过积极地向大众消费者提供体验产品，通过优质的体验产品来提高这些消费者自发产生UGC的动力，进而增加这些消费者在第三方社交平台上对唯品会的评价，这样所获得的UGC将会是用户自然产生，而不具有欺骗性质。通过提供体验产品，唯品会就能很好地解决消费者动力不足的问题，驱动大众消费者更加积极地产生对唯品会有价值的社交媒体内容。

（2）品牌资产。品牌资产在这里主要指的是，在微信平台、微博、短视频平台等第三方社交平台以及企业的官网中，公司如何打造自己的品牌形象。

目前非常多的公司在这类社交媒体上都采用了人格化的方式来进行运营，在平台日常发布的信息中，以特定的角色口吻来向消费者进行品牌形象的塑造，并引起受众的兴趣，进而加强和消费者之间的互动。但唯品会目前在这些社交平台中，基本都是以相对官方、广告式的口吻来直接向消费者推广其最新的产品，缺乏互动性，失去了社交媒体利用其强大的互动性来增强信息传播的深度和广度的优势。

因此，唯品会可以考虑在已有的社交媒体基础上，进一步地凝练出自己的品牌人格，降低在信息传播中的"推销性质"，采取像朋友一样给用户推荐相关资讯或产品的方式来加强与用户之间的互动和联系，这样才能更好地发挥这些社交媒体应有的价值。

（3）关键意见领袖。关键意见领袖（key opinion leader，KOL）通常被定义为：

拥有更多、更准确的产品信息，且为相关群体所接受或信任，并对该群体的购买行为有较大影响力的人。① 这些关键意见领袖往往是人际关系中的关键节点，能对其他消费者的购买行为做出指引。因此，如果企业能够与关键意见领袖建立良好的合作关系，那么，关键意见领袖示范性的购买行为，将会带动大量的"粉丝"追随，给企业带来良好的收益。

对于唯品会而言，公司主要可以和以下两类 KOL 进行合作：第三方社交平台中的 KOL 以及唯品会自建社区中的 KOL。

目前，第三方社交平台中的 KOL 已经发展得非常成熟，而社交平台中，最为活跃的"草根"KOL 群体，当属各类时尚博主。这些时尚博主主要通过自己的时尚触觉，为一般的用户提供各类潮流资讯以及服装、美妆搭配知识，从而获得大量的粉丝。而这些时尚博主推荐的品类主要集中在服装和化妆品，与唯品会的核心品类高度重叠，如果唯品会能够主动地和这类 KOL 合作，为她们提供相关的体验产品，甚至是定制化产品，这类群体将会把自身的流量引向唯品会，在唯品会获得流量的同时，KOL 们也能够轻松实现流量变现，一举多得。

除了依赖第三方社交平台，唯品会同样可以在自己的网站和 APP 中建立自己的用户社区，并且在社区中挖掘潜在的意见领袖。以同样针对女性客户的 APP "小红书"为例，其模式最初为用户分享购物体验，后来发展为接入电商，使得消费者能够直接在平台上消费，形成一个"用户推荐—平台购买"的商业闭环。唯品会同样可以参考这样的模式，在已有的电商平台基础上自建内容社区，利用女性用户乐于分享/浏览购物体验的特点，发掘潜在的 KOL，在特卖产品上线后，将产品快速传递到 KOL 手中，进行社交内容的生产，以优质的评价来推动产品特卖期间的销量。

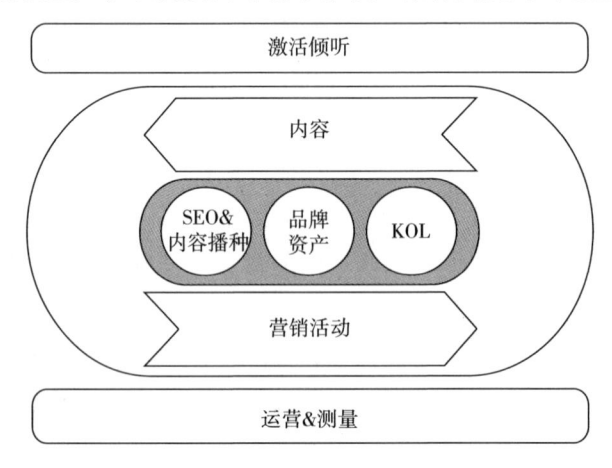

---

① 百度百科：关键意见领袖，https://baike.baidu.com/item/%E5%85%B3%E9%94%AE%E6%84%8F%E8%A7%81%E9%A2%86%E8%A2%96/1404674?fr=aladdin&fromtitle=KOL&fromid=9827493，最后访问时间为 2018 年 5 月 28 日.

4.3 目前新零售概念在电商行业受到广泛的关注,各路巨头纷纷布局,那么以正品特卖为核心商业模式的唯品会是否适合进军新零售领域呢?

我们首先需要明确什么是新零售。新零售这一概念最早由马云提出,可以理解为,企业以互联网为依托,通过运用大数据、人工智能等先进技术手段,对商品的生产、流通与销售过程进行升级改造,进而重塑业态结构与生态圈,并对线上服务、线下体验以及现代物流进行深度融合的零售新模式。① 一句话概括,即通过大数据和互联网来重构"人、场、货"等商业要素。

因此,新零售的核心关键在于如何将线上的技术手段来重构线下的零售场景。而具体到考虑唯品会是否进入新零售领域时,我们可以通过以下的分析步骤来进行分析:企业计划进入该领域的目标和动机?通过 SWOT 分析来进行内外部分析,确定企业是否应该进入该领域;如果确定应该进入该领域后,确定进入的策略以及手段。

(1)明确目标和动机。从案例中我们可以看出,目前唯品会由于垂直电商的发展特点,使其成长到了一定规模后,用户增长速度出现了放缓,而对于互联网企业而言,用户数量增长放缓往往意味着企业到达成长的"天花板",是比亏损还更为知名的发展问题。

在其增长放缓的同时,行业内的天猫、京东等综合性电商巨头采用了类似唯品会的模式,和唯品会进行直接的竞争,将唯品会原有的用户分流,进一步压缩了唯品会的增长空间。

因此,唯品会最需要解决的问题就在于如何开拓新的客户来源,挖掘新的增长点。而从这个角度来看,新零售背后广阔的线下市场对唯品会来说,无疑非常有吸引力。

(2)SWOT 分析。

O(Opportunity):

a. 庞大的线下市场规模。虽然近年来线上电商行业以其供应链简单、运营成本低的特点,快速地抢占了线下实体零售企业的市场份额,在零售行业获得了成功的业绩。但从最近的增长数据可以看出,目前电商行业已经结束了最初的高增长阶段,逐步碰到了业务增长的"天花板"。尽管电商零售的发展异常迅速,但从总体数据来看,传统的线下零售依然占据了 80% 的市场份额,人们的日常零售消费场景还是以线下为主,难以被电商所撼动(见附录一)。

同时,原本电商行业引以为豪的低运营成本的优势也逐步在减弱,以天猫为例,天猫商家在天猫平台上的平均获客成本从原来 2014 年的 160 元左右迅速攀升,在

---

① 百度百科:新零售,https://baike.baidu.com/item/%E6%96%B0%E9%9B%B6%E5%94%AE/20143211?fr=aladdin,最后访问时间为 2018 年 5 月 28 日.

2017年达到了270元左右,获得单个客户的平均成本在三年间升高了将近100多元。而反观目前较为成功的线下"新零售"门店,如"盒马鲜生"等,门店的平均效坪能够达到传统超市的10倍左右。线下零售业改造空间巨大(见附录二)。①

因此,在线上流量成本越发高昂、增长空间到顶的当下,线下市场空间庞大将会是电商企业新的增长机遇。②

b. 技术升级成为新零售的基石。大数据、物联网、云计算等一系列近年来兴起的新兴技术,正在重构着原来零售业的形态和模式,使得原本不可能实现的业务流程都成为现实。③

以物联网技术和手机支付为例,原本零售业中必须要有收银台来为顾客提供结账服务,同时零售企业需要进行每日的清点和盘查来确定货物的上架和销售情况。而当出现了物联网技术后,企业能够通过RFID技术来实现自动识别产品的上架情况,自动提醒补货,同时,顾客能够自主进行结账,将货物带出门店,无需再安排收银员。通过类似的技术改进,当下的"新零售"店铺能够有效地降低人力成本,提升销售效率。

T(Threat):

a. 行业内竞争激烈。新零售作为一个新的"风口",有不少的电商企业都已经开始了非常积极的布局,其中电商行业的巨头阿里巴巴和京东在2017年就已经大规模地开始落地实施新零售的计划,其中阿里巴巴旗下的"盒马鲜生"门店数量已达到了30多家,单家门店半年内已经开始实现盈利。与此同时,传统超市也开始进行自我革新:永辉超市同样在2017年开始经营新零售品牌"超级物种"。

虽然新零售的市场潜力非常诱人,但在该市场中的竞争同样非常激烈,集中了大量的巨头进入。

b. 线下零售业环境复杂。线下的零售业经营环境与互联网电商巨头们以往所擅长的线上环境有着非常巨大的差异。在线下消费中,零售商店尤其需要重视不同地区之间的消费文化差异,相比起线上的消费行为,不同地区的消费者的线下消费习惯往往有较大的差异。同时,线下门店的选址是决定门店成败的关键因素,原本纯线上的互联网电商巨头在确定合适的地理位置时,同样需要承担不小的风险。

S(Strength)

a. 核心的顾客群体和品类适合线下零售模式。根据材料可知,唯品会的核心客户群体中80%是女性。而唯品会本身的网页设计就针对女性群体非目的性购物的特点,

---

① 易观:2017中国新零售专题分析,http://dy.163.com/v2/article/detail/D7CR9Q1R05118QTB.html,最后访问时间为2019年9月4日。
② https://bg.qianzhan.com/trends/detail/506/180129 - 53dcf887.html.
③ 王甫,付鹏飞,崔芸. 新零售的关键技术与技术边界[J]. 中国商论,2017(35):7-8.

不设置搜索栏，让她们在网页端模拟出"逛街"的体验。线下实现的新零售就能够更好地满足这个群体对于"逛街"的偏好。

在销售的核心品类上，同样唯品会同样也非常适合采用线下零售。目前"河马生鲜"和"超级物种"等已有的新零售企业，门店内主打的核心产品都是新鲜的海鲜产品，强调顾客的到店体验，而线下的体验正是新零售门店的优势所在。

反观唯品会，其核心的服装以及美妆产品，线上线下体验差距明显，同样需要消费者在线下直接接触了解实际的效果。对于消费者而言，如果她们可以直接地接触并且体验到的话，能够更容易地提高消费者对于产品的信任度，激发她们购买的欲望。拥有这样的产品特点，唯品会能够充分地享受到新零售所带来的好处，同时，也能够有效地避开与巨头们的直接竞争。

因此，对于唯品会而言，其自身销售的产品品类和对象都使其非常适合采用线下的新零售模式。

b. 强大的仓储物流能够保证稳定的产品供应。从材料中可以看出，目前唯品会在仓储和物流建设方面都有非常充足的经验，而这一能力不仅仅能够保证唯品会能够快速地将货物运送到客户的受众。当唯品会决定进行线下的零售门店建设时，这样的供应能力同样可以让产品快速地到达线下的门店，进行销售。

原有的物流体系能够支撑线下门店货物的正常供应，而反过来，唯品会所开设的每一家线下零售店都会像"毛细血管"一样，使得唯品会的供应体系能够更加贴近消费者，做到能够从线下零售店直接发货，快速响应消费者的购买决策。

W（Weakness）：

a. 缺乏先发优势。在目前已经有众多入局者的当下，唯品会进入新零售领域的动作显得相当的迟缓，目前行业内的主要注意力都集中在了阿里旗下的"盒马生鲜"以及永辉旗下的"超级物种"，缺少先发优势的唯品会如果要获得同样的关注度以及成功，需要花费更多的力气来建立市场认知度，否则难以追赶上这些先行者。

b. 相关技术储备不足。在进行新零售布局的过程当中，大数据分析能力、云计算、物联网等技术都是支撑起新零售运营效率提升的基础技术。而目前唯品会在这些基础技术的建设方面，对比起行业内其他领先的企业，还远远不足。如果缺乏这些技术的支持，唯品会将没有办法充分利用线下门店顾客所产生的消费数据，失去了新零售利用技术来重构商业要素的意义。

c. 进入策略。公司进入某个领域时，通常可以采用的模式主要有以下三种：直接进入、收购该领域已有的企业、与其他企业结盟。

从目前的情况来看，唯品会与其他企业进行合作是一个更优的选择。因为唯品会目前进入该领域的时间对比起其他的电商企业而言，已经相对较晚。如果从零开始直接进入一个如此多不确定性以及风险的线下场景，对于缺乏线下门店建设经验的唯品会来说，风险会非常的高。

同时，目前已有的线下零售企业的商业模式与唯品会主打的特卖模式有较大的差异，通过收购来改造已有的线下零售企业来实现自身的新零售策略恐怕难度也非常大。

因此，与一个可靠且错位发展的合作伙伴进行结盟，是一个更加切实可行的进入方案。

而目前已经对唯品会进行了战略投资的京东，无疑是最为合适的合作伙伴。京东在2016年就开始建设线下门店"京东之家"，而"京东之家"主营的产品为针对男性的3C数码产品，和唯品会不存在着直接的竞争关系。因此，唯品会可以考虑与京东进行积极合作，借鉴其相对成熟的线下运营经验，快速建立起自己的线下零售业务流程。

具体而言，唯品会在设立线下门店时，应该继续围绕着自己的核心业务模式"正品特卖"来开展，主营美妆、服装等偏向女性且重视现场体验的产品。

采用"特卖"模式，意味着唯品会需要在线下门店以限时的方式来推出特定的特价产品，在一到两天内就进行快速更换和下架。上架的货物可以是线上网站上该时间段内销售额最为火爆的产品，消费者能够直接在线下接触到该产品，直接购买，快速地进行社交分享，进而催动爆款在特卖时间内形成更快的传播，线上线下同时联动。消费者能够在线下直接购买产品，所见即所得，就相当于唯品会实现了极速快递一样，能把货物第一时间送到消费者手上，激活她们的分享欲望，将唯品会的特卖属性发挥到更加极致的程度。

综上所述，唯品会应该采用与京东进行结盟合作的方式，开设以美妆、服装等女性用户导向的特卖线下零售店，以此来实现线上线下联动，有效提升唯品会和用户之间的互动性以及用户的黏性。

5 公司背景信息

唯品会信息科技有限公司（VIPS）成立于2008年8月，总部设在广州，旗下网站于同年12月8日上线。唯品会主营业务为互联网在线销售品牌折扣商品，涵盖名品服饰鞋包、美妆、母婴、居家等各大品类。2012年3月23日，唯品会在美国纽约证券交易所（NYSE）上市。目前唯品会已成为中国第三大电商。唯品会2017年总营业收为人民币729亿元，增长28.8%。

唯品会在中国开创了"名牌折扣+限时抢购+正品保障"的创新电商模式，并持续深化为"精选品牌+深度折扣+限时抢购"的正品特卖模式。这一模式被形象地誉为"线上奥特莱斯"。唯品会每天早上10点和晚上8点准时上线200多个正品品牌特卖，以最低至1折的折扣实行3天限时抢购，为消费者带来高性价比的"网上逛街"

的购物体验。

6 关键要点

在解决案例的过程中,需要围绕着唯品会自身的核心定位以及核心竞争力来开展分析。

与传统的电商巨头不同,唯品会核心竞争力在其拥有大量高黏性的女性客户以及独特的特卖模式。因此,在考虑如何打破业务"天花板"时,应该时刻关注着自身的核心竞争力,保持和竞争对手的差异化,不能单纯地追求规模的扩大化而丢失了原来的核心优势。

7 课堂计划

本案例可用于专门案例讨论课,建议可以按照如下时间进度安排课堂计划,仅供参考。课堂时间可控制在 90 分钟。

课前计划:提出启发思考题,请学员课前思考,并结合课本相关理论进行回答。学员也可以分成小组进行准备,并在课堂上进行 PPT 展示。

课中计划:

1. 在课堂开始时,问一下学员们有没有网购?知道唯品会和天猫或京东的差别吗?觉得特卖网站的优劣势如何?然后结合案例信息带领学员们对特卖网站行业进行分析(5~10 分钟);

2. 问学员们在网络购物上的需求是什么?为什么会用特卖网站?然后简要回顾唯品会的发展历程、公司情况,并对唯品会遇到的问题进行分析(5~10 分钟);

3. 将学员分成若干小组(建议 4~5 人/组,5~8 组),阅读案例,展开小组讨论;讨论过程中,教师可到学生中听取讨论,适当引导并做相关记录(30 分钟);

4. 按照小组进行展示(邀请 2 个小组),每个小组用 15 分钟做演讲,其中 10 分钟展示,5 分钟的问答环节(30 分钟);

5. 教授评价每个小组的表现,并且讲解案例中的理论知识要点,引导全体学员进行案例分析,最后总结案例(10~15 分钟)。

附 录

附录一：

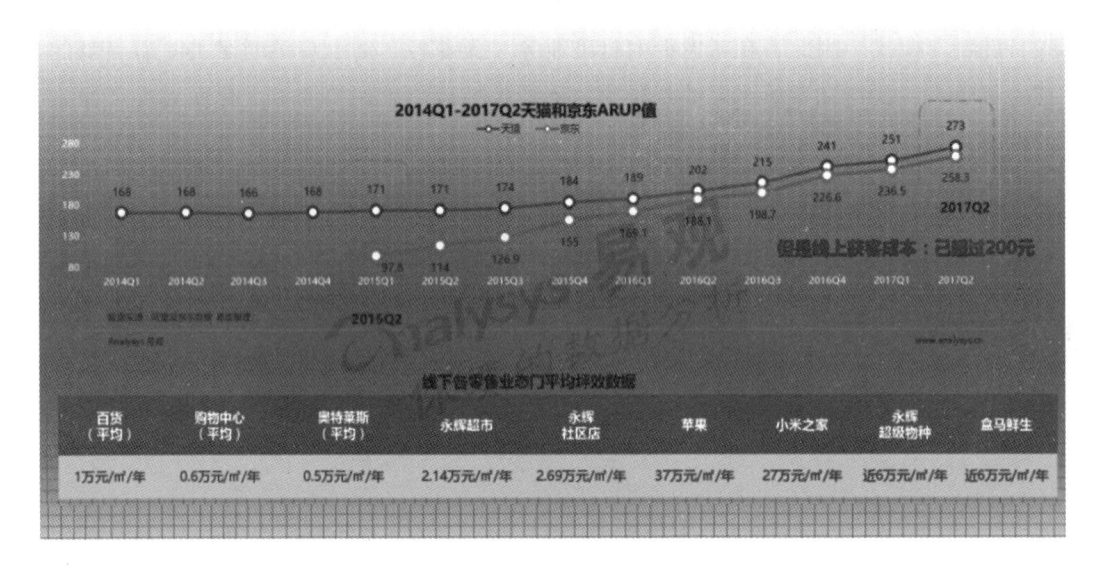

2014Q1-2017Q2天猫和京东ARUP值

百货 （平均）	购物中心 （平均）	奥特莱斯 （平均）	永辉超市	永辉 社区店	苹果	小米之家	永辉 超级物种	盒马鲜生
1万元/㎡/年	0.6万元/㎡/年	0.5万元/㎡/年	2.14万元/㎡/年	2.69万元/㎡/年	37万元/㎡/年	27万元/㎡/年	近6万元/㎡/年	近6万元/㎡/年

线上零售获客成本上升，线下新兴实体店坪效看好

附录二：

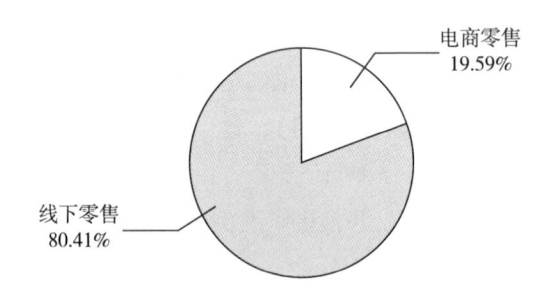

电商零售 19.59%
线下零售 80.41%

线上线下零售市场份额占比

HE 宜可：传统矿泉水企业何以在新时代东山再起？

梁剑平　苗慧帅　谭佳怡　钟雨缇

（中山大学管理学院　广州　510275）

摘　要：本案例描述了 HE 宜可矿泉作为一个曾经的领跑者、历史悠久的老牌天然矿泉水企业，面对竞争激烈的中国瓶装水市场，应如何重新完成品牌定位、灵活调整自身的品牌策略以在新时代持续将自身天然、健康的品牌价值传递给消费者，以进一步领跑天然矿泉水市场的难题。

案例正文

引言

2015 年 6 月 20 日，HE 集团宜可矿泉水公司经理杰森（Jason）正在对深圳和广州的消费者做问卷调查和访谈，他想知道公司新上市的新外观设计系列瓶装矿泉水的市场反应。两个月前，宜可公司计划使用定制化的包装吸引消费者，增加与其他品牌的区分度，在广东等地推出了以中国节气为灵感的新外观瓶。但事与愿违，经过了一段时间的活动宣传，产品销售结果不像预计那样令人满意，6 个月后悄然下架。

中国瓶装水市场竞争激烈，而消费者对宜可这个新品牌不够熟悉，对不同种类的饮用水也缺乏科学的认识，这该如何是好？

1　国际瓶装水行业

在全球范围内，瓶装水正逐渐开始领跑软饮料行业。瓶装水是指包装于瓶子

[①] 本案例授权中山大学陈瑞球亚太案例开发与研究中心使用，陈瑞球亚太案例开发与研究中心享有复制权、修改权、发表权、发行权、信息网络传播权、改编权、汇编权和翻译权。由于企业保密的要求，在本案例中对有关名称、数据等做了必要的掩饰性处理。本案例仅供教学使用，并提供材料作课堂讨论，并无任何意图证明、揭示或暗指所涉及的管理情景和管理方式是否合理及有效。本案例中的观点仅代表作者的观点。本案例撰写得到国家自然科学基金项目（71102099，71672201，71832015），教育部重大专项课题（19JZDZ026）以及陈瑞球亚太案例开发与研究中心资助。

（桶）内用于贩售的饮用水，相比于其他类型的软饮料，瓶装水具有健康、自然、可负担、方便等特点。饮用水的来源丰富多样，包括地下水、泉水、井水、自来水、冰川融水等。在全球软饮料（无酒精饮料）市场中，瓶装水大约占据了25%的市场份额，但随着全球范围内人民健康意识的提升，全球瓶装水市场在快速增长，2000~2014年复合年均增长率达7.1%[1]。

1.1 中国瓶装水行业现状以及趋势

中国瓶装饮用水的生产历史已有70多年了。人们生活方式发生着巨大的转变，从过去家家户户烧自来水到如今购买经过现代化工厂处理的饮用水，瓶装水的概念已然深入人心。但与发达国家相比，国内人均饮用水消费量依旧偏低，至少还有3倍增长空间：根据业内报告数据，2014年中国瓶装水人均消费量只有8.4加仑，远远低于欧美发达国家。业内预计，未来五年中国瓶装水行业仍将保持15%的产量增长（见附录一），到2020年市场规模将达到2547亿元（见附录二）。

如此高速的增长背后，是多种力量的共同推进。一方面，是中国消费者强烈的健康诉求。在20世纪80年代饮料工业刚步入起步阶段时，中国的饮料产品以碳酸饮料（汽水）、果汁、固体饮料等为主，而其中碳酸饮料的产品产量占饮料总产量的近90%，瓶装矿泉水作为软饮料的一个分支，在过去的市场中显得微不足道[2]。随着30多年的发展，肥胖与糖尿病等一系列的健康问题开始受到国人的广泛重视，消费者（见附录三）逐渐转向更健康的饮用水、蔬菜水果汁、茶类，向低糖低热量的饮食习惯转变。

另一方面，是消费升级，收入提升后中产阶层崛起，将带给健康饮料产业巨大的增长空间。根据咨询公司公开的数据，中国上层中产阶层（家庭可支配月收入为12 500~24 000元）及富人阶层（家庭可支配月收入在24 000元以上）的数量将急剧增长，有望从2015年的5 000万户增长至2020年的1亿户，占中国家庭总数的比例预计将从2010年的7%上升至2020年的30%。收入的中高速增长，引发了全面的消费升级，当居民基础的生理需求得到满足时，他们开始逐步寻求更健康的、高端的诉求[3]。

在新的需求的刺激下，什么样的饮料才会符合中国消费者的偏好呢？中国质量协

---

[1] 东北证券：瓶装水领跑软饮料，消费升级前景可期，瓶装水行业研究报告，https：//doc.mbalib.com/view/b2dc21c6edb0ae6b6b711c0b6b734fe4.html，最后访问时间为2017年10月19日。
[2] 搜狐新闻：浅谈瓶装水及瓶装水市场的发展历程，https：//m.sohu.com/n/416470375/，最后访问时间为2018年2月4日。
[3] 搜狐财经：中国中产阶级人数已超过两亿，http：//business.sohu.com/20151117/n426657041.shtml，最后访问时间为2018年2月4日。

会用户委员会发布了《2016年饮料行业满意度》，报告显示，消费者最偏好的饮料为瓶装水（约24%的被访者表示更青睐饮用），偏好度最低的是碳酸饮料（仅7%）（见附录四）。同时，根据市场调查研究，中高收入群体和低收入群体对饮料的偏好存在明显差异（见附录五）[①]。上层中产与富裕阶层的健康诉求更强，他们的崛起将推动瓶装水的快速增长。

在健康诉求提升、收入增长的双重因素推动下，中国瓶装水行业将获得巨大发展机遇，它的增长来自对高糖高热量饮料和自来水的替代：2007~2015年，瓶装水产量的复合增速高达22%，高于茶饮料（14%）、乳饮料（7%）和碳酸饮料（7%）。除了行业规模和收入的增长，瓶装水逐渐变为主流，这意味着更多档次、更多细致分类的瓶装水将会出现。

就目前瓶装水市场的竞争者来看，我国瓶装水行业可根据定位差异分为四个梯队：第一梯队是进口和国产的高端天然矿泉水（巴黎水、昆仑山等），售价基本在5元/500ml以上，这一梯队的企业通常规模较小但增长迅速；第二梯队是大众的天然矿泉水品牌（景天百岁山、恒大冰泉等），产品多定位于3~5元/500ml，这一梯队近几年开始开拓自身的矿泉水业务以迎合消费升级的大趋势；第三梯队是纯净水和其他饮用水等中端产品（怡宝、农夫山泉等），价格在1~3元/500ml，近两年增长较快，市场占有率出现明显上升（接近10%），是未来主流换挡的方向；第四梯队则是相对低端的矿物质水（康师傅、娃哈哈等），价格在1元/500ml及以下，这些过去几年中主流产品，在近几年市占率均大幅下滑。

然而尽管发展迅速，中国的市场成熟度还是偏低，从竞争格局来看，瓶装水经过前几年的概念炒作，不成熟品牌渐渐被淘汰。市场格局基本形成，各大品牌市场份额相对稳定，但并没有出现行业巨头，或者一家独大的情况，头部公司市场占有率差别不大。

1.2 瓶装水高端化趋势

中产阶级以及富人阶级的崛起造成了国内高端饮用水市场的空缺，必然会引出不少高档次的瓶装水。进口品牌的高端水（例如法国依云和巴黎水）显然不足以满足这个空缺，在高端水高利润率的吸引下，众多中国企业开始向这个市场跃跃欲试，从西藏5100到昆仑山，国产高端瓶装水模仿外国品牌，以优质闻名的水源地、精美的包装以及悠久的水文化为卖点，投向中产阶级，成为他们身份以及财富的一种象征。

---

① 东北证券：瓶装水领跑软饮料，消费升级前景可期，瓶装水行业研究报告，https://doc.mbalib.com/view/b2dc21c6edb0ae6b6b711c0b6b734fe4.html，最后访问时间为2017年10月19日．

根据《中国公众健康饮水蓝皮书》，2010年以来，中国消费者信心调查反映，消费者在购买瓶装水时最看重的几个因素包括：水质（41%）、个人习惯（15%）、水源地（11%）、品牌（11%）、口感（10%），而价格（9%）只排在关注因素的第六位。对高端产品的期待，是高端瓶装水发展的有利条件。

1.3 天然矿泉水崛起的必然

市面上瓶装水包括纯净水、天然矿泉水、矿物质水、蒸馏水、气泡水……要满足消费者最核心的需求——健康，则天然矿泉水是最优的选择。根据《饮用天然矿泉水》国家标准中对矿泉水的定义："从地下深处自然涌出的或经钻井采集的，含有一定量的矿物质、微量元素或其他成分，在一定区域未受污染并采取预防措施避免污染的水。"天然矿泉水因其含有丰富的矿物质，水质硬度适中且多呈弱碱性，对人体的健康十分有益。这个自然健康的属性是它优于其他类别饮用水的主要原因。

再从市场的角度来看，消费者对天然矿泉水的态度是怎样的呢？据调查，我国的人均矿泉水消费量较低，人均每年消费量不超过5升，仅为欧美平均矿泉水饮用量的1/20，即使对比具有同样饮食文化的日韩国家，我国矿泉水人均消费量也有很大的提升空间，因而可以说是市场发展潜力巨大。根据《中国公众健康饮水蓝皮书》，日常饮用瓶装水的受访者中，45%的受访者对天然矿泉水的主观定价为3元（见附录六），这一价格高于农夫山泉（天然水）、怡宝（纯净水）等主流非天然矿泉水的终端价，这个结果表明，消费者认同天然矿泉水，并且愿意支付更高的溢价，市场对水的诉求已由功能性的解渴向追求长期健康、形象的转变。

中国已经具备了良好的消费基础，消费者对天然矿泉水的需求日趋明显，从其他饮用水到天然矿泉水的趋势是水到渠成的，业内专家认为，未来5~10年中国将会完成瓶装饮用水从纯净水到天然矿泉水的转变。

1.4 天然矿泉水发展现状和难题

天然矿泉水的市场需求和前景都很好，但从行业现状来看，中国天然矿泉水占比较低，有很大的提升空间，从2007~2014年，产量增速为18%，呈中高速增长。但事实上，这样的数字是低于我国瓶装水行业整体增速的，因而虽然有市场前景，天然矿泉水在瓶装水中的占比不增反降。用欧美日等成熟市场的数据做对比，天然矿泉水的占比一直高达80%以上，远远高于中国市场的30%（见附录七）。

在市场推广天然矿泉水的真正难处在于，我国消费者缺乏对天然矿泉水的认识，不了解它与其他饮用水之间的本质区别。天然矿泉水含有对人体有益的矿物质与微量元素，呈弱碱性，适合人体。纯净水则由于生产工艺，通常不含矿物质与微量元素且呈弱酸性,有些还添加了适量的食品添加剂,故不适宜长期饮用。总而言之,天然矿泉水更符合健康的消费升级趋势,却在消费者人群中普及度较低,如何攻克这个难题,将是打开中国天然矿泉水市场大门的关键。

1.5 天然矿泉水市场主要竞争者

根据 AC 尼尔森数据显示,包装饮水行业的品牌娃哈哈、农夫山泉、华润怡宝、康师傅优悦、景田百岁山等知名品牌占据了包装饮用水市场份额的 80%。[①] 国内包装饮水主要竞争者采用了不一样的发展战略。例如怡宝就强调地域扩张,充分利用外埠市场的开拓,迅速成长为中国瓶装水行业的龙头。农夫山泉则运用成功的产品定位,它的广告从味觉提出"有点甜",利用情感联系来定位品牌,使消费者通过使用产品得到亲情、关怀、快乐、幸福等心理的满足,形成更清晰的消费者认知,比较难以模仿。

2 HE 集团

HE 集团是世界著名的食品和饮料集团之一,在全球拥有数万员工。HE 集团历史悠久,规模强大,位列世界 500 强,业务遍及全世界 120 多个国家。其多个食品和饮料产品的主要业务销量在全球市场都名列前茅。

HE 集团历史悠久,它的全球化战略也同样历史悠久。从 20 世纪 90 年代起 HE 就开始积极实施国际化战略,以食品和人类健康作为企业使命,在不到四十年的时间里就成为世界食品行业的巨人,并拥有多个国际品牌。

而在全球饮用水行业,HE 也表现不俗。HE 是全球前十大包装饮用水和饮料生产商。HE 拥有两个国际知名的天然矿泉水顶级品牌,它们覆盖了欧洲和美、日等发达市场,在新兴市场(亚太、拉美、中东和非洲)也有少量的销量。除此之外,HE 还在世界各地多个市场拥有多个畅销的瓶装水品牌,包括亚洲(中国的宜可)、美洲(墨西哥,阿根廷)、欧洲(西班牙)等。

HE 集团的瓶装水业务快速增长,其中新兴市场的收入增速在 8% 左右,高于其欧洲以及北美市场的成绩。新兴市场人口基数大,发展日新月异,使得 HE 的瓶装水业务收入不断攀升,高于其他竞争对手(见附录八)。

2.1 HE 在中国

中国是世界上人口最多的国家,拥有巨大的饮用水市场,自然而然地,中国成为

[①] 孟维涛. GY 矿泉水企业竞争战略研究 [D]. 河北:河北大学硕士论文,2016:1-48.

HE集团发展策略中极为重要的一部分，多年来一直是其致力发展的新兴市场。

1978年中国的改革开放为外商入华提供了良好的环境，这个契机之下，HE于20世纪80年代末进入中国市场，并开始在中国投资设厂，广泛地开展生产业务。截至现在，HE在中国拥有近70家工厂，近10 000名员工。今天，中国已成为HE在全球的第四大市场，其四大核心业务均在中国市场获得了较好的发展，产品除了销往本地外，还出口到世界各地。

在水饮料领域，HE在中国出售的饮用水和饮料可以分为国内品牌和进口品牌两大类别。国内品牌主要包括知名运动饮料和瓶装水等产品；进口品牌包括欧洲进口的高端瓶装水。

2.2 HE宜可矿泉水公司（后文均将HE宜可矿泉水公司简称为HE公司）

宜可矿泉水立足A市30年，在20世纪80年代成立，当时主要出口中国香港和澳门地区。1998年时与HE集团合资成立A市HE宜可饮品有限公司和A市HE宜可泉饮品有限公司，名为"宜可矿泉水"。

宜可矿泉水主要销售在南方等地，宜可瓶装水在售产品的规格有：600ml、500ml、330ml、1500ml和5加仑、3加仑桶装水。2017年宜可又针对儿童市场设计了卡通趣味瓶。作为华南区最大的矿泉水生产企业之一，20多年来，宜可矿泉水一直保持在A市瓶装水市场的领导地位之一。

天然矿泉水产品的好坏主要取决于水源，既是质量保障，又是品牌优势，宜可矿泉水就拥有非常丰富和优质的天然矿泉水资源——百年矿泉。L县位于G省，是国家级生态示范试点县，山清水秀，环境优美。那里的泉水缓慢地经过层层的下渗，被各种致密的土层、岩石层层覆盖保护着，加上大自然的神奇洁净过滤作用，使得水质清甜甘醇，清冽爽口。

2.3 产品特点

宜可天然矿泉水——以"天然健康"为品牌特性，以25~34岁的年轻消费者及35~45岁的中年消费者为目标顾客，并通过对品质的追求以及富有设计感的包装以吸引顾客。宜可的"天然健康"的品牌特性主要通过优质的水源、绿色的生产体现。

宜可天然矿泉水的水源取自矿产资源、地热资源丰富的G省某县。作为水源的自涌泉受天然岩层保护，拥有天然自涌泉的优秀属性，经由大自然的过滤作用，使得宜可所取材的水源的水质清甜甘醇，清冽爽口。此外，HE公司对水源地进行了细致的保护，与国内著名大学联合制定了符合水源特点的保护计划，建立了天然水源保护区。严格的三级水源保护计划确保了宜可水质的安全可靠。

与此同时，用以加工水源的工厂是拥有全亚洲最先进的（瓶装）矿泉水生产基地之一。国际化的生产设备、严谨的食品安全管理体系保障源头到成品的质量安全，确保了宜可矿泉水的天然品质。在优良的水质与绿色的生产过程的双重保证下，宜可天然矿泉水以其健康、天然的特性使其适合包括婴幼儿在内的各年龄阶段消费者饮用。

2.4 宜可矿泉水发展现状与难题

（1）发展现状。天然矿泉水的市场仍有较大发展空间。国内矿泉水市场上常见的产品多由自来水、地下水等水质进行处理或者人工添加矿物元素的水质。宜可天然矿泉水中富含天然的矿物质，水质天然且优秀，且源自大自然自涌泉的宜可矿泉水中的矿物元素未受到破坏，对人体健康有益，因而天然、健康、安全是宜可天然矿泉水的主要定位。尽管产品自身特质出色，但宜可天然矿泉水的推广中仍存障碍。HE 公司一度在 20 世纪 90 年代保持着全国矿泉水行业销量领先的位置，然而随着市场竞争愈发激烈，宜可天然矿泉水的市场份额不断受到蚕食。

（2）消费者认知。HE 公司在中国谋求进一步发展的道路上遇到了不少障碍：首先，鉴于矿泉水行业竞争激烈，消费者仍缺乏对矿泉水分类的知识，对天然矿泉水缺乏认知，这使宜可附着于优质水源地的品牌优势不易得到凸显；其次，宜可天然矿泉水价位较高，缺乏价格优势；最后，宜可天然矿泉水的知名度主要局限于 G 省，在 G 省外知名度仍处于较低水平。面对饮用水市场愈发激烈的竞争，HE 公司仍未找到突出重围的发展路径。作为成立已逾 20 年的老牌企业，宜可在中国似乎走到了发展的"瓶颈"期。其中，最大的"瓶颈"为：如何教育消费者正确认识天然矿泉水，将天然矿泉水与其他类型的矿泉水品牌，甚至与其他非矿泉水的水品牌加以区分，从而凸显宜可天然矿泉水的竞争优势。根据 2014 年的瓶装饮用天然矿泉水消费者问卷调查显示，仍有许多消费者无法分清天然矿泉水与其他常见瓶装水，错把农夫山泉、冰露等水品牌亦当作矿泉水。自认为可以分清矿水去与其他水产品的消费者达 38.5%，但受访者被要求从不同的瓶装水产品中正确挑选出他们心目中属于的矿泉水的产品（见附录九）时，只有 5.3% 的受访者回答正确，说明大多数消费者仍存在难以区分矿泉水品牌的认知障碍，在识别天然矿泉水品牌上则更为困难。这为宜可天然矿泉水传递其独有的功能价值添置了障碍。但调查也同时指出，基于交叉分析的结果可知，在消费者认同天然矿泉水的两大产品价值：矿泉水中的矿物元素对人体有益、源于地下深层的矿泉水受到了大自然的特别保护时，其更有可能在购买瓶装饮用水的时候优先考虑天然矿泉水。宜可天然矿泉水眼下面临的难题是：在消费者缺乏瓶装矿泉水行业内部产品细分的知识时，应如何强化消费者对于天然矿泉水核心价值的认同，并将这种认同与宜可天然矿泉水建立强有力的联系。

（3）新外观设计瓶的失败尝试。除了苦恼于如何教育消费者，将宜可天然、健康的品牌形象传达给消费者之外，宜可同样面临如何调整自身的营销方案以灵活地适应市场的新消费趋势、吸引消费者的问题。得益于昵称瓶、歌词瓶包装新尝试，可口可乐中国区业务在2014年上半年的增长高达9%。在那之后，饮料界的包装营销不断翻新。

受此定制化思潮、外包装创新的趋势影响，宜可亦在2015年3月推出创新包装外观瓶。新外观瓶以中国传统智慧——节气为概念，由国际知名插画师计设计包装，产品在G省等多地上市，终端定价2.5元。新外观瓶以"多姿多彩的陪伴"为宣传的核心内容，根据季节推出多款不同的节气包装，以体现根据季节定制产品的定制化服务思想。HE公司计划共推出24款不同节气主题的包装，第一批推出4款节气主题"惊蛰""夏至""秋分""小寒"，分别代表春夏秋冬四个季节，同时在车身广告、水店陈列，并于学校、办公室及住宅区等区域配以360度整合营销（见附录十）。

宜可新外观瓶旨在通过清新艺术的包装设计，以夺目的外观、包装设计的独特吸引年轻消费者（18～25岁）的目光，并以来源于中国农耕传统的节气理念尝试与35岁以上的消费者拉近距离。配以动植物等大自然意象，强化顾客对产品天然、健康的属性的感知。

但新外观瓶的实际销售情况却并未实现HE公司的美好期待。根据HE公司收集的市场调研数据，重新定位后的新外观瓶面世两个月后，在205位受调查的受访者中有63%的HE消费者看到过正在销售的新外观装，但仅有40%的消费者曾经尝试过。新外观瓶的目标顾客中年轻消费者（18～25岁）与中年消费者（35岁以上）有小程度的提高。

新外观瓶的新包装的主要问题可分为两方面。一方面，自新包装的独特性、夺目性获得了消费者的肯定，不少消费者赞叹："独特的设计让宜可看起来更高端、更加个性化了！"但外包装上丰富的自然元素一定程度上也影响了消费者对水质的纯净程度以及其实用性的评估。部分顾客认为新外观瓶系列的包装"看起来太花俏，觉得更适合年轻女性和儿童""矿泉水的包装应该更加简单大方"。部分顾客指出包装上透明的底色、复杂的图画结构，使花草元素给人以"浮在水面"的印象，从而造成了水质不纯净的错觉。与经典款相去甚远的新包装也让消费者产生了陌生感，受访的消费者说："这与经典的包装差太远了，我以为是假水呢。"宜可改用全膜的新包装后，亦有消费者反映手感欠佳。

另一方面，天然、健康等宜可天然矿泉水的主要属性却未在新包装中得到有效地传达。根据HE公司的调研结果，在消费者对"天然"元素的感知程度的比较上，新外观瓶相比朴素简单的原包装上并未取得明显的优势。由节气联想到产品天然的特质是跨度较大的联想，使"天然"的特质不能得到有效地传达。同时，由于新包装上并未将水源地信息与水质方面的事项予以强调，有消费者在受访时称："我在想，宜可是不是换了一个水源地"。

新外观瓶的销售情况并未如 HE 公司所设想的那样，借由富有设计感的包装明显抢占更高的市场份额，天然、健康等特质的失效传达并未能让宜可天然矿泉水的定位深入人心。新外观瓶虽在外包装有所创新，但未至可使得部分如怡宝、景田百岁山、农夫山泉的顾客转而消费宜可天然矿泉水。甚至有顾客因新外观瓶的包装而对宜可天然矿泉水的口感评价发生了变化，有顾客称："我们认为新外观瓶的水喝起来更加苦涩。"事实上，新外观瓶与其他宜可天然矿泉水产品均取自同一水源并做了类似处理，这很有可能是包装上浮在水面的花草意象先入为主地让顾客产生了水质不纯净的第一印象所导致的。

这也导致了新外观瓶不温不火的销售结果。新外观瓶上市 6 个月时，HE 公司曾在一线城市的一个地铁出口士多店进行售点专卖试验，活动当天水类只允许售卖宜可新外观瓶。当日活动结果显示：换成新外观瓶后，消费者并未能第一时间认出宜可品牌，绝大部分消费者是出于无法选择其他品类的原因而被动选择购买新外观瓶。专卖宜可新外观瓶时的销售量亦比不上该店日常其他品牌（如怡宝、景田）的销售量。尽管在其后的销售活动中，景区、学校、娱乐场所、运动场所等流动性消费顾客较多的售点对新外观瓶的接受程度较高，且渠道商出于利润空间更大、新外观瓶外观出色、HE 公司销售服务优秀而愿意进货，但 HE 公司通过做渠道分析发现，由于对宜可天然矿泉水所能带来的销量及对新外观瓶的销售缺乏信心，因而仍有许多渠道商拒绝合作。亦有渠道商在初次尝试后发现，宜可新外观瓶的动销较慢、推销难度大，故拒绝翻单。

低于预期的顾客感知价值、不温不火的销售水平都让试图创新、拥抱市场机遇的 HE 公司有些力不从心，决意调整产品战略，新外观瓶系列产品因此下架。

3 面临的问题

企业的成功难以持续，每个企业都必然需要面对时代潮流的变化为企业带来的全新的挑战。随着消费转型升级时代的到来，消费者消费观念的转变为天然矿泉水行业的崛起带来了发展的春风。

然而，面临白热化的竞争，宜可需要找到一个突破口，为自己做出正确的定位，依据消费者偏好的变化定制出适应时代的销售策略，从而更好地把握市场以巩固并提升自身的行业地位。

作为曾经的饮用水行业的龙头企业，宜可在新时代遇到了全新的挑战，为了维持甚至扩大自身的市场份额，面对激烈的竞争，宜可应该如何明确自身的定位？HE公司应当如何教育消费者，使宜可天然矿泉水其天然、健康的产品特点得到更加有效的表达，从而更好地传递顾客价值？HE公司应当如何调整自己的营销策略，才能拥抱饮料行业定制化、个性化的发展潮流？

附 录

附录一：

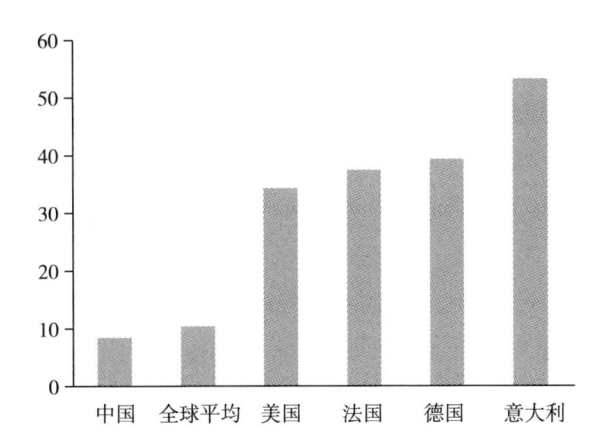

我国人均瓶装水消费量远低于发达国家

资料来源：东北证券，BMC。

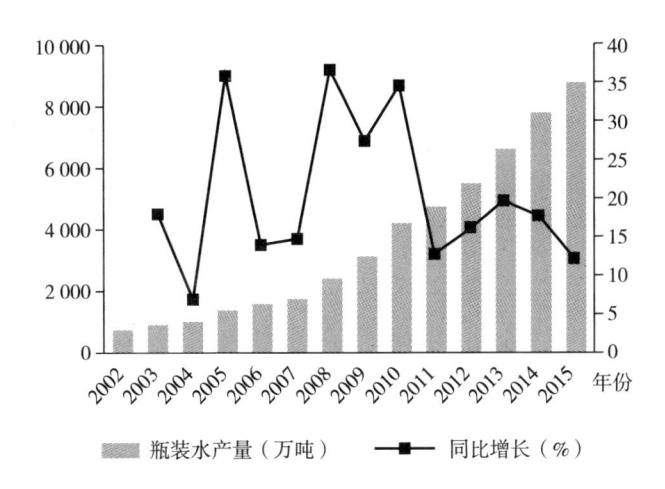

我国瓶装水产量增长

资料来源：东北证券，国家统计局。

附录二：

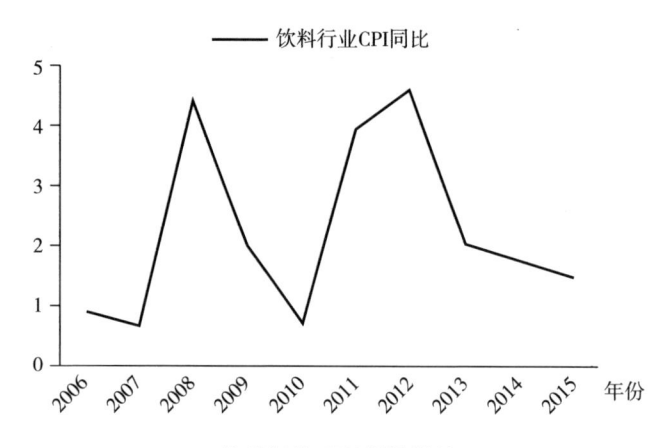

饮料行业 CPI 保持增长

资料来源：东北证券，wind。

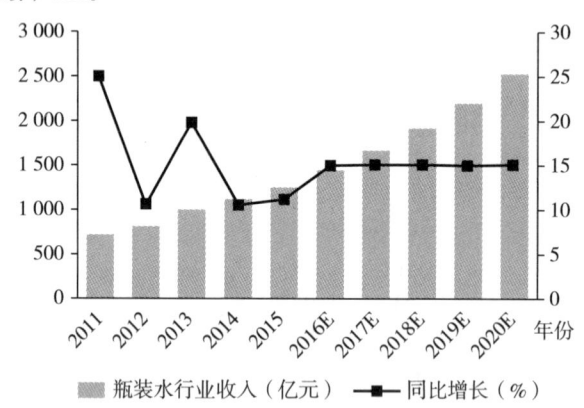

预计 2020 年瓶装水行业收入超 2 500 亿元

资料来源：东北证券，wind（2015 年数据由估计得出）。

附录三：

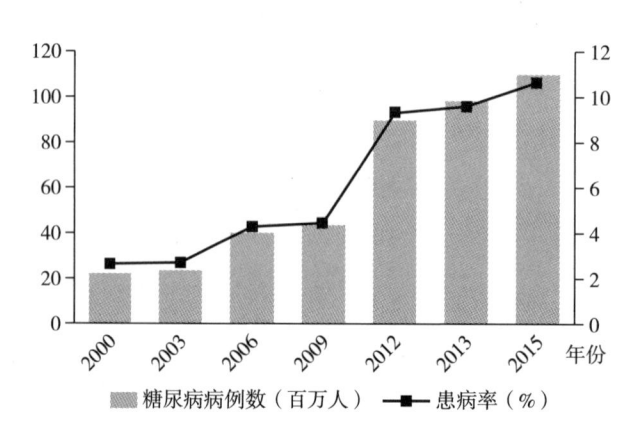

中国成年人（20～79 岁）糖尿病病例数与患病率爆发式增长

资料来源：东北证券，国际糖尿病联盟。

附录四：

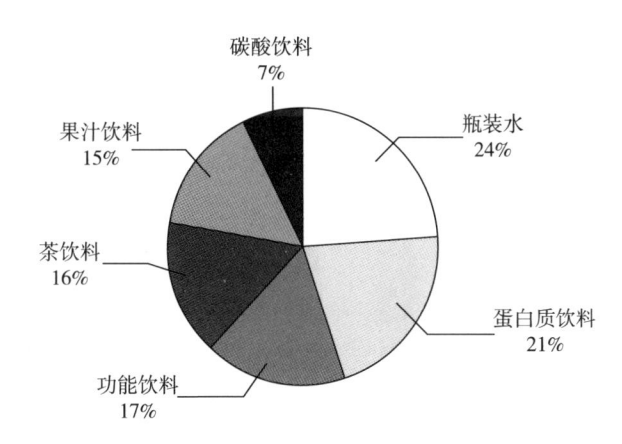

```
       碳酸饮料
         7%
  果汁饮料           瓶装水
    15%              24%
   茶饮料
    16%
                   蛋白质饮料
   功能饮料           21%
    17%
```

消费者对瓶装水的偏好度最高

资料来源：东北证券，《2016 年饮料行业满意度》，中国质量协会用户委员会。

附录五：

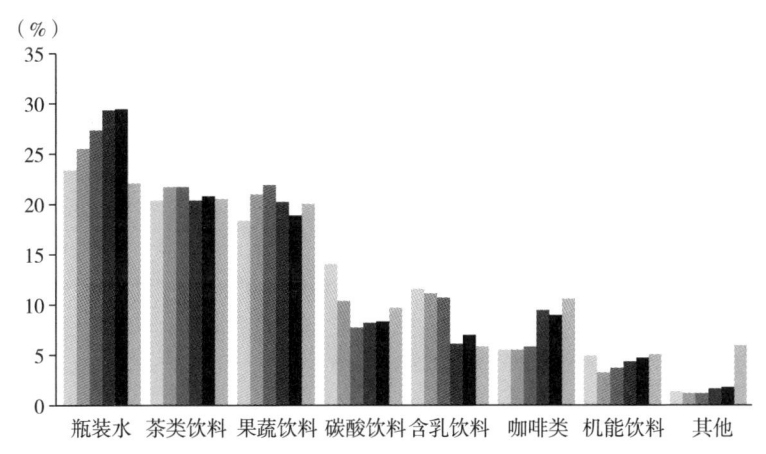

（柱状图：不同收入群体对各类饮料的偏好度，单位：%）

横轴类别：瓶装水、茶类饮料、果蔬饮料、碳酸饮料、含乳饮料、咖啡类、机能饮料、其他

图例：1 000元以下、1 000~1 999元、2 000~2 999元、3 000~4 999元、5 000~9 999元、10 000元以上

高收入群体偏好瓶装水，低收入群体偏好碳酸饮料

资料来源：东北证券，艾瑞咨询。

附录六：

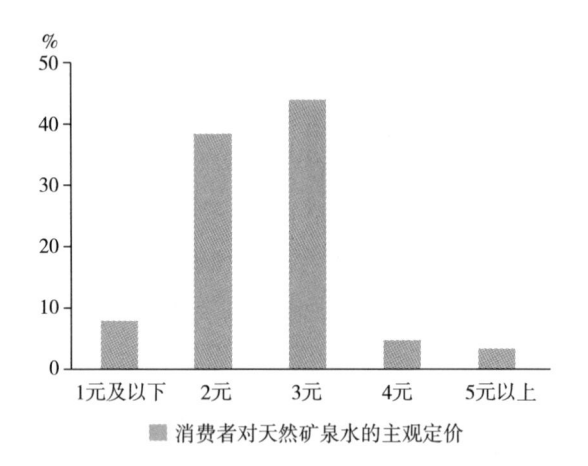

45%的受访者对天然矿泉水主观定价为3元

资料来源：东北证券，《中国公众健康饮水蓝皮书》，凯迪数据研究中心。

附录七：

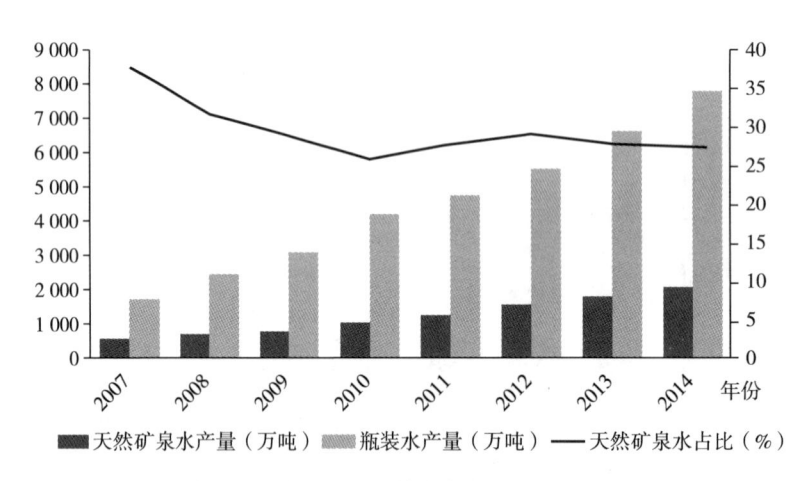

我国天然矿泉水占瓶装水产量比例不到30%

资料来源：东北证券，国家统计局，中国饮料工业协会。

附录八：

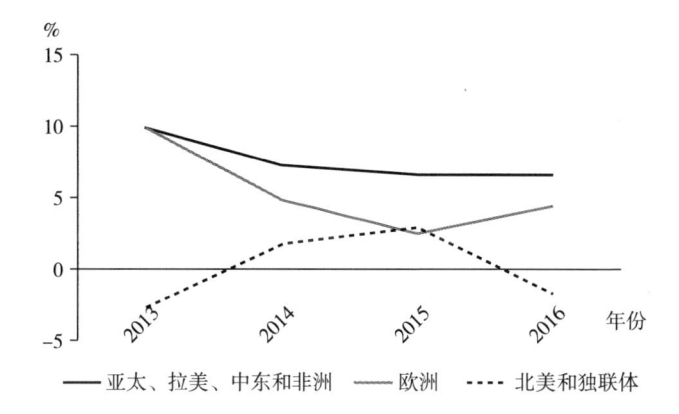

%

—— 亚太、拉美、中东和非洲　—— 欧洲　---- 北美和独联体

HE 在新兴市场的收入增速高

资料来源：东北证券，Bloombery。

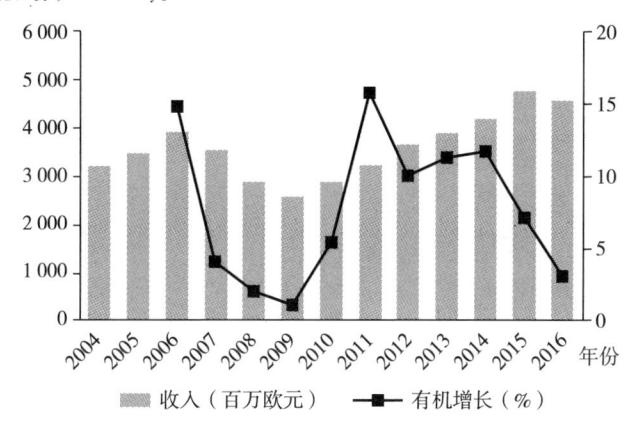

收入（百万欧元）　—■— 有机增长（%）

2010 年以来 HE 瓶装水业务收入快速增长

资料来源：东北证券，Bloombery。

附录九：

表 2014 年的瓶装饮用天然矿泉水消费者问卷调查

（来源：苗慧帅，2017，基于功能利益与品牌个性的天然矿泉水品牌定位研究，内部资料）

第 1 题　您可以轻松的分清矿泉水与其他瓶装水的区别　　［量表题］

选项	小计	比例
很不同意	13	13.83%
不同意	21	22.34%
一般	31	32.98%
同意	11	11.7%
很同意	18	19.15%
本题有效填写人次	94	

全球视野　本土智慧——中国商业管理案例精选集

第2题　以下哪些属于矿泉水品牌　［多选题］

选项	小计	比例
冰露	36	38.3%
景田	36	38.3%
康师傅	39	41.49%
宜可	28	29.79%
怡宝	30	31.91%
农夫山泉	75	79.79%
本题有效填写人次	94	

附录十：

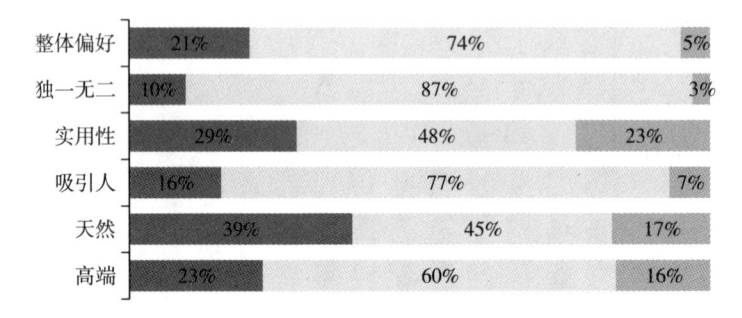

	喜欢经典款	喜欢四季装	无所谓
整体偏好	21%	74%	5%
独一无二	10%	87%	3%
实用性	29%	48%	23%
吸引人	16%	77%	7%
天然	39%	45%	17%
高端	23%	60%	16%

教学笔记

1 教学目的与用途

1.1 适用课程：本案例主要适用于《营销管理》《营销战略》《消费者行为》等课程中，关于市场定位、目标市场细分、消费者知识、个性化定制等相关内容。

1.2 适用对象：本案例适用于工商管理专业本科、硕士、MBA 或 EMBA 课程。

1.3 教学目的：

（1）通过本案例学习，学员们掌握如何使用 PEST 模型分析宏观环境，并结合波特五力模型对行业竞争环境进行分析；

（2）通过本案例学习，学员们学习如何使用 STP 理论，学习如何进行市场细分，如何选择目标消费者或客户，从而实现市场定位；

（3）通过本案例学习，学员们学习如何提高消费者知识，使宜可天然矿泉水其天然、健康的产品特点得到更加有效的表达，从而更好地传递顾客价值？

（4）通过本案例学习，使学员们思考应当如何调整营销策略，才能拥抱饮料行业定制化、个性化的发展潮流。

2 启发思考题

2.1 为了维持甚至扩大自身的市场份额，面对激烈的竞争，宜可应该如何明确自身的定位？

2.2 HE 公司应当如何教育消费者，使宜可天然矿泉水其天然、健康的产品特点得到更加有效的表达，从而更好地传递顾客价值？HE 公司应当如何调整自己的营销策略，才能拥抱饮料行业定制化、个性化的发展潮流？

3 分析思路

问题一：通过使用 PEST 模型分析宏观环境，结合借助波特五力模型对行业竞争环境的分析，在此基础上使用 STP 理论，选择确定目标消费者或客户，从而实现市场定位。

问题二：在使用 STP 理论实现对宜可的定位后，使用市场营销策略的基本模型

4Ps 为宜可设计适应定制化、个性化的发展潮流的营销方案。

4 理论依据与分析

4.1 HE 宜可矿泉水公司的市场营销环境分析

（1）宏观环境分析。企业如果想在这样激烈的市场中获得地位，首先要了解的就是市场的环境情况。

PEST 分析是战略咨询顾问用来帮助企业检阅其外部宏观环境的一种方法。在这里为了对中国瓶装水市场进行宏观环境的分析，找出那些影响一切行业和企业的各种宏观力量，以及瓶装水行业和企业的经营需要，从对政治（political）、经济（economic）、社会（social）和技术（technological）这四大类影响企业的主要外部环境因素进行分析。

①政治法律环境。从 2015 年 5 月 24 日起，新国标《食品安全国家标准 包装饮用水》[①] 正式实施。新国标规定，市面上在售的包装饮用水除天然矿泉水外，只分为饮用纯净水和其他饮用水两类，天然矿泉水有另行的饮用天然矿泉水国家标准。即除天然矿泉水外，市面上在售的包装饮用水分为饮用纯净水与其他饮用水。

同时规定，当包装饮用水中添加硫酸锌、硫酸镁等食品添加剂时，应在产品名称的临近位置标示出"添加食品添加剂用于调节口味"等字样。包装饮用水在给商品命名时，名称应当科学、真实，不可以用水以外的成分给包装饮用水命名，矿物质水、小分子水、弱碱性水等多种概念水从 2016 年 1 月 1 日起全面退出市场。

2015 年 5 月 24 日《食品安全国家标准 包装饮用水》（GB19298 - 2014）出台之前，我国包装饮用水市场充斥着各种类型的水产品，除了以上常见的五种，还有富氧水、活化水、小分子水、能量水等多种概念的饮用水，使得市场混乱不堪，混淆了消费者的认知。新国标的出现改变了这种市场格局，包装饮用水市场迎来新一轮洗牌。市场一分为三，天然矿泉水从众多饮用水产品中凸显出来，使得消费者明晰了天然矿泉水的天然、健康属性。规范的政策法规为天然矿泉水的营销提供了较为宽松的政策环境，这给了矿泉水行业一个巨大的发展机会。

②经济环境。2012 年以来，中国高收入群体占比上升，富裕家庭增长迅速。我国城镇人均可支配收入的均值与中位数在 2012～2015 年间保持增长，且中位数占均值的比例持续上升，从 89.5% 增至 93.4%[②]。表明我国城镇居民的收入结构改变，高收

---

① 新华网：包装水"新国标"带来哪些变化？http://news.xinhuanet.com/politics/2015 - 05/25/c_127835928.html，最后访问时间为 2018 年 2 月 20 日。

② 东北证券：瓶装水领跑软饮料，消费升级前景可期，瓶装水行业研究报告，https：//doc.mbalib.com/view/b2dc21c6edb0ae6b6b711c0b6b734fe4.html，最后访问时间为 2017 年 10 月 19 日。

入的群体占比增加。根据波士顿咨询,富裕家庭的数量在2015年和2020年达到1 000万户和超过2 000万户,增长迅速且占比提升明显。我国收入结构的改变将为消费升级后的高端化产品提供强劲的增长动力。

消费者的消费需求拥有三个层级:生存基本的温饱类需求、以"安全"和"娱乐"为代表的服务型需求,以及以"认同""尊重"为核心的自我实现型需求。随着购买力的发展,三类需求从底部向上依次实现。而随着社会整体购买力的提升,会使得温饱、服务和实现三类需求按不同的比例得到满足,造成结构性变化;另外,当社会文化带动消费心理发生较大变化时,温饱型消费、服务型消费和实现性消费之间会直接发生平移转变。这两种变化,会带来消费品行业的震荡和消费品类的洗牌。

根据中国食品饮料消费升级调查,消费者的升级意愿明显,包括瓶装水在内的食品饮料价格中枢上移,消费者接受度高。BCG中国消费者信心调查①显示,2010年以来受访者中持消费升级意愿的比例高于持降级意愿的比例,且在大部分时期内还高于持平的比例。

③社会文化环境。中国有传统的养生文化,到今天依旧经久不衰,从各个方面影响着现代人的衣食住行。中医养生学中的饮水文化,同中国茶文化、烹饪文化等有密切的关联,共同拥有悠久历史、广博内容、综合性特质和深远影响,是东方传统文化宝库中引人注目的奇葩。② 水作为最常见的传统养生饮品,从古至今广受关注、长盛不衰。历史上的饮水养生学在发展过程、社会人文、价值体现等方面存在许多交叉和融合。当中国迈入现代化市场中,饮用水作为与人们健康息息相关的生活必需品,其消费需求也趋于理性化。

而随着近几年国内频发的食品安全问题,激发了消费者的健康饮水需求。选择饮用水不再是生理指向型消费行为,而是健康养生指向型消费行为。伴随着经济增长、人们健康意识的觉醒与传统养生精神的交融,消费者对于饮料的选择因素由口感变化为健康,低糖低热量的健康饮料逐渐受到消费者的青睐。这些都为最健康的天然矿泉水的营销提供了有利的环境。

④技术环境。科学技术的发展为天然矿泉水的营销提供了完善的技术保障。

从饮用水生产、灌装上来看。我国的瓶装水市场历经多年发展,形成了一套科学的全自动化生产系统,大大提高了瓶装饮用水的生产质量。通过新技术的开发与应用,企业可以在对天然矿泉水进行取水时,对水源地零距离灌装,这样可以免去中间环节,完好地保存了水中对人体有益的微量元素,确保为消费者提供优质饮用水。

---

① 阿里研究院:中国消费新趋势,http://i.aliresearch.com/img/20170523/20170523171542.pdf,最后访问时间为2018年3月2日.

② 魏胜敏. 中国传统导引养生术的方法论特征及其当代价值[D]. 福建师范大学博士论文,2012.

同时,二级反渗透技术①,可以在取水后彻底过滤掉水中的杂质以及有害物质,确保水质的稳定。这些新技术都确保了企业在取水、杀菌、灌装等环节实现完整性与科学性,既保障了水源地不受污染,又能保证消费者买到的都是安全健康的饮用水。

在从营销手段来看。技术进步还可以给矿泉水企业的营销实践带来深远的影响,用更加完善的方式为消费者服务。"互联网+"的概念已经深化到各个领域,企业可以利用互联网技术包装宣传产品,通过电商渠道实现线上与线下的销售融合,以提升企业的营销服务水准。

(2)行业背景分析。企业如果想在这样激烈的市场中获得地位,首先要了解的就是竞争对手的情况,同品类的、不同品类的,都会对企业造成威胁。

作为一种饮料,矿泉水与其他饮料如纯净水、果汁等具有较强的替代性,而纯净水与矿泉水有着基本相似的特征,因此在做市场竞争分析时,考虑到两个行业的替代竞争,这里的分析基本上将纯净水和矿泉水作为一个整体来考虑。根据波特的理论,分析 HE 集团宜可矿泉水面临的五种竞争压力。

①潜在竞争者进入。新加入者对产业造成的威胁,大致可由行业壁垒决定。进入壁垒越大,新加入者带来的威胁就越小。

包装饮用水的行业进入壁垒分析:规模经济对企业进入的影响并不大。饮料行业长期的营销模式有两种,分别是"少品种,大批量,高市场"和"多品种,上批量,低市场",大型饮料企业和中小型饮料企业使用不同的模式,在行业中都找到了一定的生存空间。但规模经济对企业的发展仍存在一定的影响。公司的规模,包括生产能力、员工数以及销售渠道等,将影响企业的营销模式,并直接影响其产品的市场份额和市场地位。

产品差异的进入壁垒在饮料行业中有较大的影响。中国消费者没有对饮用水品种形成认知区隔,但是品牌意识日益增强,因此企业在产品差异化方面的竞争尤为激烈,许多的饮料品牌在消费者中建立了一定的形象,包括有差异的产品和品牌定位等,要想重新树立一个新的形象,必须有很大的投入,否则很难在充满各种品牌和竞争的饮料行业中占有一席之地。

由于制造差异化的前提,大量的投资构成了一种进入壁垒,特别是高风险的前期广告宣传、研究与开发等。饮料行业的资本需求的壁垒并不如其他行业强大,与进入企业所选择的经营战略模式有关。

新的进入者需要确保其产品的分销,这一要求构成了进入壁垒。饮用水作为快速消费品,主要销售终端是超市和大卖场,因此分销渠道对饮料企业来说尤为重要。在

---

① 反渗透技术在我国饮用水安全保障中的应用,期刊网:http://www.chinaqking.com/yc/2017/925047.html,最后访问时间为 2018 年 3 月 1 日.

当前竞争激烈的饮用水销售市场,竞争对手对销售终端长久控制,新进入的企业在分销渠道上难以寻找新契机,因此分销渠道将可能成为重大的进入壁垒。

新进企业市场份额夺取难度大与包装水行业规模经济效应相互叠加,堆高了包装水行业壁垒,呈现出潜在进入者进入障碍高的局面。

②现有公司间的竞争情况。中国包装水行业竞争是一片红海区域,多元化的品牌竞争为天然矿泉水的营销提供了良性的竞争环境。通过案例可以得知,包装饮用水市场竞争态势激烈,饮用水品牌数量多且杂,并且产品同质化现象严重,各企业在战略选择上呈现多元化趋势。2015年国家包装饮用水新国标正式出台,对市面上饮用水品类做出了严格的规定,使饮用水市场格局发生巨大变动(2010~2015年我国包装水品牌市占率变化见附录一)。

在这样的环境背景下,饮用天然矿泉水的竞争也相应有所改变,企业通常面临两种不同性质的竞争:一是替代品饮用纯净水和其他饮用水的共同市场竞争,在目前国内已产生许多饮用水品牌,主要有农夫山泉、康师傅饮用水、娃哈哈、怡宝等品牌,竞争非常激烈;二是来自矿泉水行业内的竞争,其中国外品牌如依云、巴黎水等品牌占据高端矿泉水市场。

③替代品或服务的威胁[①]。值得注意的替代品需要具备顺应时势,能改善产品性价比的特征。从健康的角度来说,矿泉水比其他种类的水都更有价值和市场。但单单从解渴的功能性角度来说,矿泉水的可替代性是非常强的。同时,中国盛行饮茶之风,各款茶饮料都好喝且便宜实惠,对瓶装矿泉水有较大替代性。但对消费者来说,其他不健康的碳酸饮料对矿泉水的替代性还是较小的。[②]

同时,净水器的市场也进一步繁荣,进口高级净水器开始在一定范围内流行,分食了矿泉水的高收入消费者。

④消费者议价能力。在最终消费者这一端,讨价能力是比较低的,原因在于最终消费者多是个体消费行为,没有抗衡包装水零售价格体系的能力,在一定的范围内,消费者都是被动的价格接受者;同时饮用水价格相对较低且不同企业产品同质化比较严重,这使得消费者在选定认可某一品牌消费后,有一定的消费惯性,不会因为价格的合理变动而改变原有的消费习惯,因此我们认为消费者的议价能力是比较低的。

⑤供应商议价能力。供应商主要是指原料水资源的供应与包装水外包装的供应。瓶装水市场的繁荣带动了上游供应商的繁荣,大量高端进口生产线引进中国市场,包括高端的灌装线、吹瓶设备、制盖设备等。目前,外资资本已占据我国包装水行业不

---

① 曹杰. 高端矿泉水品牌营销策略研究 [D]. 上海:东华大学,2015.
② 天风证券:包装水行业深度研究——问渠哪得清如许,唯有源头活水来! https://doc.mbalib.com/view/b8216acbaa4b114992fa687e963068ba.html,最后访问时间为2018年3月21日.

小的市场份额,这加剧了我国包装水市场的过度竞争,进而导致原料水资源的供应相对不足,企业生产成本上升,原料供应商讨价还价的能力开始变强。

4.2 竞争格局分析

而对于 HE 集团而言,增加品牌知名度,扩大其在华南以外地区的市场是它的首要目标,HE 属于中端价位矿泉水,而在中端瓶装水产品领域内有怡宝、景田、农夫山泉、恒大冰泉、HE 宜可,其中景田、恒大冰泉以及 HE 是天然矿泉水,怡宝为纯净水,农夫山泉为天然水,因此 HE 既要与矿泉水品类竞争,又要跟其他水品类竞争市场。同时,矿泉水的价格与其他高端饮用水品牌相比较高,处于中端价格位置,因此 HE 宜可并不具备优势。

(1)确认竞争者。由于国内消费者对饮用水质量、价格感知不敏感,因此几乎所有在中国市场上销售的本土、进口饮用水都可以视为 HE 的竞争者,但联系 HE 的目标策略,为了使竞争者分析具有代表性,因此选择了三个企业——在矿泉水行业实力雄厚的景田百岁山、非矿泉水行业中的目前领头企业农夫山泉,以及知名度高的老牌饮用水康师傅,运用波特竞争者分析模型,从对手现行战略、未来目标、竞争实力和自我假设四个维度对企业进行详细的分析。

产品竞争者:景田百岁山(同品类);

品牌竞争者:农夫山泉、康师傅(同行业)。

(2)竞争者画像。根据波特竞争者要素分析模型,通过研究对手的目标、假设,了解是什么驱使竞争者去行动,通过研究对手战略和能力,了解竞争者的具体行动的内容和行动的能力。

品牌名称	景田百岁山	农夫山泉	康师傅
未来目标	提高产品知名度,扩大市场规模	开始涉足高端水领域,分别针对学生、婴儿、高端人士推出农夫山泉学生天然矿泉水、农夫山泉婴儿水以及农夫山泉玻璃瓶高端矿泉水	产品升级,向中、高端转型
自我假设	中端、"水中贵族"、中国矿泉水第一品牌	中低端、环保天然安全健康的、弱碱性水天然水	低端、便宜便利的矿物质水

续表

品牌名称	景田百岁山	农夫山泉	康师傅
现行（宣传）战略	运用个性差异定位，通过景田百岁山天然矿泉水广告和口号宣传，使消费者将景田百岁山与贵族、高端、优雅等气质联系在一起，给人留下深刻印象，与市面上其他低价的低端纯净水区分开	使用情感利益定位方法。农夫山泉的定位"有点甜"。情感利益定位品牌的情感利益定位是指消费者通过使用产品得到的亲情、友情、关怀、爱情、快乐、幸福等心理的满足。品牌的情感利益定位针对的是人的内心情感，因此品牌定位的穿透力比较强，比较难以模仿。广告词"我们不生产水，我们是大自然的搬运工"，这句话可以使得消费者通过一次联想就可以感受到农夫山泉出于天然	使用产品特征定位，向消费者突出廉价特征
竞争实力（市场反应）	从饮用水市场升级以来，景田的销售快速增长，从而带动市场份额的上升 2013 年以来其市占率从 1.9% 上升至 2.6%，开始显现出提升趋势。其他瓶装水向纯净水换挡已完成，下一步将向天然矿泉水换挡①	从竞争格局来看，农夫山泉在中国饮料市场占有第一位，专注于研发、推广饮用天然水、果蔬汁饮料、特殊用途饮料和茶饮料等各类软饮料，实力雄厚	2010 年开始，从其他瓶装水向纯净水的主流换挡开始。康师傅、娃哈哈等主打其他瓶装水的品牌市占率持续下降，2010～2015 年分别下降了 8.1 和 6.9 个百分比（附录一：其他瓶装水向纯净水换挡已完成，下一步将向天然矿泉水换挡） 但得益于品牌的历史悠久，同一品牌旗下的其他产品知名度高，康师傅矿物质在 2017 年舆情监测机构调查研究的《十大瓶装水网络口碑报告》中排名第一，品牌美誉度较高

4.3 宜可：战略定位

在自然瓶的推广中，宜可自然瓶旨在通过清新艺术的包装设计，以夺目的外观、包装设计的独特吸引年轻消费者（18~25 岁）的目光，并以来源于中国农耕传统的节气理念尝试与 35 岁以上的消费者拉近距离。但鲜艳、繁杂的图案却又拉开了与部

---

① 天风证券：包装水行业深度研究——问渠哪得清如许，唯有源头活水来！https://doc.mbalib.com/view/b8216acbaa4b114992fa687e963068ba.html，最后访问时间为 2018 年 3 月 21 日．

分中年消费者的距离。另外，自然瓶虽在外包装有所创新，但未夺目至成功赢取年轻消费者的心，甚至有顾客因自然瓶的包装而对宜可天然矿泉水的口感评价发生了变化，认为其更为苦涩。并且，新包装未将水源地信息与水质方面的事项加以强调，使消费者不禁揣度宜可的水源地是否已经更换。以上种种造成了自然瓶的营销推广的失败，天然、安全等品质未在本次营销活动中得到有效传达，而宜可自然瓶系列的目标人群选择——HE消费者中的年轻群体（18~24岁）与实际的主要消费群体存在差距：个性化定位结果确实增加了年轻群体的消费量，但HE消费者中绝大部分来自25~34岁及35~45岁人群。[①]

从自然瓶的推广失败不难看出，宜可天然矿泉水的营销策略中出现了战略目标与战术方案不配套的问题。一方面，宜可天然矿泉水以"天然健康"为品牌特性，但对水源、水质的介绍的省略使该特质的传达失效；另一方面，尽管自然瓶意在吸引年轻消费者的心，但由于设计方案并未迎合年轻消费者的审美偏好，使年轻群体的消费增量不明显，实际消费量主要来自25~34岁及35~45岁消费者，使目标消费群体与实际消费群体出现了脱节。

由自然瓶的失败与消费者对天然矿泉水价值的认知缺乏两大发展困境可知，宜可迫切需要重新定位，以明确目标消费者、打造差异化的营销方案，在凸显自身竞争优势的同时加大其区分度。下文将从科特勒的STP战略理论，通过细分市场、选择目标市场，实现战略定位。

（1）市场细分。为明确宜可天然矿泉水的目标市场，现按多种影响消费者行为的因素对市场进行细分。

①按地理因素细分。不同的地区经济发展水平有异，这与不同价位的瓶装饮用水的消费量有关，且瓶装饮用水的销售具有很强的品牌区域性，各省甚至省下辖市、地区都有各区域消费者所钟爱喜欢的品牌。在全国性范围做广告、大幅跨省市销售的品牌并不多见。由于具有区域性，因而瓶装水的销售往往锚定特定地区，本文瓶装饮用水的销售划分为：广东省、邻近发达省市、邻近欠发达省市、北方及其他地区。

②按年龄阶段因素细分。瓶装水消费者按年龄阶段可划分为：20岁以下、21~30岁、31~40岁、41~50岁、50岁以上。由于不同年龄阶段的消费者思想意识、生活习惯、消费能力有所差异，因而以年龄阶段对消费者进行划分有助于帮助公司制定相应的营销方案。自然瓶选定18~25岁的消费者群体为其目标客户，与HE公司市场的调查结果不无关系，结果显示：18~25岁的年轻人饮用更多的包装水，年轻人成为消费生力

---

① 中国财经：饮料界包装升级，http://finance.china.com.cn/roll/20170821/4358735.shtml，最后访问时间为2018年3月1日。

军。以 HE 公司的自然瓶系列为例，自然瓶计划以清新精美的插画封面吸引 18~25 岁观众，并因其与传统农耕文化中的节气观念有关而计划吸引 35 岁以上的消费者，足可见以年龄阶段细分顾客的重要性。

③按消费者心理因素细分。随经济繁荣、消费升级，消费者的心理已不同往日。根据麦肯锡咨询公司发布的《2017 年中国消费者调查报告》，随着收入的快速增长，中国消费者对品质高、价格高的产品开始青睐有加，并且越来越舍得在服务上花钱。

可支配收入的增加极大地增大了中国消费者的选择范围。只有识别消费者不同心理下的消费态度和消费行为，才能实现差异化的服务，更好实现顾客价值。

（2）目标市场选择。

①地理层面的选择。造成瓶装饮用水销售的区域性的原因有：一是瓶装饮用水就地取材便捷；二是本地产品生产、运输、管理、销售成本低；三是本地人对本地产品更易形成认同感。外地品牌跨省区进入费用高，如果不是具有雄厚财力高素质的企业集团，在销售方面不易形成规模进入，就很难在区域市场打响成为全国性品牌。① 在此基础上，宜可的销售既要兼顾成本的考虑，亦要考虑品牌认可度。

G 省内矿泉水资源十分丰富，是矿泉水行业竞争的红海区域，在中端瓶装水产品领域内有怡宝、景田、农夫山泉、恒大冰泉等。其中景田、恒大冰泉以及宜可是天然矿泉水，怡宝为纯净水，农夫山泉为天然水。由此来看，主要在 G 省内发展的宜可，既与同类的天然矿泉水品牌竞争，同时也需与非天然矿泉水类瓶装水品牌竞争。② 从 HE 公司官网公布的订水地分布图来看，宜可瓶装天然矿泉水销售地已有许多，但布局局限于 G 省之内。为谋求新的增长点，宜可应向省外发力。

正如前文所述，由于在省外进行销售，运输、管理、销售成本较高，且宜可现有的名气局限于 G 省之内③，故宜可应先在邻近省市布局，再逐渐向北方开发市场。宜可瓶装矿泉水销售网络已遍布华南地区，市场辐射湖南、江西、福建、海南、广西等省市④，但对邻近经济情况较为发达的省市如江苏、浙江等开发仍较为缺乏。以高端瓶装水为参考，由于经济发达地区消费者对于健康饮水的意识更高，消费能力也较高，因而其目标客户集中在北京、上海、广东、浙江、江苏等地，且一线城市的消费比例高于二线城市。故而选择先布局于邻近的发达省市是更好的选择。由于宜可为中端天然矿泉水产品，其价格优势亦不凸显，在广东省内亦主要服务如广州市、深圳市这样经济水平较为发达的城市，故其可一定程度上以高端瓶装水的市场布局地图为参考对象，在巩固了 G 省的销量的基础上，选择邻近的发达省市如江苏、浙江等为未来

---

① 罗少球. 瓶装饮用水的营销特性 [J]. 销售与市场, 2000 (6): 50-51.
②③ 苗慧帅, 2017, 基于功能利益与品牌个性的天然矿泉水品牌定位研究.
④ 张岚. 益力矿泉的 6P 最优化 [J]. 企业管理, 2007 (6): 55-57.

重点发展的市场。

②年龄阶段的选择。目前宜可消费者绝大部分来自 25~34 岁及 35~45 岁人群。饮料界营销创新越来越多，可口可乐、味全果汁的瓶身营销都取得了巨大的成功，但宜可作为较为传统且有一定历史的天然矿泉水品牌，其较为传统的营销方式并不善于赢取年轻消费群体的心，自然瓶虽以新颖的造型成功吸引到了部分 18~25 岁的年轻消费者，但增幅仍不明显，且针对年轻消费者群体的市场已成红海市场，由 2014 年开始瓶身营销便不断推陈出新，宜可若再重点以年轻群体为发力点，可能投入大量资源却无法收到良好的收效。宜可应继续以 25~34 岁及 35~45 岁人群为主要服务群体，加强其天然、安全特性的表达。

除此外，宜可亦可在儿童水市场发力。由于生育率下滑、人均可支配收入增加，且儿童肥胖问题增加，家长相较以往更为重视幼年子女的健康成长。由海外餐饮媒体 Foodbev Daily 归纳的 2017 年中国包装水行业八大趋势显示①，儿童水市场每年将会有 7% 的市场增速，其中亚太地区会引领全球市场。而未来几年，比较有增长潜力的可能是针对 0~14 岁幼儿和儿童的水产品。且针对儿童的瓶装水一般定价比普通水高 20%~50%，毛利率更高。由于利润空间可观，且宜可天然、安全、健康的功能价值定位将有利于其切入该市场。依云、雀巢分别于 2016 年、2017 年强劲入局儿童水市场，背靠迪士尼热门 IP，其儿童水均取得了可观的销售，深受儿童的喜爱。由于 HE 集团财力雄厚，宜可亦可开发儿童水，并通过购买儿童熟知的 IP 对产品进行包装，以把握儿童水市场的发展机遇。

③消费者行为层面的选择。随消费升级时代到来，消费者越发重视安全、健康。根据麦肯锡咨询公司发布的《2017 年中国消费者调查报告》②，随着中国经济日渐繁荣，人均工薪的增加意味着有更多的可支配收入花在保健和健身上。根据十余年麦肯锡咨询公司对中国消费者对健康的态度的追踪调查，重视健康以及饮食、运动和环境对生活质量的影响的中国消费者在过去几年大幅增加。调查显示，有 65% 的中国消费者追求更健康的生活方式。

宜可天然矿泉水可拥抱中国式健康生活的兴起，将目标顾客锚定为关心个人健康、想提高个人生活品质的职场人士。他们或许忙于工作，但愿意为富含矿物质的天然矿泉水付出高于纯净水类水产品的价格。通过凸显天然、健康、营养等功能价值，吸引关注健康的职场人士驻足购买。

（3）市场定位。基于前文对目标市场的选择，结合相关分析，现可对宜可天然矿

---

① 搜狐财经：2017 中国包装水行业八大趋势，http：//www.sohu.com/a/198592208_99890220，最后访问时间为 2018 年 2 月 4 日。

② 搜狐财经：2017 年中国消费者调查报告，http：//www.sohu.com/a/206560882_286549，最后访问时间为 2018 年 1 月 18 日。

泉水的市场定位如下：

①以消费者类型定位。宜可天然矿泉水应以重视健康、渴望提高个人生活品质的G省及邻近经济较发达地区的25~45岁消费者为目标顾客，传递其天然、健康的特性。在巩固该原有主要消费者群体的同时，宜可亦可凭可凭借自己雄厚的财务实力，把握儿童水市场的发展机遇，购买IP版权加码包装设计，重点开发儿童水系列产品以开发新的业务增长点。

②以竞争对手定位。宜可天然矿泉水的功能利益定位是：低钠、低矿化度、中高偏硅酸性矿泉水，其天然、安全且健康，这致使其宣传重点与农夫山泉有类似之处，不易实现差异化定位。为此，宜可可加大对其所含矿物质丰富、水产地所获奖项及历史底蕴的宣传，以实现差异化的定位。

③以产品定位。宜可天然矿泉水可发展两条产品线，推出一是以天然、健康为营销重点的全年龄款常规矿泉水产品，用于巩固原有市场；二是以热门IP、营养丰富为营销重点的儿童水产品，把握儿童水市场发展机遇、挖掘新的增长点。

4.4 宜可：营销方案

（1）产品策略。对于宜可常规的天然矿泉水产品线，自然瓶的失败已留下了许多启示。随瓶身营销的重要性越发受到重视，宜可亦应当加强其产品外观设计，基于自然瓶的失败，宜可应注重试点与内测。在推出新型设计的产品后，注重筛选少数顾客做初步调查以了解顾客评价，在小范围试售收效良好后再进行大规模推广。基于自然瓶的经验，宜可应仍然注重对水源地的宣传，并可强调其历史悠久、公益参与、对水源地的保护等以加强水文化的宣传，使其实现差异化。

为凸显水源地的生态环境优越，宜可可推出新包装"星空"系列，以水源地为背景，辅以十二星座的星象图，唤起25~45岁消费者对光污染问题普遍以前的美丽星辰的怀念，配以"星辰闪烁 天然如初"的宣传语，以另一种方式传达天然、健康的观念。不同款式的星空产品可适用于不同星座的消费者，为消费者提供个性化的体验。此外，由于星座是偏年轻化的概念，因而也能一定程度上吸引18~25岁的消费者。

由于儿童水是新的蓝海市场，鉴于宜可需要新的增长点，且背靠国际食品集团，拥有雄厚的财务实力，为其开辟该市场提供了可能。"动漫+"协同营销是眼下受到热捧的一种营销方式，宜可可以购买热门动漫IP，并将其应用在产品的包装设计上以吸引0~14岁的消费者。此外，在自然瓶的失败推广中，有消费者认为宜可的名字听起来与矿泉水的联系不紧密，这可成为宜可推广儿童水的一项优势，将其卖点置于"力"上，将丰富的矿物质元素与强身健体相联系，吸引消费者购买。该优势还可被用于开发自身的动漫形象代言人的IP上，由于长期依赖名家版权有成本高、到期不一定能续约等风险,故为形成长期稳定的代言形象,自主开发 IP 亦非常可取,如《海尔兄弟》系列动画就是海尔文化营销的成功典范。宜可的品牌名称亦可着力于"力",参照经典银幕形象大力水手波派设计 IP"宜可小子"或"宜可勇士",除印刷在产品包装上外还可配以相关的影视作品加以宣传,关于此点的具体介绍将在促销策略中展开。

(2) 定价策略。宜可瓶装天然矿泉水的产品定价需分为儿童水、常规水产品进行分类讨论。

对于儿童水产品,宜可可采取渗透定价的策略。由于针对儿童的瓶装水一般定价比普通水高 20%~50%,[1] 因而宜可开发的儿童水产品系列可比其常规水产品有一定溢价。由于宜可的知名度仍较低,且是其第一次推出儿童水产品,因而将溢价值定于较为保守的 20%~30% 更为合适。如若之后销售情况火爆,再将价格适当提升。

对于常规水产品,由于其已销售多年,消费者对其定价水平已有一定认知,故而可维持现有定价水平,不做大的调整。

值得关注的是,根据搜狐时尚对国内上百家瓶装水品牌的整理,根据产品价格集中度情况将产品划分为 1~3 元、3~5 元、5~8 元及 8 元以上四类价格区间的产品。[2] 其中 1~3 元占据最大的瓶装水市场份额,但卖点也较为单一,如"水质清纯无杂物";在 3~5 元的价格区间,由于与大部分的茶饮料、果汁饮料、碳酸饮料价格带相重合,在几乎相同的价格区间内,不少消费者倾向选择口感更为多样化的饮料产品,统计结果显示,在 3~5 元价格区间的瓶装水中,大部分是天然矿泉水,水源地卖点被充分挖掘,富含硒、锶、偏硅酸等人体所需的微量元素成为一致的诉求口径。或是因瓶身图案设计出彩,获得了美学溢价;5~8 元的瓶装水品牌多背靠知名水源地,由此树立品牌形象;而 8 元以上的瓶装水产品倡导生活品质、溢价空间大,多为进口品牌。

由上来看,宜可更符合 3~5 元档。虽然宜可的水源地优秀、获得诸多奖项,然而由于宜可的水源地并非名山大川,教育消费者成本较高且难获得认可,因而以水源地为主要卖点将价格推升至 5~8 元档。但 3~5 元档的问题明显,正如前文所述,该价格区间与大部分的茶饮料、果汁饮料、碳酸饮料价格带相重合,因而事实上隶属该价格区间的天然矿泉水产品除面对同类产品的竞争外,还暴露在与其他类型的饮料产品的竞争之中。且该区间内的产品多有类似的功能价值卖点,为凸显宜可的特殊性,或可模仿 5~8 元的高端瓶装水品牌,以水文化为卖点,强调其多年从事水行业的匠

---

[1] 搜狐财经:2017 中国包装水行业八大趋势,http://www.sohu.com/a/198592208_99890220,最后访问时间为 2018 年 2 月 4 日。

[2] 搜狐:瓶装水品牌"大调查",23 款产品决胜市场,一较高下!http://www.sohu.com/a/149729029_394405,最后访问时间为 2018 年 1 月 15 日。

心，结合其公益服务、保护水源地的经历以树立品牌形象，加强其抬升价格的可能。

（3）渠道策略。宜可本身已有一套成熟的渠道策略，在新的战略定位之下，可对原有的渠道策略做出新的改进。对于其常规的原有瓶装水产品，可充分利用品牌中的"力"为其带来的影响，加强对运动场所的渠道建设。结合自然瓶推广的失败经验，宜可早期开发市场时应适当提高返利水平，加强对经销商的经济刺激，并确保在采纳了预售期经销商、消费者的意见后对产品进行进一步改进，以保证提高经销商对产品的信心，促进产品的销售。

对于新产品儿童水系列的推广，则可重点布局在居民小区、学校周边的零售商店与超市以及游乐园、动物园等亲子活动较为频繁的场所。

（4）促销策略。在原有的促销策略的基础上，现根据宜可新的战略定位提出以下营销方案。

① "星辰闪烁 天然如初"瓶身营销。如前文所言，为凸显水源地的生态环境优越，宜可可推出新包装"星空"系列，以水源地为背景，辅以十二星座的星象图，唤起 25~45 岁消费者对光污染问题普遍以前的美丽星辰的怀念，配以"星辰闪烁 天然如初"的宣传语，以另一种方式传达天然、健康的观念。为配合本次新包装的推出，宜可还可通过打造相关的 TVC 方案加强影响力，并辅以生态旅游的瓶盖抽奖活动，以刺激消费者购买。除了传统的营销手段外，宜可还应拥抱互联网营销手段，利用微博、微信公众号展开全方位的宣传攻势，如发起"分享你所见的最美的星空"的微博话题，鼓励网友参与，最受欢迎者可获得宜可天然矿泉水及相关的生态旅游套票等。

② "动漫+"协同营销。由于拥有雄厚的财务资金实力，宜可可通过购买热门动漫 IP 对儿童水系列产品的包装进行设计，吸引小朋友前来购买。与此同时，宜可自主开发动漫形象代言人形象如"宜可勇士"并开发相关的衍生品，如 HE 公司可通过与动画公司进行合作投拍《宜可勇士》系列动画，传达保护大自然、保护水资源等观念，在保证了教育意义的同时对宜可儿童水系列产品进行宣传。

4.5 总结

基于宏观环境分析，本文应用经典的 STP 理论对宜可天然矿泉水系列产品重新进行了战略定位，并据此结合 4P 理论相应设计了产品策略、价格策略、渠道策略及促销策略，帮助宜可实现清晰定位，加强其天然、健康理念的传达的同时为其创新瓶身营销、挖掘新的蓝海市场提出了可观的建议。

5 公司背景信息

宜可矿泉水立足 A 市 30 年，它的前身是 A 市矿泉水，在 20 世纪 80 年代成立，当时主要出口中国香港和澳门地区。1998 年时与 HE 集团合资成立 A 市 HE 宜可饮品有限公司和 A 市 HE 宜可泉饮品有限公司，并更名为"宜可矿泉水"。其后，宜可矿泉水先后通过 ISO9001 和 ISO14001 国际质量和环境体系认证（SGS），并获评"中国名牌产品""连续十二年全国信得过产品""中国优质矿泉水"等多项荣誉称号。

宜可矿泉水主要销售在广东等地，宜可瓶装水在售产品的规格有：600ml、500ml、330ml、1500ml 和 5 加仑、3 加仑桶装水。2017 年宜可又针对儿童市场设计了宜可卡通趣味瓶。作为中国南区最大的矿泉水生产企业之一，20 多年来，宜可矿泉水一直保持在 A 市瓶装水市场的领导地位。

6　关键要点

针对该案例的分析应该着重考虑天然矿泉水行业发展的趋势，并结合宜可自身已有的资源进行分析，从而制定贴合实际的、有助于宜可正确把握发展趋势的方案。

通过本案例的学习，学生们可运用相关理论和模型，掌握关于市场定位，市场细分，消费者知识，营销策略等相关知识。

7　课堂计划

本案例可用于专门案例讨论课，以下是建议的课堂计划，课堂时间控制在 90 分钟，可根据学员人数适当调整。

课前计划：请学员在课前准备，讲师提供启发思考题，学员阅读案例，可个人或组队完成思考并做好 PPT。

课中计划：

（1）简要介绍案例概况，引出为什么要考虑案例的几个问题（10 分钟）；

（2）分组上台陈述观点，可每组陈述思考题的分析和决策，也可请其中两组分别阐述全部的思考题分析和决策（根据班级人数可适当调整每组的人数和组数，如果小组数多于思考题目数，可随机抽取；每组人数如果超过 4 人，可由其中 4 人上台演讲，其余同学可在台下负责回答本组问题，以及向其他小组发问）（时间控制在 60 分钟）；

（3）讲师上台点评（时间控制在 10 分钟）；

（4）讲师引导全班进一步讨论，特别是涉及各组没有涉及的内容，或者学员们存在意见分歧的内容，并进行归纳总结，对理论知识进行梳理，解剖案例逻辑（时间 10 分钟）。

课后计划：课后可安排学员以小组为单位，提交完整的案例分析报告，包括更加具体的案例分析，以及更加详细的决策行动方案等内容。

8　案例后续进展

目前 HE 公司在下架了新外观瓶系列矿泉水后推出全新包装，推出卡通趣味瓶与夜光故事瓶以切入儿童市场。

附 录

附录一：

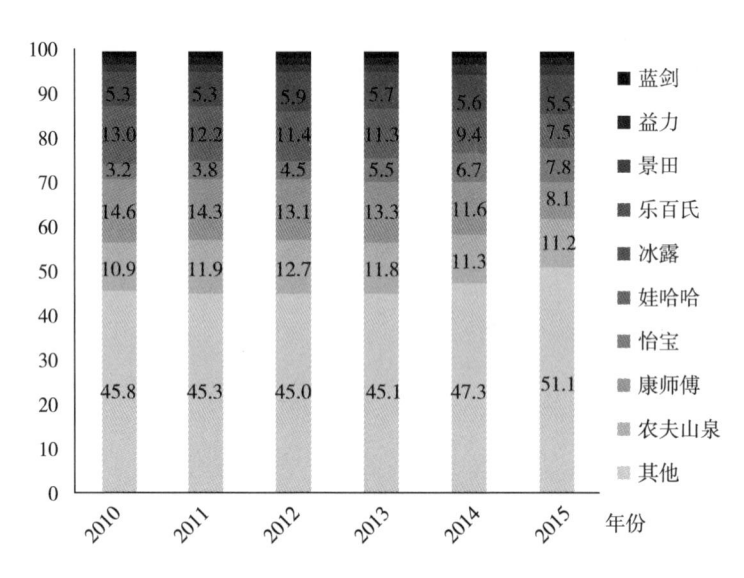

年份	蓝剑	益力	景田	乐百氏	冰露	娃哈哈	怡宝	康师傅	农夫山泉	其他
2010	5.3	13.0	3.2	14.6	10.9					45.8
2011	5.3	12.2	3.8	14.3	11.9					45.3
2012	5.9	11.4	4.5	13.1	12.7					45.0
2013	5.7	11.3	5.5	13.3	11.8					45.1
2014	5.6	9.4	6.7	11.6	11.3					47.3
2015	5.5	7.5	7.8	8.1	11.2					51.1

2010～2015 我国包装水品牌市占率变化

资料来源：Euromonitor，天风证券研究所。

品牌	2016年C-BPI得分	排名	变化
农夫山泉	570.7	1	—
康师傅	488.9	2	—
娃哈哈	384.3	3	—
统一	325.4	4	—
乐百氏	319.5	5	—
怡宝	299.6	6	—
恒大冰泉	284.2	7	+1
冰露	275.0	8	−1
屈臣氏	251.8	9	—
雀巢	249.6	10	—
景田百岁山	245.9	11	+1
昆仑山	219.6	12	−1

2016 年我国包装水行业品牌 TOP12

资料来源：C-BPI® 天风证券研究所。

参考文献

[1] 天风证券：包装水行业深度研究——问渠哪得清如许，唯有源头活水来！https：//doc.mbalib.com/view/b8216acbaa4b114992fa687e963068ba.html，最后访问时间为 2018 年 3 月 21 日.

[2] 东北证券：瓶装水领跑软饮料，消费升级前景可期，瓶装水行业研究报告，https：//doc.mbalib.com/view/b2dc21c6edb0ae6b6b711c0b6b734fe4.html，最后访问时间为 2017 年 10 月 19 日.

[3] 刘建珍（2014），"寻水·瓶装水水源地安全调查"——首站 8 年监测选出来的水源地，中华环境网，http：//www.zhhjw.org/a/qkzz/zzml/201410/gysj/2014/1102/1538.html，最后访问时间为 2018 年 3 月 21 日.

[4] 张岚. 益力矿泉的 6P 最优化 [J]. 企业管理，2007（6）：55-57.

[5] 张岚. 深圳"益力"品牌矿泉水市场营销组合策略分析 [J]. 科技信息：学术研究，2007（14）：93-94.

[6] 曹杰. 高端矿泉水品牌营销策略研究 [D]. 上海：东华大学，2015.

[7] 柳思旭. 饮用水新国标对天然矿泉水营销的影响——恒大冰泉营销的优化分析 [D]. 吉林大学硕士学位论文，2016.

[8] 崔强. 浅析恒大矿泉水集团推广恒大冰泉策略 [J]. 科技视界，2016（23）.

[9] 肖小光. 农夫山泉的差异化营销 [J]. 企业改革与管理，2003（11）：28-29.

[10] 王平玉. 农夫山泉的市场定位策略 [J]. 知识经济，2014（20）.

[11] 耿璞. 农夫山泉公司战略分析 [J]. 管理谋略，2017（9），119-121.

[12] 李英欣. 本土与外国矿泉水品牌在华广告对比研究——以"依云"和"恒大冰泉"为例 [J]. 商场现代化，2015（28）.

[13] 刘丹. BF 公司社会化营销策略优化研究 [J]. 湖南：湘潭大学，2014.

[14] 韩立君. 沃特饮用水公司营销战略研究 [J]. 成都：西南交通大学，2011.

[15] 严月，姜雅君，程辉. 文化营销的力量——浅谈"海尔兄弟"的时代影响 [J]. 东方企业文化，2012（5）：128.

[16] 陆卫平. 差异化营销的界定及其分析框架构建研究 [J]. 广东商学院学报，2006（5）：49-54.

[17] 刘菲. 论差异化营销及其策略应用 [J]. 吉林广播电视大学学报，2012（9）.

[18] 吴宝聪. 浅论互联网时代动漫形象作为品牌代言人的优势 [J]. 美术大观，2013（6）.

[19] 陈猛,刘涛,花玉文. 浅谈差异化营销的实施及其过程控制方法 [J]. 中国酿造,2017(17):97-98.

[20] 李平. 基于 STP 战略的差异化营销与同质化现象探析 [J]. 枣庄学院学报,2011(5):80-83.

第二部分

新常态下的组织管理

让人心愁的薪酬

邓靖松　王昊

（中山大学管理学院　广州　510275）

> **摘　要**：本案例描述了 N 广告公司的薪酬改革事件，详细阐述了薪酬改革带来的负面影响，启发学生思考薪酬制度改革失败的原因，总结针对性的解决方案，重点关注绩效薪酬制度的设计思路。本案例涉及薪酬管理与员工激励以及变革管理的相关问题，期望通过案例分析使学生掌握绩效薪酬制度设计，并关注薪酬制度变革中的规范程序和实施方法。

案例正文

1　公司背景

N 广告公司成立于 2005 年，现有员工 100 余人，除了 30 余名行政、财务、策划、设计、客服岗位人员外，其他均为广告业务人员。

N 广告公司成立之初年广告收入约 1 亿元，收入主要为政府公告、社会公告及大型企业的形象广告等，以上门广告为主。为了实现市场化运营和管理，该公司大胆引入市场化的用人机制，除了广告部总经理及两位副总经理外，全部员工都与公司签订劳动合同。员工的薪酬构成包括工资收入和奖金收入两部分。工资收入，即 70% 基本固定工资 +30% 浮动考评工资，员工最终拿到的浮动工资比例须以考核小组结果为准（考评结果与浮动工资比例：一等为 30%，二等为 25%，三等为 20%，四等为 15%，劣等为 0%）。奖金最终发放以公司业绩为准，根据岗位差异确定奖励系数，实际上最

---

① 本案例授权中山大学陈瑞球亚太案例开发与研究中心使用，陈瑞球亚太案例开发与研究中心享有复制权、修改权、发表权、发行权、信息网络传播权、改编权、汇编权和翻译权。由于企业保密的要求，在本案例中对有关名称、数据等做了必要的掩饰性处理。本案例仅供教学使用，并提供材料作课堂讨论，并无任何意图证明、揭示或暗指所涉及的管理情景和管理方式是否合理及有效。本案例中的观点仅代表作者的观点。本案例研究得到国家自然科学基金项目资助（71772189）。

终大家拿到的奖金差异不大，相当于是一种平均化的福利。由于公司成立初期市场环境好，而且人员较少，所以大家都能拿到可观的奖金，因此当时公司的氛围是：员工关系非常融洽，工作上大家也能很好地合作。

随着公司的发展壮大，公司面临的竞争也日益激烈，总经理日益感觉到：人力资源政策若仍维持在原来的单一水平将难以激励各类的员工——最突出的是奖金发放的问题，以前只要发一点年底奖金，大家都很满足，但现在，无论怎么发、发多少都不能满意。

2 业绩提成薪酬的改革

2013 年，新任总经理张总上任后，为了提升公司业绩，在薪酬激励方面进行全面改革。在薪酬方面，张总认为原来的薪酬系统缺乏效率，对业务人员没有激励性，从而为 N 公司设计了一套颇为细致的方案，把公司广告业务人员的薪酬制度改为"底薪+提成+年终奖"的发放办法，普通业务员按照经验和能力分为 A、B、C 三级，最低起薪为每月 1 600 元，每升一级加 600 元。业务骨干给予部门"主任"头衔，月基本工资为 5 000 元，负责各个行业的一些大客户。[①]

提成方面，业务提成设计为按广告实收款的 6%～15% 计算，与行业、折扣和客户性质挂钩，房地产、电信运营商作为重点行业，提成高于其他行业；全价广告的提成最高，低于 8 折的广告提成最低；新客户提成高于老客户提成。各业务员按照不同的行业划分客户，多劳多得。

另外，张总还提出将业务员收入的 20% 作为"风险金"统一暂扣，到年底所在部门完成全年度任务后统一发放。公司完成全年任务则再为大家发放一笔年终奖，为了调动大家的积极性，年终奖的发放也与员工个人的绩效挂钩。

3 薪酬改革带来的变化

由于奖金和提成与绩效指标明确挂钩，各部门的目标非常清晰，大家对于能够拿多少钱都心里有底，而且对于需要付出多少努力也心中有数。因此这一制度实施后迅速激发起业务部门的积极性，公司连续三年以 10% 的业绩增速发展，顺利完成集团下达的广告任务，业务员也能在年终领到一笔丰厚的年终奖。但是，该制度实施到第三年时，问题出现了：

（1）各个部门之间的提成差异过大，提成拿得少的各部门员工就提成问题私下颇

---

① 本案例研究得到国家自然科学基金项目资助（71772189）。

有微词。由于地产和汽车业务加起来每年都超过了公司广告收入的70%，而且这些部门的客户基本上都是成熟的大客户，不需要付出多少努力就能维持稳定的广告业务，所以这些部门的提成也就顺理成章地占了整个公司业绩提成的70%以上。因此，食品、旅游业务部门的员工抱怨地产、汽车业务部门的员工提成高、营销成本低、拿到大客户的还可以坐等业务上门。而自己所做的行业广告投放少，企业要求折扣高，干得累死累活但收入还比其他部门低得多，因此纷纷要求转到"热门"部门，对工作漫不经心。

（2）地产和汽车部门的员工也有与其他部门员工类似的怨言：大客户都给部门主任掌握着，自己只能跑些中小企业，同部门人员之间每年的收入最大差别有20多万元。而且虽然所在行业广告量大，但客户的"胃口"也大，提成收入有一半都花在平时跟客户联络感情上面，实际收入也不高。

（3）由于绩效提成的导向作用，业务人员只关心会影响自己薪酬提成的业绩指标，对公司重视的其他工作毫无兴趣。例如作为业务骨干的部门主任只顾服务大客户，无心开拓新市场，对管理也不负责，从而导致公司的市场占有率日益萎缩，管理氛围也大不如前。

（4）业务人员之间的冲突增加，以前那种亲如家人的员工关系不见了，一是由于收入差距的加大带来了员工关系的微妙变化，二是员工之间为了自己的利益而明争暗斗，相互之间的合作减少了，甚至出现了抢客户的现象。

（5）部分员工感到压力大，无心继续留在公司工作，但在离职时要求公司发放前几个月扣发的"风险金"又出现了问题，他们认为这是该个人所得的，而公司方面则认为这部分钱只能在年底时统一清算，中间退出则视为放弃。因此一些员工在离职时与公司产生了纠纷，这也令其他在职的员工感到寒心。

随着上述问题的不断累积，导致公司的各种矛盾在2017年出现了集中爆发：①广告收入比上年下滑，由于业务骨干日趋懒惰、阳奉阴违、无心发展新客户，导致公司业绩遇到了"瓶颈"。②员工离职率增加，很多员工对公司的现状感到不满，对薪酬制度产生强烈的不公平感，很多人都在等待外面的机会，大部分离职的业务人员则选择了拿到风险金后离职。上级领导也听到种种对公司薪酬制度不满的反映和抱怨，上级只好将张总等人调往其他单位。

4 管理层的困惑：效率与公平的困境

经历了这样一个过程，上级领导对N广告公司的薪酬改革进行了认真的反思，考虑到当初制定业绩提成薪酬方案的初衷是为了加大激励的力度，提高公司的绩效，而且在当时的市场环境下也发挥了它的作用，连续3年促进了公司的绩效，然而也由于公司过于重视业绩薪酬，让员工感受到严重的不公平感，并无形中造成了员工之间的不正当竞争，降低了薪酬系统的激励性。如果坚持这种业绩提成方案，势必延续当前的问题，尤其是不能解决员工心态上的不公平感、压力感和不安全感。如果废除当前的业绩提成薪酬方案，公司可能又会回到3年前效率低下的状态，还会让员工觉得朝令夕改、政策不稳定。要怎样改变目前的状态，看来真的要心愁了。

5　问题

（1）如何评价N公司的业绩薪酬制度改革？

（2）如果你是该公司的人力资源部经理，针对目前出现的问题，你如何制定新的薪酬制度？

教学笔记

1 教学目的

在激励理论的基础上,分析 Y 公司薪酬制度中激励措施的缺陷以及薪酬制度设计的问题和不足之处,进一步指出企业在薪酬激励制度中应该重视的激励原则和激励方法。并通过分析 N 广告公司的具体问题,指出绩效薪酬制度设计中应该注重理论和实践的结合,即薪酬的激励性、公平性和制度的全面性等理论基础与组织特征、岗位特征以及员工的心理和需求等现实特征相结合。

2 适用范围

薪酬制度、薪酬激励、激励理论。

3 案例分析

N 公司在制定原有的薪酬分配制度方面,对于薪酬制度的基本原则和要求考虑不够全面周到,薪酬是企业对于员工所做出贡献的回报,是为了吸引、保留和激励企业所需的人力资源而做出的收入安排,而 N 公司只考虑了激励。薪酬包括工资、奖金、福利、保险、津贴等方面,而 N 公司只考虑了工资和奖金,对于 N 公司暴露出的人才流失问题而言,福利的留人效果更好。

3.1 理论基础

针对本案例涉及的有关薪酬分配的基本原则:

(1) 公平性原则——这是设计薪酬体系和进行薪酬管理的首要原则。

①内部公平——同一个企业中不同岗位所获薪酬正比于各自的贡献、比值一致才会被认为是公平的;

②自我公平——员工所获得的薪酬回报应该与他们的付出相一致,即正比于各自的绩效水平;

③外部公平——不同企业同类岗位所获薪酬应根据员工的个人因素诸如业绩和学历等,对完成类似工作的员工支付大致相同的薪酬。

(2) 激励性原则——体现按劳按贡献分配的基本原则。薪酬以增强工资的激励性为导向,通过动态工资和奖金等激励性工资单元的设计激发员工工作积极性;另外,应设计和开放不同薪酬回报方式,使不同岗位的员工能够获得同等的培训、晋级等机会。

3.2 薪酬制度诊断

薪酬制度的优劣直接导致了一个企业能否保留优秀员工,激励员工主动和提高企业绩效,另外,薪酬制度应该保持公平性和激励性等原则。但是 N 公司新的薪酬制度实施 3 年后却没有做到这些。差距过大的提成比例以及员工之间的恶性竞争,以及单一的绩效评价制度使很多员工只关注个人的业务量多少,而缺乏对公司整体发展的关注,公司内部员工冲突加剧,气氛恶劣。于是很多员工在工作期间感到压力过大,并且对薪酬制度产生强烈的不公平感,造成业务骨干日趋懒惰、阳奉阴违、无心发展新客户,员工离职率增加的状况,阻碍了公司的正常发展。N 公司应该认真听取员工对薪酬制度的意见,尽量体现公平的同时激励员工,将公司文化推回正道。

不难发现,该公司原有的薪酬制度在公平性和激励性上存在欠缺:

(1) 无论是冷门部门抱怨热门部门收入过高,还是普通员工抱怨和主任收入差异过大,正是薪酬制度没有注意到小组公平问题。作为不同任务小组,绩效水平的差异一方面是由于业务人员的个人因素,也有可能是出于外部因素如经济环境、客户需求差异等。对于非人为因素所造成的客观差异,薪酬设计应给予考虑,而不应"一刀切"。

(2) 普通员工抱怨和主任收入差异过大,还涉及内部公平问题。主任级别的骨干员工拥有最好的客户资源,工作中的贡献又不够大,却比其他员工收入高很多,因此被视为不合理。

(3) 骨干员工进取心不强则问题出在激励性上。由于薪酬制度的激励性不强,骨干人员的工作态度就会受到消极影响。考虑到当初制定业绩提成薪酬方案的初衷是为了加大激励的力度,提高公司的绩效,而且在当时的市场环境下也发挥了它的作用,连续 3 年促进了公司的业绩,然而也由于公司过于重视业绩薪酬,让员工感受到严重的不公平感,并无形中造成了员工之间的不正当竞争,降低了薪酬系统的激励性。如果坚持这种业绩提成方案,势必延续当前的问题,尤其是不能解决员工心态上的不公平感、压力感和不安全感。如果废除当前的业绩提成薪酬方案,公司可能又会回到 3 年前的效率低下的状态,还会让员工觉得朝令夕改、政策不稳定。

(4) "风险金"的设置本意是想降低离职率,留住优秀员工,但是这样会在公司内部形成一种不信任以及约束的氛围。公司以这种类似惩罚的制度留住员工,而不是让员工真心对公司产生归属感和忠诚感,而自愿留下会让员工感到不适。在这项薪酬制度改革弊端开始出现后，N 公司已经留不住员工，很多人在等待外面的机会，一些员工在离职时因为"风险金"与公司产生了纠纷。员工认为这是该个人所得的，而公司方面则认为这部分钱只能在年底时统一清算，中间退出则视为放弃。因此，这也令其他在职的员工感到寒心。大部分离职的业务人员则选择了拿到风险金后离职，这种情况下，等待离职的员工不可能努力提高公司绩效，就会造成公司运营效率低下，影响经营成果。

"风险金"制度不被员工接受，也是因为其没有做到有效激励。根据双因素理论，薪酬很大程度上被员工视为一种保健因素，这种因素处理不好容易导致员工产生严重的不满意。在本案例中，由于"风险金"是从员工提成中扣除，很容易被理解为克扣和惩罚，减少了员工的保健因素，因此严重影响到了员工的工作积极性。

3.3 问题解决思路

薪酬制度应该符合企业的长期发展战略，企业才能更加具有效率和竞争力。N 广告公司期望在市场中保持竞争地位，但该项薪酬制度改革严重制约该公司发展。实施 3 年后广告收入比上年下滑，公司业绩遇到了"瓶颈"，因而这项改革短期适用而在长期反而阻碍了公司发展。N 公司在制定人力资源规划时应该充分考虑战略、战术和作业层面，制定一个最合适的薪酬制度。

针对该公司现有问题，设计新的薪酬制度应遵循：薪酬调查—确定薪酬原则和策略—职位分析—职位评价—工资结构设计—工资分级与定薪—执行的过程进行。本案例应特别注意确定薪酬原则、职位分析、职位评价、工资结构设计、工资分级与定薪这几个部分。

制度建议：

业务部门的薪酬设计既要按照按劳分配、多劳多得的刚性原则，也要有一定的柔性因素，如顾及不同部门、经验、业绩、层级等。对开拓新市场、业绩提升快、提出重大可行性建议并实际操作的业务人员给予更高奖励。

职位分析与评价方面，要结合企业经营目标，在业务分析和人员分析的基础上，明确部门职能和职位关系，尽量消除不公平感。如部门主任应主要承担管理、协调、策划等工作，不与员工"抢饭碗"；应注重员工的业务开拓能力和实效，给予更多奖金；将大客户的提成奖金比例调低，要求业务骨干承担更多的市场开拓工作，提升业务骨干的积极性。

工资结构设计方面，现有的"底薪+提成+年终奖"方案适合营销业务部门的特点，应予以保留，但"风险金"制度应当取消，将业务人员的提成奖金及时全额地分配给业务员工。

工资分级与定薪方面，按照经验和能力分为 A、B、C 三级的做法可适当保留，为了激励员工，也应考虑设计和开放不同的薪酬通道，如设置策划奖金、岗位标兵奖等各种日常奖励先进的办法。

3.4 建议改革措施

（1）平衡各部门的薪酬。根据设计薪酬制度的公平性原则，员工的薪酬应该与其为公司做出的贡献成正比。为减少各部门之间的提成工资差距，可以把汽车、地产等营销成本低、员工提成高的部门的提成百分比适当地降低，或者把其他原本提成低的部门的提成比例适当提高，以达到月终时，不同部门员工的整体提成工资相近，也使各部门员工感到更加公平的对待。

（2）采用复合法的激励计划，对部门主任实行部门整体业绩与个人绩效的综合评估。同时，取消其提成工资，改成以部门的整体绩效和个人绩效分别作为评估标准的月终和年终奖金。这样的评估标准可以使部门主管更加专注于提高部门和员工的整体成长，有利于公司的长期发展。

（3）奖励制度多元化。员工的业绩提成应该区分个体绩效的提成和部门绩效的提成，加大个体绩效的提成比例，使员工的薪酬与个体的努力紧密挂钩，从而更加公平。除了按业绩提成工资外，员工对公司的其他贡献（如创新思维、新市场开拓）也应该计入评估，再以奖金的形式给予回报。多样化的评估标准会激发员工对公司的不同方面工作的重视性和积极性。公司也可以实行收益—分享计划，当公司目标达成时，员工可以分享到公司的收益，增加员工的参与度。

（4）各部门内建立工作小组。各部门从A、B、C三级员工中按人数比例各选出1~2名人员组成一个人数少的工作小组，最后按百分比提成小组的平均业绩，作为小组每个成员的提成工资。采用团队激励计划可加强员工之间的合作，减少员工之间的不良竞争和互相猜忌，也有助于工作小组内不同级别员工之间的经验分享和交流。另外，公司内部要进行企业文化的调整，举办更多工作外的活动（如各部门联谊、出游、茶聚），增强公司内部交流沟通，增加员工忠诚度。

（5）取消风险金，改以正面激励的方式让员工留在公司。风险金是一种防范员工离职的手段，使员工感到公司对他们的不信任，也降低员工忠诚度。因此，应该取消掉风险金，用年终花红或年终福利激励员工长期留在公司。良好的企业文化也能让员工有归属感，因此，公司更应该着重于建立企业文化，而不是用各种奖罚方法留住员工。

公司的发展不能只依靠业绩的提高，还需要各方面工作的配合。公司应该把全面发展的意念落实到每个员工的工作上，用多样化的评估绩效的标准，引导员工去做出更多对公司各方面有贡献的事情。此外，公司还应对员工给予更多的关注与关怀，照顾员工心理和生活上的基本需求，增加员工忠诚度，减少离职率。

不管企业如何调整都不会有一个完美的让所有人满意的薪酬制度，但是通过案例分析可知，管理者需要通过深入调查员工的薪酬满意度以及不断的沟通反馈，并根据调查结果不断调整薪酬制度，才能得到相对合理的薪酬管理制度。

草草收场的薪酬改革

邓靖松　冯丹莉

（中山大学管理学院　广州　510275）

> **摘　要**：本案例描述了 Y 公司的薪酬改革事件，详细阐述了薪酬改革的决策思路、操作过程以及相应的结果，涉及薪酬管理与员工激励以及变革管理的相关问题。期望通过本案例分析，启发学生往薪酬制度改革过程管理的角度进行思考，既要关注做正确的事，也要重视正确地做事。并归纳总结出在薪酬制度变革中应采取的规范程序和实施方法。

案例正文

Y 公司成立于 1969 年，原隶属于市级事业单位，原来只是单纯的市属研究机构。随着国企改革的浪潮，Y 公司从事业单位剥离出来，改制为现在的民营企业，从单纯按市里下达任务做项目研究到改制后主动参与激烈的市场竞争，公司从原来单纯的研发发展成为今天集研究、生产、销售于一体的民营企业，员工规模从十几人发展到目前超过一百人。

Y 公司的研发部门集中于汽车美容和表面处理领域化工产品，这个领域在国内的圈子并不大，凭借几十年的信誉，Y 公司在行业赢得了较高的知名度和声誉。由于公司原来以研发为主的背景，Y 公司里面的高级人才很多，其中享受国家级津贴的专家就有 6 名、教授或研究员等职称 5 人、高级工程师 8 人、工程师 16 人，专业技术人员占总人数的 50%，与全国各大知名院校，例如北京大学、华中科技大学、上海交大、中山大学、湖南大学等高校建立了紧密的合作关系。科技成果多次获得国家省市等各级科技成果奖。

---

① 本案例授权中山大学陈瑞球亚太案例开发与研究中心使用，陈瑞球亚太案例开发与研究中心享有复制权、修改权、发表权、发行权、信息网络传播权、改编权、汇编权和翻译权。由于企业保密的要求，在本案例中对有关名称、数据等做了必要的掩饰性处理。本案例仅供教学使用，并提供材料作课堂讨论，并无任何意图证明、揭示或暗指所涉及的管理情景和管理方式是否合理及有效。本案例中的观点仅代表作者的观点。本案例研究得到国家自然科学基金项目资助（71772189）。

1 薪酬改革思路

虽然有着豪华的科研队伍和如此多的荣誉,但是 Y 公司的业绩却一直徘徊不前,多项获奖产品叫好但不叫座,在市场上卖不动。董事长的分析认为,由于公司的技术专家们习惯往难处钻,追求的是技术领先,因此本公司的产品技术先进、性能非常好,远远超出了一般厂家的要求,但同时成本也非常高,不仅生产成本高,而且技术专家们的人力成本也极其昂贵,因此导致产品售价很高、卖不动。而且如果降价促销,不仅会导致整体利润水平很低,还可能影响公司产品作为高端产品的定位。所以,董事长觉得还是应该从内部管理上下功夫,提升公司的激励效率,通过优化公司薪酬系统达到降低人力成本和提升运作效率的目的。

就公司的现有薪酬制度而言,公司基本沿用了原来在事业单位的岗位薪酬为主体制度,采用的是岗位工资、技能工资和绩效工资相结合的方式,但是由于一直以来重视研发的传统,让公司大部分资源向研发倾斜,岗位工资和技能工资占大约80%的比重,绩效工资约占20%,研发岗位的人员的岗位工资和技能工资相对较高,因而总体薪酬非常高,而一线的销售人员却得不到重视,薪酬在行业中不具备竞争力,也缺乏激励性,导致销售队伍士气低落,影响了整体业绩。

为了改善这样的情况,公司的高层决定要对公司的薪酬体系做出调整,主要包括以下 3 项。

(1) 建立绩效考核制度让员工工作目标明确并增加激励;

(2) 在绩效考核基础上重新建立薪酬体系,务求对核心员工有激励作用;

(3) 建立完善的晋升渠道,把薪酬和晋升联系起来,让那些无法凭技术职称获得晋升的职位有薪酬上升的空间。

2 小李的难题

小李就在这个时候应聘来到了 Y 公司,先在行政部做了一段时间然后被调到人力资源部。小李接手的第一项工作就是对将要开展的薪酬体系改革做前期调研工作。为了了解大家的想法,小李设计了两份调查问卷,一份针对员工对公司的满意度,一份针对员工对自己未来发展期望,结果反映出来的几大方面的问题如下。

(1) 除了研发人员外大部分的员工对公司满意度很低,主要原因在于工资待遇差别较大。

(2) 公司很看重的研发人员中也有对工资待遇提出不满,同一岗位不同学历或者职称的研发人员之间待遇也有差别,造成了内部不公平的感觉。

(3) 大部分人员对未来发展没有任何期望，尤其一线销售人员，屡次向研发部门反馈市场需求的信息没有得到回应，由于研发部门不配合而不能打开市场，结果还要受到研发部门指责，这让很多优秀营销人才离开了公司。

根据调查的结果，小李再向各个部门主管逐一了解情况后，向公司提出了新的薪酬体系思路，即把所有人的岗位先做出梳理，因事定岗而不是因人定岗，岗位确定后，编写相应的岗位说明书，确定岗位职责。根据岗位的价值为岗位定标准的岗位薪酬，同岗同酬。小李认为这样能有助于建立内部公平感。

但是方案一提交后，质疑的声音马上就来了，因为Y公司是拥有多年历史的老公司，其薪酬制度已经形成固有的传统。而在新的方案中，对于工作多年的资深工程师和一些年轻的工程师同岗同酬，他们心理上很难接受。对于营销人员，这样的方案也是没有激励的，因为仍然没有体现出绩效工资。

小李马上意识到自己考虑欠周到，原来的思路中只是考虑公平感而忽略了激励性。于是小李马上修改了方案，首先把职位分为营销类和非营销类，营销类的岗位除了同岗同酬外，奖金比例也与个人业绩挂钩，而不再像以前一样靠"大锅饭"。非营销类的岗位实现岗位工资+技能工资+奖金，岗位工资里面是同岗同酬，而对于不同工龄、学历的人还是在技能工资里面有所区别，奖金则是根据整体效益和个体表现发放。整个体系的设计让小李感到非常满意，在大学里面学了那么多人力资源的知识，又看了这么多的专业书籍，终于有展示自己才华的机会了。

修改后的方案获得了较多认同，但是也带来了另外的问题，除了营销能和业绩挂钩外，其他人的奖金部分怎么决定呢？同一岗位上的可能有好几个人，表现肯定有差别，如何去判断，由谁最终说了算呢？

为了解决这个问题，小李决定着手建立绩效考核体系，落实薪酬与绩效挂钩的理念。说起来好像很简单，做起来可就头疼了，虽然大大小小的岗位都有岗位说明书，但是很多岗位说明书都是大概而笼统的描述，要制定精确的指标还真是有难度，对于小李这个毕业才两年的年轻人来说实在头痛，小李向领导反映了当前碰到的困难。

3 被和谐掉的新制度

经过公司高层讨论，研究决定引入人力资源顾问公司合作的方式把绩效体系做起来。小李非常高兴能得到专业顾问公司的帮助。顾问公司的咨询师带着小李一个个部门进行面谈，由于咨询师的身份属于局外人，很多人都愿意和他讲自己的真实想法，也有出于对咨询师专业的信赖，绩效指标建立的工作在有条不紊中进行着。整个咨询过程历时半年，咨询师通过调查问卷、访谈等方式，最终为Y公司整理了部门职能、岗位说明书、岗位评价、绩效考核制度、薪酬管理制度等人力资源管理的基本模块。

经过多次会议和反复讨论，在顾问专家的指导下，绩效体系终于建立起来了，每个人都有了自己的绩效计划表，公司也有了一整套的绩效制度，同时，与绩效体系挂钩的薪酬体系也建立起来了。小李终于如释重负，她觉得终于可以交差了。持有同样想法的还有各位高层中层管理人员，在这冗长的体系建立过程中，耗尽了所有人的耐性，包括当初大力提倡改革的副总。

新的薪酬制度确定之后，小李被任命为人力资源管理专员，负责运行这套绩效薪酬制度。本以为可以按部就班地开展工作的小李，在第一次绩效考核期完成后便发现噩梦在延续，花了长时间建立的看似完美的体系在运行中却受到了各方指责，有人说指标定得过高，根本无法完成，纯粹是公司为了惩罚和扣钱而制定的指标额。有人指责各岗位指标难度之间存在差距，更加不公平。反应最激烈就是研发人员，绩效考核结束后，公司总工程师带头反对绩效考核，认为是极为不公平的制度，应该停止。由于以前项目都没有规定完成时间和分布目标，现在一考核，专家教授们反对说科研不能和其他工作一样死板，要求撤销这些考核指标，对实验室的"5S管理"要求也被视作对研发人员的刁难……问题一出，投诉接踵而来，为了"贴合实际"，各部门对本部门的考核指标申请进行了大量修改。一年后，整个绩效考核体系名存实亡，被彻底和谐掉了。

4 为什么正确的事很难做正确

这次薪酬改革的思路是公司高层经过慎重考虑和充分讨论得出的，具体的制度和方案也得到了顾问公司的专家指导，但是为什么结果却不尽如人意呢？小李始终不明白，为什么那么多高学历高素质人才聚集在一起，反而对科学管理方法有如此大的抵制，花了那么多时间精力做的考核体系，其初衷也是为了企业发展和员工自我发展创造公平公正及具有激励性的环境，为什么会虎头蛇尾、草草收场……

是小型民营企业的执行力不强？还是高层领导决心不够？还是员工本身的素质问题？或者是企业还没有绩效薪酬的文化从而不适合薪酬改革？

小李陷入深深的困惑之中……

讨论题：

（1）请简要分析Y公司薪酬改革失败的原因。

（2）小李薪酬改革遇到的那些困难与矛盾？如何解决？

（3）企业应该怎样实施薪酬改革的过程管理，以使企业的变革更顺利。

教学笔记

1 教学目的

通过深入分析 Y 公司实施薪酬改革的执行过程中的问题和不足之处，指出企业在薪酬改革时需要在观念上和执行上重视的问题，以及在薪酬改革的操作方法方面需要注意之处，以使公司的薪酬改革能够顺利实施，案例中的变革管理方法同样还可以延伸到企业的其他管理变革。

2 适用范围

薪酬制度改革、人力资源体系设计、员工激励、管理变革。

3 课堂计划与问题引导

本案例重在引导学生思考变革管理中应该注重的过程管理，启发学生往薪酬制度改革过程管理的角度进行思考。在管理上，做正确的事很重要，正确地做事同样也很重要，否则事倍功半，达不到预想的目标。

教学过程中可以采用以下问题引导：（1）小李薪酬改革的思路是否有误？程序和方法是否不对？（2）新的绩效薪酬方案为什么没有达到激励的效果？如何改善和优化？（3）企业在实施管理变革时，要怎样加强过程管理？

4 案例分析

目前很多企业的人力资源观念淡薄，他们仅仅认为人力资源在企业中处于后勤服务的地位，在制定和执行企业战略时较少考虑人力资源的战略作用。例如在本案例中，任命刚刚从学校毕业两年的小李作为人力资源管理专员担当薪酬改革的重任，可见 Y 公司对薪酬管理的改革并没有提到战略地位。小李人微言轻，工作经验也不足，权力也不够，难以让全公司采纳其改革措施和意见，而且她考虑问题难免不够详尽，也难免不会引发更多的矛盾。

薪酬改革涉及全体员工的切身利益，对于激发员工的工作积极性起着举足轻重的作用，同时也会因为触动很多人的利益而遭遇变革的阻力，只有公司领导高度重视，才能统一思想，突破变革的阻力。如果公司领导不高度重视，这种牵动全公司员工利益的改革就很难取得成功，这也是 Y 公司薪酬改革失败的关键原因。

小李的薪酬改革思路并没有大的偏差，而错在执行的程序和方法上。小李的初衷是通过薪酬改革让薪酬与绩效挂钩，提高企业员工的积极性进而提高企业的业绩。然而，薪酬改革牵动着所有员工的利益，每个人都会关心自身的利益是否受损，因此薪酬改革之前必须做好员工的思想工作，应该充分做好前期宣传及沟通，使薪酬改革能得到员工的认同从而顺利实施。例如，考核前要做好宣传，使大家明确考核工作的重要性；考核中要做到规则清晰，让员工清楚指标体系和打分的规则及方法，考核后要做到程序透明，让大家明白考核结果对自己的影响，理解绩效和薪酬之间的关联性。

然而小李在执行新的薪酬方案时非常缺乏与各部门的沟通以及员工的参与，她只想"按部就班"地工作。可以推理，公司原来重视的技术出身的骨干人员，他们对公司早期的创业和新产品开发起着至关重要的作用，而现阶段公司的战略重点是市场，因此研发人员对管理的变革必定存在着普遍的抵触情绪。小李在执行新制度之前却没有主动去沟通，没有去说服他们并安抚他们的情绪，这在实施绩效考核和薪酬管理的过程中就表现出一些抵触了，例如总工程师带头反对，从而阻碍薪酬变革的实施。

此外，各部门和多数人反对新的薪酬方案的理由是其绩效指标不合理以及不公平，很多人认为指标额定得过高，是公司为了惩罚和扣钱而制定的。可见，员工并非不赞同绩效与薪酬挂钩，只是期望自己的绩效能够多得薪酬以及部门之间、岗位之间的公平感，所以不认同的是指标的设置，这就需要在指标设置过程中让员工充分参与，才能得到员工的认同。而 Y 公司的薪酬方案出台的时间一共才半年，员工只参与了访谈，没有参与到薪酬制度设计的讨论中，因此新的薪酬制度也难以得到员工的认同。

最后，薪酬改革应该紧密结合企业的战略目标，因为薪酬改革的最终目的是为了支撑企业战略的实现。首先应明确企业的发展定位。如先做强再做大？还是先做大后做强？Y 企业现阶段的目标应该是员工积极性与创造性，先将企业做强后再做大。这样就应该重视员工的奖励、提升，使员工看到未来的发展前景和希望。例如应该提高员工待遇与归属感，而不是一味强调"绩效考核"，最终却没有提高员工收入，员工得不到实惠从而得不到激励。这个阶段应该倡导一种激励文化，在薪酬上让员工感受到企业对他们的重视和关怀，让员工切实感受到物质和精神的激励。

5 可供参考的薪酬改革程序

一般来说，为了加强薪酬改革的过程管理，企业实施薪酬改革时应该遵循并重视以下程序：

（1）组建薪酬改革小组或薪酬改革委员会。薪酬改革小组的人员构成一般包括：

公司领导、人力资源部部长、办公室主任、人力资源部工作人员、相关部门人员以及外聘专家顾问。薪酬改革小组的主要职能是全面负责工资改革的方向、政策及其中的战略性问题，并负责处理薪酬改革中的技术性问题，例如岗位评价、绩效考核方案等。

（2）前期准备和宣传发动。薪酬改革小组要做的第一件事是通过分析对公司战略明确薪酬改革的方向，在此基础上做好宣传发动工作，动员所有部门和员工积极投入薪酬改革的工作当中，为了避免可能的抵触，应通过充分的沟通，了解员工的心理需求以及顾虑，让员工理解薪酬改革可能带给他/她的利益和影响。

（3）薪酬调查和诊断分析。在制定具体的薪酬方案之前，需要对公司内外各岗位的薪酬进行全面了解，调查同行业中同类岗位的薪酬水平，做到制定薪酬方案的竞争性和公平性；了解员工对现有薪酬制度和薪酬水平的满意度，从而在新的薪酬方案中体现激励性。

（4）方案制定和贯彻执行。在制定新的薪酬方案时，应该让员工充分参与，只有员工切实参与了薪酬方案的决策，他们才会理解和认同新的薪酬制度，从而接受其中的指标定额和考核方法。在实施新的薪酬方案时，要以各直线管理部门为主，授权他们进行具体的考核和薪酬分配，人力资源部主要做好组织工作和配套服务工作。

电装管路公司的罢工事件[①]

邓靖松 于 泳

(中山大学管理学院 广州 510275)

> **摘 要**：本案例描述电装汽车空调管路有限公司发生的罢工事件，详细描述了冲突发生发展的经过及事件缘由，涉及跨文化管理、沟通与冲突管理的相关主题。期望通过本案例分析，明确跨文化冲突的成因与对策。并通过提供真实的事件处理过程供学生参考，让学生从中总结出处理跨文化冲突的方法和相关经验，从而提升学生的跨文化管理和冲突管理技能，在一定程度上帮助企业达到预防与应对跨文化冲突问题的目的。

案例正文

1 引言

2012年6月，一个周五的下午，电装集团采购部余经理收拾东西正准备下班的时候，主管电装空调管理业务的小刘急急忙忙跑了过来，一脸慌张的神情，余经理的心猛地一沉，不会又出现什么问题了吧？小刘还没跑到座位前就已经开始喊起来了：

"领导，Badnews！电装汽车空调管路有限公司的营业刚才打电话来说他们公司员工罢工了！"

"他们为什么罢工？已经停止生产了吗？"

"听说是因为有部分员工今天发工资后发现实际加的工资没有公司上个月公布的多，因此煽动其他员工罢工，生产线工人已经全部回家了，只有工会的几个代表正在

[①] 本案例授权中山大学陈瑞球亚太案例开发与研究中心使用，陈瑞球亚太案例开发与研究中心享有复制权、修改权、发表权、发行权、信息网络传播权、改编权、汇编权和翻译权。由于企业保密的要求，在本案例中对有关名称、数据等做了必要的掩饰性处理。本案例仅供教学使用，并提供材料作课堂讨论，并无任何意图证明、揭示或暗指所涉及的管理情景和管理方式是否合理及有效。本案例中的观点仅代表作者的观点。本案例研究得到国家自然科学基金项目资助（71772189）。

和公司谈判。"

由于电装汽车空调管路有限公司采用的是F公司零库存的物流管理,因此基本是没有成品在库的,很容易就会导致F公司、本田等客户停产,如果整车厂停产的话,将是一个非常严重的问题。好在明后天是周末,客户没有生产计划,如果在周一之前将罢工事件解决掉,就不会给客户生产带来影响。但是余经理担心电装汽车空调管路有限公司的日籍总经理不能够很好地协调与本地员工之间的矛盾冲突,会导致事态的进一步恶化。因此向公司领导汇报了冲突事件,广州电装公司决定派公司工会的李主席紧急赶往现场,支援电装汽车空调管路有限公司管理层,参与公司与员工的谈判协调工作。

2 公司背景

汽车空调管路是汽车空调构成的零件之一,由于技术要求不是特别高,行业进入"门槛"相对较低,加之整车厂为降低成本,修改了一些技术标准,所以市场竞争异常激烈。电装集团为了整合汽车空调的供应链体系,于2008年成立了电装汽车空调管路有限公司(以下称电装管路),它是电装集团为了扩大汽车空调的产业链规模、提高市场竞争优势而全资收购的一家日本公司,公司主要以研发、制造汽车空调管路为主。此公司是电装集团与F集团合资组建的以生产大巴汽车空调和汽车空调管路为主的公司。客户主要是电装集团的汽车空调总成公司。

由于汽车空调管路不属于F集团和电装集团的主营业务范围,因此,没有被特别重视和关注。管路公司在长野的母公司也基本上是自主经营、自负盈亏,员工大部分是当地人,民风淳朴,与世无争,农忙时他们会放假务农,农闲时候就进工厂做工,类似于中国的乡镇企业。整个公司的工作氛围比较松散,公司的管理层对待员工非常友善也比较重视感情,上下级关系和谐。但是电装管路公司这种散漫的管理风格导致其整体效率偏低。2004年进入中国市场后,这种企业文化氛围和管理模式也自然被带到了中国的分公司。

电装管路公司在中国设有两家工厂。一家位于天津,主要是对应华北地区的汽车市场;另外一家位于广州,主要是对应华南的汽车市场。由于汽车空调管路的市场竞争非常激烈,日资电装管路公司的市场竞争力比较差,往往竞争不过本土的企业。电装全资收购该公司后,从技术、人力资源上加大对新公司的支持力度,在政策上采取扶持的策略,要求集团内的公司必须优先采用电装汽车空调管路有限公司的产品,除此之外,没有总公司的许可不可以采用电装管路公司之外的产品。并且在前期设计开发的阶段就交由电装管路公司参与研发,这样在技术源头上也牢牢地把控住了市场。因此,广州电装有限公司就成为电装汽车空调管路有限公司的重要客户。电装空调管路公司也是广州电装公司的唯一管路供应商。当然电装作为上市公司,必须要给股东好的业绩回报，总公司在战略上加大对空调管路事业扶持力度的同时，对公司的收益目标等也提出了较高要求。

3　新上任的总经理

新成立的电装管路公司为了尽快实现预期的利润目标，给公司股东一份优异的成绩单，电装集团通过层层筛选，决定委派坂本先生出任电装空调管路广州公司的总经理，原公司的日籍人员随之岗位调整，分别担任技术等部门的负责人。

坂本总经理是一个技术派管理者，精通空调管路的制造生产技术，并具有 F 公司式生产方式改善的丰富经验。之前只来中国出差过一两次，对中国的工作环境不太了解。但是，由于被委派到新成立的事业部工作，他也深知母公司对他的期待很高，自己也暗下决心尽早达成公司的目标。

坂本总经理初到广州公司后，首先从技术专家的角度出发，大刀阔斧地对生产工艺、加工流程等进行改造，大大提高了生产效率。同时，强化公司的管理，以身作则，从 5S 管理入手，雷厉风行地推进管理制度的改革，将原本散漫的工作氛围变得紧张有序，公司整体的精神面貌有了很大的改观。通过一系列的改革，公司在坂本总经理上任的第一年就超额完成了董事会目标，电装管路公司也受到了日本母公司的表彰。坂本总经理也是春风得意、自信满满地准备更进一步推进各种改革，以便取得预期以上的更好的成绩。

但是，坂本总经理在取得这些成绩的同时，没想到他的一些做法或者行为已经为中日员工的团结埋下了隐患。比较典型的是他偏听偏信，造成很多时候根本不了解现场情况。例如坂本总经理上任后，基于人员缩减的思路，在没有征得相关人员建议和同意的情况下，直接将现有的总经理专职翻译取消，派往技术部门任职，翻译工作由人事总务科王科长兼任。坂本总经理作为外国人，对中国的环境不了解，语言也不通，因此无论是工作需要，还是租房搬家、饮食购物等生活琐事都得到人事总务科长王某的悉心关照。随着交往的增多，坂本总经理对王科长的信任和依赖也逐渐加深，遇到问题常常只听他的建议。

由于取消了专职翻译，员工对公司的意见反馈基本上都经过王科长向总经理传达。而这个时候，王科长就会筛选对人事总务有利的意见进行反馈，不利的意见直接屏蔽，不会被总经理知道。员工反映的伙食、加班、工作环境等对人事总务不满的意见无法反馈到总经理层面。时间久了，员工认为总经理和人事总务是一个立场，渐渐地也就不愿意反馈意见了。

对外资企业而言，由于对本地法律制度、政府关系、风土人情等因素的考量，一般都会将人事总务的管理工作交由本地人。这种做法好的方面是可以将双方的优势结合，为工作创造更好的发展环境。但是，由于人事总务是直接关系到公司员工福利待遇、薪资升迁的部门，他们的建议和决策和公司员工的直接利益是息息相关的，因此，如果一个公司的人事总务部门管理不善，就会给公司的劳资关系带来非常大的负面影响。

4 冲突缘由与经过

经过与电装管路公司工会人员的面谈，基本捋顺了事情的发生经过。此次罢工的参与人员是包括中方各级管理者、现场作业员及办公室员工在内的全部员工。罢工的直接原因是不满意本年度的调薪结果。公司5月份公布的调薪方案为总体工资平均上涨12.4%，其中基本工资平均上涨9.5%，其他升职、评价、各项福利等上涨平均为2.9%。但是部分老员工反映，工资调整大部分在5%左右，加上福利等上涨比例约为8%。少部分评价为C级的员工上涨比例更少。现场员工当天下午3点左右集体停工，要求全员加薪30%。现在工会代表正在和公司谈判，但是员工都已经离开公司，员工的具体诉求也不明确，很多具体要求内容工会代表也不能代表员工拍板，谈判进行得非常艰难。

确保客户的交期是第一位的，为了确保客户的正常生产，电装集团紧急抽调了广州其他电装公司和电装管路日本总公司等70多名人员火速集合，到广州电装管路公司待命，如果不能在2天之内平息罢工事件，只能进行暂时的支援生产。

原本中方管理者希望直接参与员工的谈判，但是，由于公司和员工的谈判涉及工资福利等问题，坂本总经理不希望中方直接参与，因此，只好交由管路公司的日本高层和员工直接谈判，中方静候结果。

直到晚上11点左右，谈判还没有新的进展，坂本总经理为了确保董事会目标顺利达成，坚决拒绝提高现有的工资标准，最终工会和员工代表退出与公司的谈判并离开公司。当晚谈判失败。电装管路公司领导陷入巨大的恐慌中，越发担心员工不能按期复工影响客户交货。

后来余经理了解到，电装管路公司的一般员工收入在当地已经属于高水平的收入了，同时，和工业区其他公司相比，工作现场安装有空调，有很好的工作环境。一般企业罢工以现场员工为主，办公室人员以及主管等是不会参与的，但是此次罢工却包含办公室人员以及公司主管在内的员工都有参与。

由此，余经理判断调薪比例的高低只是矛盾爆发的一个导火索，应该不是员工罢工的最主要因素，肯定有其他的问题没有被暴露出来。于是，余经理首先找到了平时业务交流比较多的电装管路公司营业部的郭经理，私下向他了解导致罢工的真实原因，以及了解员工对公司具体有哪些不满。同时，郭经理也是此次员工谈判代表的一员，这样会把握到第一线的翔实的内部信息。另外，他也要求其他同事找一些熟人了解其他员工的真实想法，争取能够尽早找到此次罢工发生的根本原因。

经过多方面的努力，余经理最终对此次罢工的真正原因有了大致的把握，主要概括为以下几点：

首先，日方总经理日常工作中不擅长与一线员工沟通，不了解中国员工的需求，对于员工工作和生活上的一些建议，没有给予及时的答复和说明。有些问题还反映在总经理的一些管理细节上，例如：公司员工和总经理打招呼，总经理回应态度冷淡没有笑容，公司的一些相关公告或者是关于工资调整等信息有时候是以日文发布，现场员工看不懂。再有就是公司的职位调整轮岗等事前也不征求当事者的意见，公司总经理自己就决定了。日积月累，导致员工对公司总经理非常不满，此次罢工也是压抑已久的怨气的发泄。

其次，公司对于此次加薪方案的说明不足。现场员工反映，公司承诺加薪12.4%，但是实际发工资的时候，发现很多员工特别是有管理职位的老员工的工资增长比例远远低于这个标准，他们认为公司欺骗了员工。个别生产线的管理者甚至直接或间接向现场员工发泄对公司的不满，这种不满情绪为怠工和罢工埋下了伏笔。但从公司经营层角度看，总体工资平均上涨12.4%是对于公司的整体支出来讲的，同时还要考虑到公司薪资的市场竞争力，降低公司新员工的离职率等因素，利用此次调薪的机会，对公司既有的薪资体制进行了部分调整，据此有些工资低的新员工调薪比例会远远高于平均数，而一些工资高的老员工的工资可能会远远低于平均数。由于薪资体制的调整没有事前对包括中层管理者在内的员工进行详细的说明并取得理解和支持，因此，员工的理解是每个人的工资平均上涨12.4%。特别是此次调薪没有考虑到中层管理者的需求，管理人员调薪幅度过小，不但没有缩小与电装其他公司主管的薪资差距，反而进一步拉大了差距，即使他们明白公司调薪方案的初衷，也不会主动向员工做解释说明，反而在背后通过各种方式煽动员工罢工。再者，公司经营层认为这是确保董事会目标达成的最优方案，是董事会成员的决定，没有必要向员工解释说明，公司的人事部门则认为自己是奉命行事，只要遵守公司高层指示即可，也无需要向员工进行解释说明，即使出现员工抱怨时也没有及时疏通和报告，存在业务水平不足以及失职行为。

最后，对于员工日常反映的一些问题和需求没有被公司重视，人事总务存在乱用员工的福利基金，以公谋私等状况。总经理袒护人事总务的领导，处理问题有失公平。由于以上矛盾的激化，员工报复性提出涨薪30%的要求，以发泄对公司日方管理层的不满。

一直以来，公司没有一个合适的渠道可以让员工直接反馈意见给公司的日方管理者，因此，日方人员并没有很好地了解员工罢工的具体原因，而是一副公事公办事的样子,以法律为说辞,不断地要求员工不要阻碍生产,尽快复工,如果公司不尽快复工而导致客户停产最终会导致大家都失业、公司也会破产等。以上的说辞不但没有缓和员工与公司之间的对立,反倒进一步激发了员工的不满情绪。特别是提到法律问题的时候,中国员工的表现更加激动。使对抗加剧,事态随时可能失控。

5 陈副总临危受命

第二天一早,当余经理来到管路公司时,发现大批员工聚集在公司的楼下,根本没有复工的迹象,政府派来的公安机关人员以及南沙区工会的人员在协助维持秩序,眼看局面在不断恶化,而管路公司坂本总经理等领导根据员工提出的具体要求还在进行紧急商讨,不能给出一个明确的答复。

为了尽快解决问题,工会李主席经过和电装管路公司总经理协商后,决定让电装管路公司的总经理等日方人员退居幕后做具体的方案,与员工代表的谈判协调交由广州电装公司中方的陈副总出面进行,由于广州电装是他们的客户,同时陈副总又是国有企业广汽零部件公司的驻站员,在中方员工中具有较高的威望,比较容易被空调管路的中方员工信赖和接受,因此公司管理层希望通过中方高层领导的直接参与来协调化解此次危机。

听了于经理和工会李主席的汇报,陈副总已大致摸清了事件的来龙去脉。但是,到底应该站在管理层的立场、中间调节人的立场,还是中方员工的立场?到底应该偏向管理层的利益还是中方员工的利益?应该采取什么样的冲突策略和方法?陈副总陷入了沉思。

教学笔记

1　教学目的

通过深入分析电装管路公司的罢工事件,指出企业在面临文化冲突时需要注重的理念和原则,以及在处理文化冲突时的立场和方法。并通过对冲突事件的反思,总结预防文化冲突以及冲突管理的相关经验,以帮助跨国公司在跨文化管理中能够有效应对相关的文化冲突问题,案例中的文化冲突管理方法同样还可以延伸到不同文化的沟通和冲突管理情境中,具体教学知识点包括跨文化管理、文化冲突、冲突管理、管理沟通等。

2　适用范围

适用于管理学、组织行为学等 MBA 和研究生课程,教学主题包括跨文化管理、文化冲突、冲突管理、管理沟通等。

3　案例分析

3.1　跨文化冲突原因诊断

本案例的矛盾焦点在于公司经营者不了解中日文化的差异,没有使日本总公司的文化与本地公司的文化进行很好的融合,创造出适合本地公司的文化。面对众多的跨文化冲突,没有正确区分与公司利益的关联性,从而不能根据冲突目标重要程度做出回避、顺从或者融合等合理的对策。同时作为日方管理者也不了解中国的国情和文化,不了解中国公司员工的真实需求,因此犯了民族主义中心的错误。具体表现如下。

(1) 不了解文化差异,无法实现文化融合。坂本总经理在雷厉风行地推进改革时,由于心情比较急切,往往听不得别人的不同意见和建议。一旦别人提出不同意见,总会被斥责或不耐烦地打断。自己的指示没有被很好地执行的时候,他也不分场合大声斥责,不留情面,无论对方是一般员工还是管理者。现场巡视时,遇到员工打招呼从来不回应,脸上看不到笑容,也不参加公司员工的聚会等,没有入乡随俗,融入本地企业中。

在中国，员工比较敬重那些爱护下属的领导，这种尊敬不仅来自权力差距，同时也需要领导者自身形成的威望和相互的尊重。对中国人来说，面子非常重要，和这个人所处的权力地位无关，高地位者也要尊重低地位者的面子，这和日本对上级的绝对服从还是不一样的。同时中国人比较重视情感，喜欢通过喝酒、聚会等形式来增进感情，培养集体精神，而坂本总经理总是拒绝参与这种活动，从导致双方的距离被进一步拉大了。

（2）照搬本国经验，不主动了解中国文化。外资跨国公司来中国经营，必须要了解中国的国情，促进本国文化与当地文化的有效融合才能有益于企业的发展。但是电装管路公司的经营层并没有充分认识到这一点。他们一直是照搬了日本总公司的思路和模式在经营中国公司，并对本国的文化充满自豪，不重视企业原有的文化和中国人传统思维。例如，公司的工间操不是中国的广播体操，而是日本的广播体操；公司的经理签署的文件或者通知只有日文，没有中文，完全忽视了员工的需求；逢年过节，中国员工邀请总经理参加联谊会、恳谈会等往往都被拒绝。

（3）先入为主，不了解中国员工的真正需求。如前文所述，电装管路公司的一般员工收入在当地已经属于高水平的收入，并且工作现场安装有空调，有很好的工作环境。按照坂本总经理的逻辑，我提供了比别的企业好的待遇，你没理由对我不满，他一直以为中国的员工还处在需求的最低端。而实际上从罢工的过程来看，工资待遇的不满只是事件发生的一个导火索而已，真正的原因是员工没有获得公司的尊重，或者是个人的价值没有得到体现，这已经是比较高的需求层次了。

（4）忽视中国国情，对中国的工会职能不重视。随着中国经济的飞速发展和人们民主意识的提高进步，劳动者参与公司经营和保护自身权益的强烈愿望也在逐渐增加，无论是国家还是个人都越来越重视企业工会的作用。近年来，在中国特别是华南地区发生的劳资纠纷事件，大多是没有处理好公司和工会之间的关系而导致的。电装管路公司存在同样的问题，总经理认为我只要提供比周边企业更高的工资、更好的工作环境就够了，不需要浪费时间去听取工会的建议，也不愿意与工会代表定期沟通交流，从而导致工会对公司不满。

教学过程中的问题引导：（1）如果你是陈副总，你应该选择什么样的立场？站在管理层的立场、中间调节人的立场，还是中方员工的立场？（2）这次冲突中，管理层的目标是什么？中方员工的利益诉求什么？双方存在一致性吗？（3）对于跨文化冲突，应该采取什么样的冲突策略和方法？

3.2 跨文化冲突的解决策略与经验总结

（1）解决策略。实际上，本案例描述的事件不仅仅在电装管路公司，在其他的跨国企业特别是日资企业中仍在不断地上演，这也是为什么近年来中国日资企业往往容易发生企业员工罢工的一个原因。

如前文所述，制度文化冲突主要体现在跨国企业对待不同国家的文化是采取消融自我的态度还是恪守自我的态度，以及在企业管理和治理过程中是倾向于法治还是人治。日方在制度上强调严格严谨，在工作中注重遵守制度、完成本职工作、服从命令；而中方在制度上讲究人治而不是法制，往往较为随意，做事不太循规蹈矩，凡是"差不多"即可，注重灵活但是不大遵守规矩，对于既定的规章制度也往往绕道而行。

其实中日文化具有悠久的历史渊源，但是随着近代社会制度的变革和发展，制度文化的管理理念发生了很大的分歧，日本企业重视规章制度，恪守日本的企业文化原本无可厚非，但是，在跨国经营中也需适度的接受中国人"以人为本、崇尚和谐、重视感情"的文化特点和需求。特别需要注意的是，对于企业经营没有实质性影响的文化差异可以采取回避、尊重或者理解接受的策略，只有通过虚心学习和接受本土文化，取中日文化之所长，才能实现两种文化的融合，才有利于企业的健康发展。

基于此案例所展现的跨文化冲突，以下几点经验是可以借鉴以及参考的。

首先，要积极分析文化差异，正视和辨别自身企业中存在的文化差异，通过合理的手段加强跨文化培训。给企业的经营者以及员工创造机会，接受各种跨文化培训，例如：公司高层出国工作前接受包括赴任地国情分析，了解当地习俗等。同样，公司的中层管理者有机会去海外总公司进行长期或短期培训、工作或出差，制定激励制度，鼓励双方员工学习对方的语言等。

其次，结合公司战略，部分顺应当地文化，适当实施本土化战略。跨国企业到国外经营必须要确实地把握和了解投资国的风土人情，学会活用当地人力资源，发挥他们熟悉所在区域的人情事物、懂得当地风俗的接物待人和熟悉当地的政商关系等优势，为企业的发展起到促进作用。

再次，运用文化的支配地位，实施企业文化的渗透。在有利于企业提高效率和促进发展的前提下，当一方价值观念、技术或管理水平、市场竞争力等处于较强的优势下时，这个强势的组织就拥有企业的控制权，或者是占有支配地位，也就是说这个国家的文化居于统治地位，组织内的决策及行为均会受到这种文化支配。例如，日本企业的质量管理文化以及JIT生产理念等，在全球行业里处于优势地位，在其跨国公司中，当地员工也比较容易接受与此相关的理念和文化。

最后，构建企业文化相容策略，通过多元文化互相融合创新生成新的企业文化。企业管理者及员工除了作为社会成员受到国家民族文化等社会宏观环境影响之外，还会受到所处的企业内部的微观环境及其企业文化的影响。同时，跨文化沟通又是在特定的企业文化环境下进行的，因此，实现多元文化在企业内部的有效融合，有利于避免跨文化冲突，为跨文化沟通创造良好的环境。

(2) 冲突管理经验。当然，本事件发生后，电装集团开始认真反省和思考以上存在的诸多问题，并采取了以下预防企业文化冲突的原则和思路。

第一，选派熟知中日文化差异、善于跨文化沟通的人员担任海外公司要职。

对于派往海外担任要职的人员，特别是在独资企业任职的人员，要彻底地加强跨文化管理方面的教育，最好是选派有中国工作经历的员工或者是在日本总公司工作时间较长，充分了解中日文化差异的中国人出任要职。基于此观点，后任的总经理就是有十几年中国工作经验的日本人，并且精通汉语。

第二，创造机会让本地员工了解日本文化及母公司文化。

选派本地公司优秀的管理者去日本母公司培训，使其了解日本国家的文化和日本母公司的企业文化。给基层员工提供免费学习日语的机会，并会按照语言水平给予语言津贴，鼓励员工学习日本语言，理解日本文化。

第三，充分发挥本地员工的能力和积极性，创造群策群力的文化氛围。

公司新任管理者打破以往一言堂的做法，顺应当地文化，开始实施本土化战略。将表现优秀的本土员工提升到重要的岗位，充分发挥他们的才华和能力。

第四，加强和本地员工的交流，完善与员工直接沟通交流的体制。

首先是恢复了总经理专职翻译的岗位，确保总经理可以及时准确地得到公司的相关信息。其次是设立了总经理直接管理的员工意见箱，让员工可以直接给公司提意见。同时，在此基础上，公司还预留了跨部门交流经费，总经理确保每年与每个部门至少有一次共同活动的机会。另外，还通过员工生日恳谈会及新年会等进一步加强与员工的面对面沟通，建立了中日双方良好的沟通氛围，加强了双方的了解和信赖，有利于公司的平稳发展。

第五，强化工会机能，加强公司与工会的协作和沟通。

公司在市工会的协助下，按照中国的法律法规，重新组建了工会并选举了工会委员，为改变以往工会干事兼职的状态，又设立了专职的工会干事，这样的变革，使得以往只是摆设、形式上的工会组织，变成了能够真正被员工信赖的工会，能够为员工争取合法权益的工会，成为强化企业与员工之间密切联系的纽带。公司还出资让工会委员去外面学习工会的运作机制、与员工代表的沟通技巧以及与公司交涉的技巧等课程，促进了工会的成长，提高了专业化水平。总经理也设立了每月一次与工会沟通信息的交流会，主动向工会说明公司近期的运营状况，并听取工会收集反馈的员工对公司的意见和建议。

3.3 尾声：冲突事件的解决

陈副总认为，自己应站在中间调节人的立场，这样才能取得员工的信任，使员工相信自己不是代表管理层的利益并进行谈判的。并且，尽快安抚中层管理者，然后通过他们来劝说员工是事半功倍的方法。

于是，陈副总决定先将所有的中层管理者集中在会议室做思想工作，但是电装管路公司的工会李主席打电话给每个管理者时，他们要么不接电话，要么婉拒去会议室，过去了近两个小时，管理者还是没有聚集到一起。眼看时间一点点过去，复工底线的时间越来越近了，于是陈副总建议由平时和员工关系相对较好的管路公司的日方管理人员去当面邀请他们来开会，迫于无奈，日方管理者放下身段，主动去当面邀请中层管理者开会。果然，此方法起到了立竿见影的效果，碍于领导的面子或者是对客户的尊重，每个管理者在被当面邀请后都准时出现在了会议室。

管理者到齐后，陈副总要求所有日方人员退场，由广州电装的中方领导直接和他们对话，中间就少了很多交流的隔阂，大家没有了顾虑，将自己的心里不满情绪或者是诉求毫无保留地讲了出来，陈副总对每个人的诉求耐心倾听，认真记录。整体诉求集中在两个方面：（1）罢免现任总经理和人事总务科长。（2）提高管理者以及现场的工资待遇，满足他们加薪30%的要求。

通过因势利导，拉近关系，增加他们对公司管理层的信任，广州电装的陈副总等人成了他们非常值得信赖的中间人。经过接近两个小时的发泄和疏导，各位管理者心情归于平静。对于30%涨薪的要求也不再坚持，承认是通过提出超高的要求来发泄对公司日方的不满，具体的加薪比例可以再协商。陈副总也答应帮他们和公司进行交涉，在提高管理者和现场员工的福利待遇方面支持他们的正当需求，并会努力让公司考虑给管理者进行特别的调薪。对于公司的人事罢免，陈副总坦白表示很难直接干涉，但是会通过广州电装日方代表向电装日本总公司反映他们的诉求。

同时，陈副总拜托他们劝说员工中午开始复工，并说明导致客户停产的严重性。讲明大家是利益共同体，公司和员工一荣俱荣，一损俱损，如果不能按时复工，公司利益受到影响，大家的福利待遇也得不到保障。陈副总向他们承诺会坚守到最后一刻，直到员工与公司协议达成一致。有了前期的铺垫和信任的基础，电装管路现场的中层管理者们也痛快地答应了陈副总的要求。

最终，在现场管理者的劝说和疏导下，午饭后现场员工开始陆续复工，生产逐渐得到恢复，为接下来的双方谈判创造了良好的氛围。

接下来公司和员工的谈判同样是一个艰苦的过程，中间经过几次反复，到最终双方达成协议大约耗时一个月。在这期间，广州电装的陈副总一直以调解人的身份从头到尾参与其中，经过中日双方的几番博弈，最终大家还是达成了一致，员工的诉求得到了最大的满足。

通过以上的努力，广州电装空调管路公司逐渐实现了日本文化与本土文化的融合，形成了具有本公司特色的新企业文化。这种新企业文化的形成，不但确保了中日员工能够相互理解和包容，也给双方创造了共同努力积极工作的文化氛围，有利于企业的长远发展,也有利于中日文化差异的理解与融合。

电装管路公司由于此次罢工事件,给电装集团的声誉造成了恶劣的影响,客户表示担忧和不满,因此,坂本总经理也受到了总公司董事会的严厉批评,半年后被调任回国,而人事总务科长也很快离职。

走还是留？领导信任与员工离职

邓靖松 莫燕婷

（中山大学管理学院 广州 510275）

> **摘 要**：本案例描述了LD公司转型期发生的管理团队相继离职事件，详细阐述了当事人之间的冲突，涉及管理团队中的用人与信任激励问题。期望通过本案例分析，厘清案例中上级对下级的信任类型以及不同信任激励效果之间的关系。并归纳出在上级对下级盲目信任、谋算信任、理性信任和全面信任的四种信任水平下，上级应分别采取的信任激励策略，以使下级被信任感达到最高，从而达到激励下属的最佳效果。

案例正文

1 公司背景

LD公司成立于1996年，是一家从事五金卫浴设备制造的公司，其注册地和厂址位于卫浴产销企业云集的广东省鹤山市。作为国内知名五金卫浴品牌的ODM（原始设计制造商）和OEM（原始设备制造商）加工厂，LD公司经过十多年的发展，成为集开发、设计、生产、销售于一体的企业，产品远销非洲、中东、欧洲、美洲和澳洲等地区，年营业额在5 000万以上。LD公司目前有职工106人，其中办公室管理人员28人、生产车间管理人员28人、工人50人；另外，公司还会视订单情况不定期聘用临时工。

LD公司的创始人X先生出生于20世纪60年代的广东佛山，从其父辈开始，家族就从事五金器件的生意。高中毕业后，X先生就当上了公务员，并于20世纪90年

---

[1] 本案例授权中山大学陈瑞球亚太案例开发与研究中心使用，陈瑞球亚太案例开发与研究中心享有复制权、修改权、发表权、发行权、信息网络传播权、改编权、汇编权和翻译权。由于企业保密的要求，在本案例中对有关名称、数据等做了必要的掩饰性处理。本案例仅供教学使用，并提供材料作课堂讨论，并无任何意图证明、揭示或暗指所涉及的管理情景和管理方式是否合理及有效。本案例中的观点仅代表作者的观点。本案例研究得到国家自然科学基金项目资助（71772189）。

代初开始下海经商。最初，X 先生从事的是印刷包装材料行业，之后他还涉足过煤矿产业，现在主要经营卫浴设备。X 先生拥有早期创业者刻苦耐劳的精神、敏锐超前的眼光和高超圆滑的关系运作手段，他抓住了时代的机遇，本着大胆求变的经营理念，将家族的生意越做越大。同时，他还积极学习中国古典哲学和西方管理思想，不但努力创造和谐的企业文化，还聘请职业经理人负责公司的日常运作，逐步实现管理的人性化和规范化。

2 危机凸显

LD 公司成立初期，主要生产铜材以及管件、阀门等卫浴设备的中间产品。但是，随着进入这一行业的企业越来越多，竞争环境也变得越来越激烈。为了提高竞争力，获取更多利润，2009 年初，LD 公司决定转型升级，不再生产铜棒，并把精力转移到更终端的产品——五金龙头系列产品。

为了配合战略转型，LD 公司购置了大量先进机械，聘请了有经验的管理及技术人员，并上马了 ERP 系统。可是，这一系列的"烧钱工程"不仅没有想象中奏效，反而将企业内部原有的矛盾激发出来。到 2009 年底，企业陷入内忧外患中，经历着前所未有的转型之痛。

最先出现问题的是财务部。作为企业的核心部门，财务部本应发挥着事前预算、事中核算、事后监督的功能。然而，在原财务经理 Z 先生的领导下，财务部几乎处于瘫痪状态。在将近大半年的时间里，Z 先生欺上瞒下，胡乱编制财务报表，不但没有将原始单据与记账凭证一一核对，而且没有按时缴纳税款，致使公司损失巨额滞纳金。可是，由于 Z 先生极得总经理及董事长信任，直到 Z 先生离职之后，其丑行才被公之于众。

接着，制造部也出现了状况。在新产品的制造过程中，抛光是技术含量最高的最后一道工序。但是，抛光车间除了主管具有多年抛光经验外，其余抛光工都是新手，这致使 LD 公司抛光车间的产量和品质与其他工厂相比差距较大。这一情况不但使 LD 公司不得不将大量半成品发往其他抛光厂抛光，也使客户对公司的出品有所怀疑。

仓库管理不善的问题也令人颇为担忧。由于一直没有找到合适的仓库管理员，长期以来，偌大的仓库只有仓库领班在管理。每天至少上十次原材料、半成品和成品等货物的进出，使得仓库领班每天只能奔波于地秤与货车之间，完全没有时间顾及其他。仓库物品不但摆放混乱、没有标识，就连数目和重量也没人说得清。仓库沦为单纯的货物集散地，失去其本应有的管理全厂财物流通的功能。

行政部的办事效率一直都被人诟病。按照规定，每个月的中旬，行政部都应该把上个月全厂的考勤、绩效评估等资料上交财务部，让后者进行工资的核算。可是，由于该部门人员办事拖拉，每个月都不能按时上交数据，甚至有时上月的数据下月才能统计出来，直接造成员工工资不能按时发放，严重影响财务部的计划和员工士气。

最令全厂人头痛的要数 ERP 系统的管理。这套从金蝶公司购买的 ERP 系统，将公司所有部门和流程都包括在内，理论上应该可以起到规范内部管理、提高办事效率的作用。但是，数据库的先天缺陷和员工培训的缺乏，令规范流于形式，系统名存实亡。例如：按照规定，各车间人员到仓库领料前必须先通过 ERP 系统打印领料单，经仓管人在系统上审批以后，才能将材料领出仓库；而绝大部分的工人由于贪图方便，直接到仓库取走材料，事后才补回单据。这种事后补单的做法，非常容易出现差错，不仅给了工人可乘之机，还导致数据库的数据与实际不符。数据越不准确，员工就越因不敢信赖系统而不敢使用，从而陷入一种恶性循环。为了保证数据的准确性，各部门不得不采用手工记录与系统记录的双重保险方法，令办事效率大大下降。

因转型而凸显的危机令全厂人始料不及，每天都像救火员般左窜右跳，大家都在思考，LD 公司的明天在哪里呢？

3　急召救兵

面对公司的种种问题，身为董事长的 X 先生当然更是心急如火，他不禁怀疑自己是否选择了一位不合适的人担任总经理。

现任总经理 W 小姐是一位年轻时尚、有魄力、有魅力的职业经理人。1996 年，大学刚毕业的 W 小姐就进入了 X 先生的印刷包装材料公司担任小职员。因为 W 小姐在销售工作中展现出比较优秀的才华，她逐渐得到 X 先生的赏识，并被派往美国学习并负责公司与当地的业务往来。经过十几年的磨炼，W 小姐从初出茅庐的小丫头成长为成熟世故的女强人。2008 年，W 小姐正式加入 LD 公司并担任总经理一职。

年纪轻轻便受到老板重用的 W 小姐自然春风得意，饮水不忘挖井人，她在开心之余，也不忘尽心尽力地报答老板的知遇之恩。W 小姐知道自己在管理方面资历尚浅，为了搞好公司，她索性搬到生活条件较差的工厂住宿，并天天坐镇在办公室，其勤奋程度非一般 CEO 可比。

W 小姐采用的是指令式的管理风格，公司大小事务，无论是销售合同的制定还是办公文具的采购，一律都要经过 W 小姐的签名审批才能进行。此外，她对货物进出的监控尤其看重，并规定：每次货物进出仓库，仓库管理员、财务人员、采购员三人都必须同时在场，各自盘点并核对数目后，方可出货或入货。这些制度虽然看上去非常严谨，但却忽略了员工的实际情况。W 小姐并没有意识到，员工常常为了遵守制度而无暇分身，反而导致了工作效率的降低。

公司员工也一直对 W 小姐的管理方式颇有微词，不少人甚至认为 W 小姐完全不懂管理。一方面，事事监控的制度因等不到签字而耽误事情的情况时有发生；另一方面，严厉高压的环境也大大阻碍了上下级之间的沟通，使全厂都处于一种敢怒不敢言的工作气氛中。

从多种渠道了解到公司的内部情况后，X 先生知道，事实证明，W 小姐还是更适合销售而非综合管理的工作；他也明白，要想公司起死回生，总经理一职非换不可。但是，X 先生一想到要将自己的爱将打入"天牢"便于心不忍，而且这样做的话 W 小姐也会脸上无光，因此他希望能以一种和谐的方式改变目前的状况。就在这时候，经在会计师事务所工作的朋友介绍，X 先生认识了管理经验丰富的 F 先生。

从在会计师事务所工作的朋友口中，X 先生了解到：F 先生生于 20 世纪 60 年代，重庆人，受过良好的高等教育，曾担任大型国企、外企的财务总监，业余时间经常到广东高等院校讲学教书。这位朋友还称赞 F 先生性格刚直不阿、工作一丝不苟、眼光与众不同。听完这番说话，X 先生认为 F 先生具有较高的专业素质和良好的品德，于是马上决定聘请他到 LD 公司担任财务经理。此后，经过几次促膝长谈，X 先生对 F 先生的管理理念甚为赞赏，更让他兼任总经理助理，全面负责除销售外公司的所有事务。

4　F 总变法

2009 年 11 月，F 先生正式上任。初来乍到，他立刻被财务部的混乱境况吓了一跳。自从上任财务经理 Z 先生离职后，财务部只剩下一名出纳，基本上处于瘫痪的状态中。据 F 先生回忆，我正式上任的时候，财务部的桌面上还放着 2009 年 1 月份的单据，2009 年整年的账簿基本上是空的。看到这种情况，F 先生立即意识到，LD 公司的问题比他想象中还要严重，要扭转乾坤，非大干一场不可。但是 F 先生并没有忘记自己毕竟是新人，在没搞清楚所有情况之前，自己是没有发言权的，所以他并没有轻举妄动，而是选择从自己最熟悉的地方下手，默默地整顿财务部。

财务部连个会计都没有怎么能行呢？为了让工作更顺利地展开，F 先生亲自到人才交流中心招聘了一名会计 Y 小姐。Y 小姐年近四十，高中毕业后就从事会计工作，虽然学历不高，但是十几年的实践经验让她鹤立鸡群。F 先生经过面试，觉得 Y 小姐具有较高的业务水平，而且懂得为老板着想，当场就让 Y 小姐到公司报到。

F 先生十分信任责任心极强的 Y 小姐，不但将财务部的所有工作都交付给她，还经常与她探讨如何改善 LD 公司的管理问题。Y 小姐也十分欣赏 F 先生的能力和干劲，她认为 F 先生拥有非常过硬的专业知识，而且懂得尊重下级、关心下级，是一位值得信赖的好上司，能在他手下工作是自己的荣幸。因此，她工作时也特别起劲，每天都自愿留下加班，希望能尽早地将上任财务人员留下的烂摊子收拾好。

F 先生和 Y 小姐由于彼此的信任和相似的专业背景，很快就形成了异于常人的默契，不知情的人还以为他们是相识多年的老朋友。F 先生认为，有了这样的一位得力助手，提升财务部的整体素质是早晚的事，于是便开始着手解决其他部门的问题。

经过一个月的观察与调查，F 先生走遍了全厂各个车间，了解了产品的每一道工序流程，与每个主管都进行了交谈。他发现，尽管各个部门的问题都不少，但是总的来说，所有问题都可以归结为执行力不足。上至总经理下至工人，都有章不循、有规不遵，导致公司的制度形同虚设，人人都有自己的办事方式，公司怎么能不乱呢？当然，他也很清楚，有些问题并不是一时半刻能够解决的，例如总经理的管理风格、制度的完善、制造部工人技术水平、ERP 系统的利用率等。但是，经过一番研究，他找到了突破口——行政部。

行政部主要负责上传下达、沟通协调以及人事方面的工作。行政部虽然不大，却与全公司其余部门密切相关。现任行政部副经理 L 小姐年近三十，本科毕业。受总经理 W 小姐邀请，L 小姐于 2008 年进入 LD 公司，并一直担任行政部副经理一职。L 小姐虽然年轻有魄力，但是做事缺乏条理，个性张扬，因此不少人对她的做事方式颇有意见。

通过亲身接触，F 先生发现，L 小姐对行政部的职责要求不是很了解，工作能力不高，而且做事浮躁，不听劝告，还经常推卸责任。例如，10 月份员工考勤、工资构成等数据本应于 11 中旬前上交财务部，以便于月底发放工资。但是，几经催促，行政部直到 11 月 29 日下班前才将数据上交，导致会计 Y 小姐通宵加班才能将工资计算出来。然而，当 F 先生就此事找 L 小姐问责时，恃着有总经理撑腰的 L 小姐却嚣张地说这是一贯的做法，并说工资计算本来是财务部的事，现在行政部把基础数据都统计好，已经是帮了大忙了。面对满口歪理的 L 小姐，F 先生也不想多费唇舌，只是暗暗思忖：这个人一定要换掉。

要换掉由总经理 W 小姐请来的人，怎能不经过她的同意呢？于是，F 先生将自己的想法与 W 小姐进行了沟通。听到 F 先生要将自己请来的人炒掉，W 小姐气不打一处来，心想：平时你与我意见不合就算了，现在竟然还想来打我的人的主意。虽然心里十分不快，但 W 小姐仍强忍怒火，承认 L 小姐能力是有所欠缺；但同时，她也表明自己的意愿是希望将 L 小姐培养成自己的接班人，并以此委婉地拒绝了 F 先生的要求。不甘心改革措施就此打住的 F 先生向老板 X 先生寻求支持，但老板由于不想过多插手 W 小姐的管理方式而没有给出明确答复。而事后，W 小姐也对 X 先生抱怨，说 F 先生有喧宾夺主的倾向，自此，F 先生与 W 小姐的关系陷入僵局。

管理混乱的公司总是容易出现漏洞。某天下午，当大家正在埋头苦干的时候，质管部突然传来消息，说有一批原材料没经检验便被车间拿去使用，而事后发现这批原材料中有一项指标不及格。接到消息后，F 先生马上赶到现场进行调查。经查证，原来是工人趁仓管员不注意时，拿了刚进仓的原材料，导致了本次损失。F 先生认为，本次事件中，仓库应该承担对物品监管不力的责任，质管部应该承担没有及时进行质检的责任，而车间也应承担没按规矩领料的责任。同时负责处理此事的还有副总经理 H 先生。与 F 先生相反，H 先生并没有亲自调查此事，只是将各部门反映的情况进行整理，得出仓库应承担所有责任的结论。对副总经理这种敷衍了事的做法，F 先生并不认同，但又无可奈何。

经过换人未果和领料失误这两件事，F 先生察觉到公司内部固有势力的强大。他发现，除了 L 小姐以外，不少中高层管理者都是抱着"做一天和尚撞一天钟"的心态来上班的，在这些人的领导下，不想做事的人慢慢会将想做事的人逼走。F 先生感到，除非老板能赋予自己足够的人事权，否则单凭一己之力，很难改变当前局面；而以目前的情况来看，只要 W 小姐在位，人事权就轮不到自己掌握。想到这里，F 先生开始对 LD 公司失去信心，并且考虑到家中的幼女正处于成长关键阶段而自己却无暇照顾，便向老板 X 先生表明了去意。

5 一败涂地

2010 年 2 月 10 日对于 LD 公司全体员工来说是一个大日子，因为瑞士厨房卫浴设备品牌弗兰卡将会来到工厂进行检验。LD 能否成为这个国际知名品牌的特约供应商，就看此役。

由于是突击检查，LD 公司在验厂那天的早上才接到通知。为了让全厂员工提高警惕，郑重其事，副总经理在上班前临时召开了全员大会。会后，大家都手忙脚乱地收拾工作场所，佩戴上平时极少使用的劳保用品，务求以最佳状态迎接客户的检阅。

上午 10 时左右，客户准时来到。出乎大家的意料，弗兰卡只派了两个人过来。在总经理 W 小姐等一干人等的陪同下，客人走遍了所有车间，还不时与员工进行交谈。整个验厂过程大概持续了两个小时。

下午，双方人员进行了会谈。会上，客户毫不客气地用了"非常差"三个字来形容 LD 公司。接着，客户以质管部为例，进一步说明了问题的严重性。在检查过程中，他们发现，不但该部门的员工竟然用游标卡尺测量物品内径的部分来测量产品的外径，而且连质管部副经理也竟然对检验产品的方式完全没有概念。客户还说，质管部的问题只是九牛一毛，其他部门的问题更是数不胜数。有鉴于此，弗兰卡方面认为，LD 公司只热衷于做表面功夫，并没有扎扎实实地关注产品的质量；LD 公司的问题，不是员工的问题，而是管理的问题。

可想而知，整个会议大家都如坐针毡。客户的每一句评价都如一把把利剑刺进了在座每个人的心。不少平时自视甚高、趾高气扬的领导第一次感到面上无光，恨不得立刻找个洞钻进去。而最难堪的当属总经理 W 小姐。在她听来，客户是当众质疑了她的管理能力，想到自己为 LD 公司付出了如此多的时间和心血，到头来却落得如此下场，伤心之余更觉得无地自容。而 F 先生可能是在座唯一感到轻松的人，在他看来，这次客户验厂有着非常重大的意义。一方面，它令全厂人都得到一个与世界知名品牌接触的机会，从而看清自己的差距；另一方面，外人中肯的评价一针见血地指出了大家想说但不敢说的问题，给管理层的思想带来了一次强烈冲击。

6　何去何从

在验厂结果公布大会结束后，总经理 W 小姐觉得自己是时候给自己放一个长假了，在放松身心之余，她也希望给自己足够的时间思考是否还留在 LD 公司发展，经过换人事件和弗兰卡验厂事件，现在她要留下来不仅需要硬着头皮，似乎还需要厚着脸皮了。没有了女王的坐镇，虽然很多事情因得不到签名而无法进行，但大家不用再害怕听到高跟鞋走过的声音了，倒也过得逍遥自在。

验厂后第二天的下午，老板 X 先生突然下令全厂停止生产，进行盘点。此次盘点如此突然，加上大客户刚刚流失致使订单的来源失去保障，大家难免人心惶惶。但 X 先生的本意并非制造恐慌，而是想趁验厂的机会，好好盘点一下公司的资产，并以此作为下一步行动的依据。

与其他领导坐在办公室等结果的行为相反，F 先生亲自来到仓库进行盘点。然而，就在大家都干得热火朝天的时候，他忽然接到行政部的通知，说老板批准他的请辞了，并请于今天交接。一同在仓库里盘点的 Y 小姐和领班 H 小姐听到消息后都大吃一惊，她们对 F 先生的突然离开感到非常难过，甚至有点不能接受。其实，接到通知的 F 先生也很意外，虽然自己曾经对老板说过要离职，但是他想不明白：现在距离春节放假也没有几天了，为什么老板不等放假的时候再批准自己离开呢？这样的话不是对公司和员工的影响更小吗？对于这些问题的答案，恐怕只有 X 先生心里最清楚。他很赞赏 F 先生的才能，也很希望后者能留下来改变 LD 公司的面貌；但他也很清楚 F 先生有家庭上的顾虑，而且与 W 小姐也合不来。如果非要二选其一，X 先生更愿意留下交情更深的 W 小姐，而非相识不久的 F 先生，因此他要向 W 小姐表个态，以稳住她。而选择让 F 先生此时离开，则是为了在春节前将一切改变落实，让大家都过个安心年。

完成了大盘点后，F 先生就硬着头皮收拾了细软，办妥了离职手续，连夜返回了佛山。其他人也继续若无其事地上班下班，似乎从来没有出现过 F 先生这个人，也没有发生过验厂失败这件事一样。各个车间仍旧加班加点赶工，希望能在过年前完成订单任务。而财务部也来了一位新经理——J 先生。他是被老板从佛山其他公司临时抽派过来的,已经为 X 先生服务了十多年了。

不怎么了解财务的 J 先生刚一上任就将 F 先生辛苦制定的现金管理制度、报销制度等规定搁置一旁,并对会计 Y 小姐宣称,要另外招聘一名会计主管。Y 小姐一听此言,想到自己当时是以会计主管的名义招聘进来的,并且在公司工作的这段时间里几乎天天加班到十二点,这般辛勤付出却得不到肯定,顿时非常气愤。思前想后,她决定与老板 X 先生详谈。未料到,X 先生竟认为应该要支持 J 先生的工作,并按此回复了 Y 小姐。老板的举动令 Y 小姐霎时觉得十分心冷,她觉得,老板不仅不信任自己,同时也否定了同样兢兢业业的战友 F 先生。Y 小姐认为,在这样的上级领导下,即使更拼命工作也无法得到认同,如果像其他人那样得过且过的话,自己心有不甘。所以她决定趁年末去人才市场转转,一旦外面有好的机会,自己就辞职。

厂房内机器的声音依然震耳欲聋,而办公室内似乎亦渐归于平静。LD 公司能否在虎年虎虎生威呢?

教学笔记

1　教学目的与用途

本案例的教学目的是明确信任激励和信任管理在离职管理中的应用。从 LD 公司中层管理人员有心周全、无力周旋的心态出发，并从被信任者的角度分析团队信任管理，帮助学生总结出下级被信任感受到公平感知、授权感知、上级支持、信息分享和上级肯定等不同影响因素及其信任管理措施；并归纳在不同的下向信任类型下，上级应分别采取不同的信任激励措施，从而达到激励员工的最佳效果。

2　适用范围

本案例适用于《组织行为学》课程，也适用于《领导学》课程。主要用于离职管理、信任激励、信任与忠诚管理、中层团队管理等主题。

3　启发思考题

（1）你如何看待 LD 公司的管理团队相继离职问题？
（2）分析该案例中的当事人，他们是否得到上级的信任，为什么？
（3）如果你是 X 先生，你将如何激励你的管理团队形成对公司的忠诚？
（4）如果你是该管理团队中的某个当事人，你如何激励你的下属？

4　分析思路

本案例截取了 LD 公司在转型期的一个片段，具体表现为几位中层管理者的离职事件，体现出该公司的中层管理者有心周全却无力周旋的困境，最终导致无奈离职的结果。不难发现，LD 公司面临的问题归根结底都是用人的问题，"用人不疑，疑人不用"，可见用人又与信任息息相关。只有上下级之间建立牢固的信任关系，才能让员工对上级忠诚的同时也对公司忠诚，从而达到信任留人的目的。究竟 LD 公司内部上下级之间的信任状况出现了什么问题呢？下面对案例中 X 先生与 W 小姐、X 先生与 F 先生、W 小姐与 F 先生以及 F 先生与 Y 小姐四对上下级之间的信任关系进行分析，并试图找出信任激励的影响因素和激励措施。

4.1 董事长 X 先生—总经理 W 小姐：盲目信任

由案例可知，无论发生什么事，X 先生都力挺 W 小姐，在 F 先生与 W 小姐在换人而产生矛盾一事上，X 先生依然不分青红皂白地站在 W 小姐一边。及至后来，在受到客户弗兰卡的批评后，X 先生送走了 F 先生，但仍然没有换掉 W 小姐的意思。而造成这一切的深层原因是前者对后者的信任。十多年间，由最初的小文员到销售精英到总经理，X 先生见证了 W 小姐在职场中的成长历程。这些交往经验使 X 先生对 W 小姐建立了深厚的信任。因此，当 W 小姐能力不济的事实摆在眼前的时候，他很自然地首先考虑到自己与 W 小姐的交情，而非公司的利益。他知道，如果自己贸然换掉 W 小姐，公司的经营情况可能会有所变化，但失去的是十几年的交情，这是他不愿意看到的；如果不换掉 W 小姐，公司的状况也未见得会变差，但与 W 小姐的交情却能维持下来。所以，X 先生最后选择了折中的办法——招来了"过江龙"F 先生。后来在 W 小姐与 F 先生发生矛盾一事上，X 先生也是因为更偏袒 W 小姐，觉得不应该在新来的人面前破坏 W 小姐的威信，而拒绝了 F 先生的要求。

同样，W 小姐也很珍惜与 X 先生的交情。她没有忘记，这些年来，全靠 X 先生的栽培，自己才能从一名不谙世事的学生成长为一位商界女强人。因此，在升任总经理后，她心里就不断暗示自己要抓住机会加倍努力。这一方面是为了报答 X 先生对自己的赏析，另一方面是为了自己的职业生涯能更上一层楼。所以，无论工作上遇到什么困难，她都咬紧牙关挺了过来。

一直以来，W 小姐对 LD 公司尽心尽力，在遭遇挫折后，仍屡败屡战，正是为了回应 X 先生对她的信任。换言之，W 小姐感知到自己被上级所信任，并且这种信任激励了她做出积极的行为。

那么是哪些因素使 W 小姐感知到被 X 先生信任呢？首先，是 X 先生多年来对 W 小姐的帮助和提携。X 先生不但发掘了 W 小姐销售方面的才能，而且还送她到美国深造，后来还任命她为总经理。W 小姐认为，若不是 X 先生信任自己，怎么会这么多年来一直培养自己呢？其次，是 X 先生对 W 小姐的大力授权。自从任命 W 小姐为总经理后，X 先生便很少插手公司的管理，出现问题一般都以 W 小姐说了算。这更让 W 小姐感到，X 先生是充分信任自己的。最后，是 X 先生在关键事件面前对 W 小姐的支持。例如，在换人一事上，外人都觉得 F 先生有理，但 X 先生偏偏站在了 W 小姐那边。常言道"患难见真情"，W 小姐经过此事，更认定 X 先生对自己深信不疑。

由此可见，上级对下级的帮助和提携、授权以及关键事件支持，是下级被信任的影响因素。

4.2 董事长 X 先生—财务经理 F 先生：理性信任

案例显示，X 先生对 F 先生的态度飘忽不定，这主要是因为前者对后者的信任水平不高。我们先分析 X 先生对 F 先生的初步信任。通过一位会计师事务所朋友的强烈推介，X 先生认识了 F 先生。此时 LD 公司的财务部处于十万火急之中，看着备受赞誉的 F 先生，X 先生犹如抓住了一根救命稻草。因此，X 先生没有过多考虑，就聘请了 F 先生。这是一种以第三方为中介而建立的信任，信任的基础较为薄弱。不久后，X 先生因欣赏 F 先生的理念，一时头脑发热，提升了其职务，让他几乎与 W 小姐平起平坐。但他很快又后悔了，觉得不应那么快就如此信任 F 先生，因此并没有给予后者相应的权力。这一点在换人一事上表现得淋漓尽致。及至后来，X 先生在敏感时期突然让 F 先生离职，还在后者离职后对其所聘请的会计也持不信任态度，更充分说明前者对后者的信任来得快、去得快。虽然 X 先生表面上看似求贤若渴，但实际上他信任的是交情，而不是能力。

F 先生面对 X 先生的反复无常是如何反应的呢？刚一相识，F 先生就被 X 先生委以重任，前者自然觉得后者对自己非常信任。"千里马常有，而伯乐不常有"，F 先生认为自己应当竭尽全力，做出点成绩来，才能配得上朋友的推荐和老板的厚望。因此，他初来报道便百分之百地忘情工作。但是由于换人事件未遂，F 先生感到，X 先生其实并没有那么支持自己的工作。此时，他心中不禁暗暗掂量，如果他继续留在公司，自己将要面对的不仅是公司里积存已久的陋习，还有与 W 小姐之间永远都不可能取得胜利的政治斗争；但如果他另谋高就，以自己的资历学识，不愁找不到好工作，而且还可照顾家中幼女。想到此，他便产生去意。

F 先生从刚入职时的踌躇满志到离职时的失望落魄，正是经历了感知到被 X 先生信任到不被他信任的过程。那么是哪些因素让 F 先生感知到被信任，又是哪些因素让他感知到不被信任呢？

从上面的分析可以得出，F 先生感知到被 X 先生信任是源于后者对自己才能的赏识。只经过几次交谈，X 先生就将自己空降到高层管理的位置上，让他感觉自己很受重用，这种被信任感激发了他工作的热情。但以下三点原因却让 F 先生感知到被信任的水平骤然下降。第一，F 先生没有得到与职责相匹配的资源。F 先生认为，X 先生让自己负责全面管理，但又没有给予相应的支持，令自己的职务有名无实，并不是信任自己之举。第二，F 先生没有得到公平对待。在换人一事上，X 先生明显帮亲不帮理，使 F 先生大失所望，更断定自己没有被得到信任。而 F 先生也因感知到被信任的水平较低而失去了为 LD 公司奋斗的欲望，离职便是对 X 先生不信任自己的控诉。第三，X 先生对 F 先生的态度忽冷忽热。刚开始，X 先生将 F 先生捧到很高的位置，但后来却不理不睬，使得 F 先生心里产生落差，并怀疑 X 先生是不信任自己的。

可见，得到上级的赏识有利于提高下级被信任感知水平，而与职责相匹配的资源和公平对待的缺失，以及上级对下级态度的前后不一致，则不利于信任激励行为的产生。

4.3　总经理 W 小姐—财务经理 F 先生：谋算信任

W 小姐一直对突然空降 LD 公司的 F 先生话不投机半句多。再加上，拥有丰富管理经验的 F 先生总是指出 W 小姐的做法这有不妥那有不当的，一向自我感觉良好的 W 小姐哪会受得了，所以就对 F 先生越看越不顺眼。在换人一事上，虽然 W 小姐知道自己护着 L 小姐是理亏的；但她更清楚，如果不能护着自己的下属，一旦让 F 先生得逞，自己在下属面前会威风扫地。因此，在这件事上她的立场非常坚定，而且事后还不忘去 X 先生处告状一番，从而使 F 先生陷入困境。

与 W 小姐恰恰相反，刚开始，F 先生并没有对 W 小姐怀有戒心。他只是单纯地想协助 W 小姐，共同搞好 LD 公司。而且，他认为上下级间应该真诚相对，互相帮助。因此，在讨论工作时，他只是直率地说出自己的想法，并没有刻意刁难 W 小姐之意。但随着了解的加深，F 先生慢慢感觉到 W 小姐对自己的敌意，而这种感觉更在换人一事上得到证实和爆发。通过这件事，F 先生觉得，W 小姐根本不信任自己，根本不想和自己共事，长此下去，只会令大家痛苦，倒不如自己洒脱一点，离开这个是非之地。

从一开始，W 小姐就没有对 F 先生建立起足够的信任，她之所以愿意与后者共事，完全是出于对对方角色的考虑。而 F 先生后来也慢慢从 W 小姐的以下领导行为觉察到这一点。第一，W 小姐没有虚心听取 F 先生的正确意见。F 先生认为，自己将意见和建议反映给 W 小姐，是为了公司的利益着想，但她却不听劝告、一意孤行，分明是对自己的不信任。第二，W 小姐没有给予 F 先生应有的尊重。从交往过程中，F 先生发现，W 小姐经常敷衍自己，并没有真诚相待，是对自己极大的不尊重。尊重与理解他人是信任一个人的表现。W 小姐的行为说明，她根本不相信自己。第三，W 小姐对人不对事。F 先生认为，W 小姐在处理事情的时候总是针对自己。例如换人一事，明明大家都知道这是对公司有利的事，但偏偏 W 小姐死咬着自己不放，这不正摆明了对自己说"我不信任你"吗？"道不同不相为谋"，既然 W 小姐不信任自己，自己也只好知趣地离职而去了。

由此可见，上级虚心听取下级的意见、给予下级应有的尊重和对事不对人的处事方式有利于让下级感受到被信任，进而有利于促进下级的正面行为。

4.4　财务经理 F 先生—会计 Y 小姐：全面信任

F 先生亲自招聘了 Y 小姐到 LD 公司担任会计，F 先生招聘 Y 小姐时就对她建立了良好的初步印象，觉得她会是个得力的助手。Y 小姐进入公司后，由于与 F 先生专业背景的相同，沟通几乎没有障碍，工作起来默契十足；加上两人都有很强的责任心，又是差不多在同一时间进入公司，自然会有更多共同话题。F 先生认为，Y 小姐是公司里最了解自己的人了，跟她相处最舒服、最融洽，既不用担心说错话，又不用刻意说假话。因此，他很信任Y小姐，也很乐意将自己的心里话与她分享。F先生与Y小姐之间建立了很高的信任水平，上下级之间的关系非常和谐，使得财务部的工作效率有所提高，公司也因而获益。

作为被F先生亲自招进公司的员工，Y小姐自然对他非常感激。他们在工作过程中建立了良好的信任关系，而且在整顿财务部的过程中，两人同甘共苦，更加深了彼此的情谊。及至F先生离职后，Y小姐仍为前者被老板误解而打抱不平。而且F先生的离开对Y小姐也是个沉重的打击，因为她知道没有了F先生，自己在公司中的路将会更加难走。更让Y小姐觉得心寒的是，老板连F先生所做的一切都否定了。既然那么呕心沥血为公司利益着想的人都得不到老板的信任，更何况是自己呢？她觉得留在这样一个是非不分的公司没有前途，于是也选择了跟随离职。

经过归纳，主要有以下几点因素影响了Y小姐感知到被信任水平。第一，Y小姐受到F先生的认同。被F先生从众多应聘者中挑中，让Y小姐觉得自己的能力和素质受到前者的认可和信任。第二，F先生喜欢与Y小姐谈心，Y小姐认为，F先生作为上级，愿意向自己倾诉心里话，是非常信任自己的表现。第三，F先生愿意陪自己一起奋斗。虽然F先生有责任做好财务部的工作，但他身为领导，仍事必躬亲，不但为Y小姐的工作提供最大的帮助和支持，甚至陪同她完成任务。这让Y小姐觉得自己与F先生之间的上下级距离缩小了，F先生与自己打成一片，是因为他信任自己。

可见，上级对下级的认可、上级愿意让下级了解自己和公司、上级愿意与下级分担责任，都有助于下级被信任感知水平的提高，从而对下级产生激励。

4.5 理论归纳与经验总结：信任激励及其管理应用

信任有两个维度：认知维度和情感维度，两个维度不同值的组合，可产生出不同的信任类型。例如，高情感型信任与低认知型信任相结合的结果是"盲目信任"；高认知型信任和低情感型信任相结合的结果是在信任过程中计算风险，从而导致理性信任。本文将上述组合进行扩展和修改，得出如表1的四种信任类型。

表1　　　　　　　　　　　　　认知型—情感型信任类型

	低情感型信任	高情感型信任
低认知型信任	谋算信任	盲目信任
高认知型信任	理性信任	全面信任

案例中的四对上下级信任关系各有特点。上级对下级不同的信任水平产生不同的管理行为，从而导致下级不同的被信任感知水平，最后导致不同的激励效果。本文将其总结为表2中的四种下向信任及其激励策略。

表2　　　　　　　　　　　　下向信任类型及其管理启示

上下级关系	下向信任类型	下级被信任感	下级的行为结果	信任激励策略
X先生—W小姐	盲目信任:无论外界如何施压仍然支持下级	高:虽然屡受挫折仍然愿意为上级服务	义气:投桃报李,赴汤蹈火、在所不辞	·帮助和提携 ·权力下放 ·关键事件支持
X先生—F先生	理性信任:信任下级的学识能力,但因交往尚浅而缺少情感信任,态度忽冷忽热	中:对上级的反复无常感到无所适从,时而感受到被信任,时而感受到不被信任	隔阂:缺乏情感而离职	·赏识 ·资源与职责匹配 ·态度前后一致 ·一视同仁
W小姐—F先生	谋算信任:对下级的能力和人品都有所怀疑,不愿信任下级	低:认为上级针对自己,完全感受不到被信任	敌对:出现冲突、交恶,对上级不满而离职	·虚心听取意见 ·尊重下级 ·对事不对人
F先生—Y小姐	全面信任:对下级的认知信任和情感信任都很高,非常欣赏下级	高:感觉上级非常关心自己、信任自己,与上级关系非常和谐	忠诚:愿随上级一起离职	·认可 ·让下级了解自己和公司 ·与下级分担责任

在管理实践中,管理者在运用以上信任激励策略时需要注意:在同一上级和下级之间,可能集中信任是同时存在,交叉在一起的只是有的情景下、有的事情上,某种更为显著、更强些而已。所以管理者需要区分不同的情境,综合运用以上信任激励策略。此外,上下级之间的信任过程也是动态发展的,就是说有的开始很信任,后来慢慢不太信任了;也有的开始不太信任,通过一些事情和难忘经历后,上下级之间增强了信任感。因此,信任激励策略也不能一成不变,需要根据上下级之间的关系变化而随时调整信任激励的策略。

第三部分

案例教学实践

双陈普洱：高端普洱茶品牌突围之路[①]

梁剑平　陈　冲　胡在勇

（中山大学管理学院，广州，510275）

摘　要：本案例介绍了双陈普洱在中国创建高端普洱茶品牌的发展历程，同时指出该公司在2018年陷入了既要拓展，又无合适路径的困境，亟须解决。在新零售和新消费的场景下，双陈普洱如何通过营销创新，得到市场的认同和消费者的共鸣？在打造高端品牌和进行市场扩张的同时，如何使用合适的营销和品牌战略？双陈普洱创始人陈永堂先生陷入深思，近三十年的行业经验使得他对普洱市场非常了解，但是如何很好地解决上述问题，这个市场上仍然没有太多直接可参考的成功路径。如何在品牌林立混杂的茶行业另辟蹊径、成功突围将是双陈品牌最关心的问题。

案例正文

1　引言

双陈普洱品牌创始人陈永堂先生出生在广东东莞，温和的性格使陈永堂先生成为一个好茶之人，也是普洱茶品鉴与收藏的资深人士。因为好茶，陈永堂的足迹几乎遍布茶叶市场和各地产茶区的每个角落，为了弄明白茶叶的来龙去脉，他特地跑到云南茶山跟茶农学种茶、采茶、做茶。因为有这个爱好和经历，陈永堂对茶叶加工的每个环节都了如指掌。

说到缘何进入茶行业，还要从1992年说起，陈永堂的一位香港特区的长辈送给

[①] 本案例授权中山大学陈瑞球亚太案例开发与研究中心使用，陈瑞球亚太案例开发与研究中心享有复制权、修改权、发表权、发行权、信息网络传播权、改编权、汇编权和翻译权。由于企业保密的要求，在本案例中对有关名称、数据等做了必要的掩饰性处理。本案例仅供教学使用，并提供材料作课堂讨论，并无任何意图证明、揭示或暗指所涉及的管理情景和管理方式是否合理及有效。本案例中的观点仅代表作者的观点。本案例撰写得到国家自然科学基金项目（71102099，71672201，71832015），教育部重大专项课题（19JZDZ026）以及陈瑞球亚太案例开发与研究中心资助。2018年全国MBA案例大赛—中山大学突围赛案例。

他的一饼普洱茶，感觉味道很好。喝完后他按照包装到香港又买了一饼同一年份、同一配方、同一品牌的普洱茶，却发现味道大不如前。在多方请教行家之后方知，同一茶品保管方式不同，味道就会有天壤之别。正是这个"分别"大大激发了这位爱茶人的好奇心，收藏普洱茶的兴趣也油然而生。

双陈普洱经过了多年的发展，其通过传统渠道运营，平台化运营模式，依托双陈积累优质的新老茶品和仓储服务资源，从而形成现有的以会员消费为主体的门店销售模式，一定程度上形成了较好的客户黏性。2018 年，陈永堂对普洱市场的发展了解至深，并开始意识到公司的困境在于门店客户资源较少，熟人圈子影响较大，当熟人圈子拓展到一定"瓶颈"时，会员消费饱和，门店销售增长陷入困境，公司急需打开新的消费群体。可是如果公司为了拓展客户，运用低端快消的理念，客户进入"门槛"低，快速周转流通，虽在一定程度上能够拓展品牌消费群体，但这无疑又会对传统渠道形成较大的冲击，影响了传统的经营运转，从渠道定位上拉低了双陈品牌的整体调性和档次，对现有消费群体形成一定冲击，似乎双陈不再是一个高端的品牌了。在新零售和新消费的场景下，双陈普洱如何通过营销创新，得到市场的认同和消费者的共鸣？在打造高端品牌和进行市场扩张的同时，如何使用合适的营销和品牌战略？

2 普洱茶介绍

《中华人民共和国国家标准地理标志产品普洱茶 GB/T 22111–2008》以地理标志保护范围内的云南大叶种晒青茶为原料，并在地理标志保护范围内采用特定的加工工艺制成，具有独特品质特征的茶叶。按其加工工艺及品质特征，普洱茶分为普洱茶（生茶）和普洱茶（熟茶）两种类型。

2.1 发展现状

通过对消费者购买普洱茶的行为进行调研，调研结果显示，不同消费人群购买普洱茶考虑因素差异较大，从消费者购买考虑因素来看，保健功能和口感是购买普洱茶的出发点，价格和品牌是购买主要决策因素。

仓储质量也是重要考虑因素，但大部分消费者对仓储质量的理解仅停留在干仓湿仓，对仓储技术的认知不够清晰；专业消费者对比大众消费者考虑因素更为综合全面。

从消费人群年龄结构来看，主力消费人群是 30~50 岁区间的中年人群，30 岁以下年轻人群比例较少，但近年来各大品牌普遍在普洱茶年轻化、易品饮上发力，如合和昌的"青年计划"、雨林古树茶、下关"微观世界"、大益茶庭等。

从行业茶企营销方式来看，现在主要可划分为大众营销和圈子营销两种。大众营销面对的群体更广，而圈子营销更聚焦，面对的是特定的圈子消费群体。

2.2 发展前景

"一带一路"为茶叶贸易带来契机。框架思路发端于中国,东牵亚太经济圈,西系欧洲经济圈,将以亚洲国家为重点方向,以经济走廊为依托,以交通基础设施为突破,以建设融资平台为抓手合作重点。《推动共建丝绸之路经济带和21世纪海上丝绸之路的愿景与行动》指出沿线各国要加强政策沟通、设施联通、贸易畅通、资金融通、民心相通,茶叶是古丝绸之路的重要产品之一。云南政府牵头通过面向南亚、东南亚的辐射中心,助推"云品"出口,围绕"一带一路"倡议,随着"云品"出口的力度越来越大,云南积极深化业务改革,提升通关便利化水平。

从行业政策层面上,农业部重视茶产业发展,新《意见》利好行业发展。2016年11月,农业部制定下发《抓住机遇做强茶产业的意见》,提出要以发展新理念为统领,统筹国际国内两个市场,加快建设一批标准化的茶叶生产基地,培育一批国际化的茶叶集团,创响一批有全球竞争力的茶叶品牌。

从区域经济层面分析,"粤港澳大湾区"为东莞带来新机遇,2017年3月5日,全国"两会"《政府工作报告》首提"粤港澳大湾区"。李克强总理提道:要推动内地与港澳深化合作,研究制定粤港澳大湾区城市群发展规划,发挥港澳独特优势,提升在国家经济发展和对外开放中的地位与功能。

同时,"藏茶之都"作为东莞城市名片时机成熟,但仍需引导和设计,据东莞市统计局数据,目前东莞市在册个体工商户有4 500多家从事与普洱茶相关的仓储及生意(实际没有登记的加起来可能有6 000多家)。2003年以来,东莞企业家和爱茶人士储藏普洱茶在30万吨以上。全市每年收藏普洱茶在3.5万吨左右,存茶价值在1 000亿元以上。据不完全统计,每年产自西双版纳的普洱茶有30%被东莞人收藏。东莞茶产业的发展还带动了仓储、物流、金融、茶文化等关联产业的发展。

当前,东莞存茶的规模已蔚为壮观,并蜚声海内外,将其上升为区域产业战略高度的时机已经成熟。要实现这一目标,将其做成真正有影响力的城市品牌,政府及相关部门主导的"顶层设计"必不可少。

从市场消费来看,国内茶消费量还有较大的可提升空间。中国茶叶产量为137万吨,占全球总产量406.7万吨的33.7%,位居世界第一(2011)。然而从茶消费量来看,世界上每年人均茶叶消费量最高的国家是土耳其,每年人均消费量是3 157克;排名第二、第三的分别是爱尔兰(2 191克)与英国(1 942克);而中国则以人均茶叶消费量566克(2011),全球排名第19位。中国年人均茶叶消费量近几年高速增长,一方面由于现代人更加关注健康,越来越多的人选择茶作为饮品;另一方面,据数据统计,个人收入每提高1%,茶叶消费量提高0.07%,生活水平的提高带动了茶消费提升(见附录一)。

近几年依托"普洱茶+金融+互联网"模式的企业迅速兴起,这类企业提供与茶产业有关的标准、交易、金融、文化等全产业链专业服务,并致力于打造成行业权威平台。但目前行业内的几大平台的主要目的还是聚焦于通过金融手段盈利上,而非为茶行业、为普洱茶用户服务的角度上。现阶段还缺少真正为普洱茶市场做"服务"的平台品牌(见附录二)。

目前仓储服务规模化、品牌化主要集中在广东东莞,而东莞以双陈普洱、昌兴存茶、天得茶业、三大品牌仓储服务商为主,以及散落于民间的众多茶庄仓、家庭仓,积累了各自成熟的存茶经验,对行业有着显著的示范与指导意义。但茶仓间缺乏有效交流沟通,存茶方式各异,亟待建立一套科学完整的东莞茶仓标准体系。

习近平总书记提道:"一片叶子,成就了一个产业,富裕了一方百姓。"

从竞争格局来看,各大知名品牌主要在大众市场竞争,定位中端或中高端,未有品牌明确占据高端市场,具有影响力的能够彰显身份、品味的高端品牌尚缺。

3 双陈探索:多年实践终有得

陈永堂通过对普洱茶历史的了解,以及同身边喝普洱茶朋友的客观交流,发现普洱茶对人的健康大有裨益,特别是经过时间陈化的"旧茶"保健价值更高。但那个时期的普洱旧茶,基本上都是随意保存的。当时有一个比较常见的现象是,在一件旧茶里每一筒茶总是中间那一两片最好喝。这个现象非常特别,究其原因发现,是储藏环境不好使普洱茶内质受到破坏影响了口感。爱茶的陈永堂为这么好的茶因没有保存好而浪费掉感到可惜。

为了找到储藏普洱茶的合适方法,陈永堂在1992~1994年期间,分别采用了三种不同的方式对普洱茶进行贮藏实验,它们分别是:空调房贮藏、随意贮藏、古粮仓式贮藏。经过两年的细心观察,对比品鉴、分析,最终得出以下结论。

"空调房"因为是利用空调调控室内的温、湿度,且无人管理,贮藏出来的普洱茶"香气较少,茶味很清淡,口感也薄了,没有旧茶应有的厚重感"。

"随意贮藏"的环境也是无人打理的,贮藏出来的普洱茶"杂味明显、茶汤滋味淡薄苦涩",此类茶严格的说已经属于受损普洱茶。

"古粮仓式贮藏",有专人管理,经常适时通风换气、清理室内卫生,保持环境清新,贮藏出来的普洱茶"香气纯正、无杂味、口感活泼,茶汤比较浓稠、厚重"。

通过大量实验结果证明,贮藏普洱茶最理想的环境是"古粮仓式贮藏"。陈永堂总结出"普洱茶不但要原料好,更要通过科学的贮藏、保本色、不受损才能成为优质成品普洱茶"。换言之,贮藏环境的优劣决定普洱茶的陈化质量和价值。

通过三年的普洱茶贮藏实验,加深了陈永堂对普洱茶的理解。当时,他就提出了

"成品普洱茶"的概念，并猜想未来的普洱茶市场应该是以"优质成品普洱茶"为饮用主流的，因为只有这样的茶品才能够真正代表普洱茶的真性，保健价值才更高。多年后的事实证明，陈永堂当年的猜想是对的。

3.1 成长：生态干仓养真味

凭着这份对普洱茶的热爱以及对未来市场的预见性，陈永堂根据自身经验在1995年建立了第一个专业普洱茶茶仓，面积为290㎡，提倡生态仓储普洱茶，并将"贮藏生态普洱茶"当成自己的职业使命，同年成立了"双陈普洱"工作小组。其中，云南工作小组专门负责在云南找好茶、好原料；另一支工作小组则专门负责贮藏管理普洱茶。

从1995年开始至今，双陈不断探索普洱茶贮藏技术，先后建设了6个生态茶仓。至2013年已升级至第三代茶仓，仓储总面积超过13万平方米，为市场贮藏出了既优质又保量的成品普洱茶。"双陈"两个字的含义正是普洱茶实现后期陈化价值的基础：陈化时间和陈化质量。

在喝普洱、研究普洱、藏普洱、推广普洱的20多年时间里，陈永堂得到过很多茶友的支持和鼓励，也遇到过很多人的不解和嘲笑。但这些都没有动摇他对普洱茶的认知和判断，经过了十多年的累积和沉淀，陈永堂在2006年正式面向行业市场打开了"双陈"普洱茶销售的大门。

3.2 双陈的战略定位、目标消费者

双陈品牌的战略方向：双陈致力成为中国干仓普洱第一品牌，通过"双陈味"在普洱茶行业实现高端普洱品饮的极致体验。为了使双陈成为代表东方茶叶的高声誉品牌，在行业中将通过持续对原料、工艺、仓储、体验等更专注和细致的研究，引领高端好普洱的标准。

营销战略：以区域双陈普洱体验中心经营为主导模式，以复合圈层营销为支撑，立足"高端品位生活体验"圈层，按照市场机制和现代营销理念整合社会资源，通过不断拓展高端普洱体验为串联的复合服务功能，主动满足用户高端品位生活体验需求的变化，成为区域最好的高端普洱品牌体验空间。

4 双陈的品牌文化

双陈品牌，创立于1995年，是东莞市春福润茶叶有限公司旗下自主创立的高端普洱茶品牌，目前已在全国建立近百家体验平台，致力于满足用户高端的生活品位和品质需求，打造为区域最好的高端普洱品牌体验空间。

4.1 品牌理念：陈化时间、陈化质量

陈永堂经过多年对普洱茶茶性和仓储的研究，总结出优质普洱茶应具有两种特性：陈化时间、陈化质量，即"双陈味"开创之本。双陈 20 余年如一日，不断革新技术，与时俱进又不忘初心，旨在打造"干仓普洱第一品牌"。

4.2 品牌广告语：双陈干仓，普洱真味

双陈仓储传承古粮仓存贮智慧，顺应普洱茶生命自然变化规律，设立五大仓储系统，建立干仓存贮参数，开创生态干仓储藏技术，专注干仓存储 20 余年，被誉为"普洱专业仓储开创者"。双陈干仓，以技术引领行业，以品质代言干仓。

4.3 双陈品牌使命：用"双陈味"与世界分享健康和喜悦

双陈味，源自双陈匠人对茶道文化和品质生活的探索感悟，融于真味普洱，以茶入味，味中双陈，赋之健康，予之喜悦，与饮者共享，世界共享。(1)"双陈味"是通过独特"陈化时间、陈化质量"的双陈原生态专业仓储技术所形成的成熟的优质成品普洱真味；(2) 双陈味是风雅品味，人生体味，真挚的人情味；是双陈独具匠心对普洱文化与高品质优雅生活的理解，借双陈用茶体验使之得以分享和传承。

4.4 双陈品牌愿景："双陈双百梦"即铸就百年品牌，百年老店

百年品牌，双陈百年，世界百年。双陈立志打造成为茶行业的百年品牌，将最优质的普洱茶真味与最具魅力的茶文化体验与世界分享，建立深远可持续的品牌影响力，是每一个"双陈人"长久以来为之奋斗的原点。百年老店，百载如一，不忘初心。双陈走过每一步，延至百年，是"双陈人"与合作伙伴书写在前行路上的长青之书。百年老店，是所有"双陈人"共同的百年老店，亦是双陈经营者和用户的共同无形财产。

4.5 核心价值观：敬畏天地，以用户为中心，以奋斗者为本，和谐共生

茶道大行，生于天地，始于人而终于人，万象人为本。以茶入道，天人合一，生生不息，和谐共生，是为自然。

5 双陈的目标客户

双陈的目标客户是双陈想要寻找的客户的典型代表，其目标客户是能够诠释双陈品牌的人，是组成双陈品牌的一部分，是某种层面上的"品牌代言人"。其典型特

征为：

（1）年龄段集中在 35~55 岁；（2）以企业老板、高管、政府单位人士为主；（3）有一定消费力，生活讲究一定品味；（4）喜欢双陈品牌文化，对品牌忠诚度高；（5）一般由"身边懂茶人"带入普洱圈，一类仍然处于初级了解阶段，正在热衷于普洱茶的学习中；一类已对普洱茶有自己独特的见解和认识，达到较高的普洱茶专业度；（6）讲究茶品质，对普洱茶的仓储质量有严苛的要求，对年份和树龄也十分讲究；（7）对饮茶配套十分讲究，如饮茶的环境、器具等要求较高；（8）对门店的品茶沙龙积极性较高，热衷于参加各类茶事活动；（9）到店饮茶频率较高，喜欢与茶友品茶谈人生，与茶友相处十分融洽。

通常有四种需求：（1）饮用保健型，此类会员集中在中期茶消费，以适口、方便饮用、保健效果突出的茶品为主，喜欢分享给家人和身边的朋友，带动身边的圈子共同饮茶。也会有适当的收藏，品藏结合的消费习惯。（2）礼品需求型，多数是企业老板或高管，日常消费主要是集中在礼品类的产品上，对包装的要求较高，礼品的使用量较大。自己饮茶以便捷易用的茶品为主，会收藏一些性价比较高的新茶，储备礼品使用。（3）玩家体验型，属于玩茶、懂茶的人群，具备较强的消费力，主要集中在稀缺老茶的消费上，对茶的品质、年份、口感体验要求较高。在茶友群的声望较高，喜爱跟懂茶的茶友共同分享经典老茶，对老茶不仅饮用消耗，也有一定收藏的需求。选择双陈品牌，主要是看中双陈的仓储品质和老茶的品种多，可选择性多。双陈的文化氛围和定位比较符合此类客群高端的要求。（4）收藏投资型，主要是集中在双陈早期开发的门店，属于老门店的老会员群体。当时收藏的茶品主要集中在新品和中期茶，消费的主要出发点是投资，小部分属于品饮喜好的购买。一是受到 2005~2007 年普洱茶投资热潮的影响，二是跟当时门店销售引导有关。此类会员由于早期大量的购买收藏，后期的消费几乎进入"瓶颈"阶段，消费持续力不足。

6 双陈普洱的母公司——春福润公司（见附录四）

6.1 春福润公司专业团队

（1）产品研发团队：双陈普洱产品研发团队基于对高品质普洱茶的追求，成立研发经验丰富的技术组，专注于高品质普洱茶技术研发，为双陈优质的新茶产出提供中坚力量。

（2）制茶技术团队：双陈普洱制茶技术团队配备完善，其中包括国家级制茶工程师 3 名（其中包括著名茶人陈永堂、原国营勐海茶厂技术处主任杜琼芝、著名传统制茶工艺传承人曾明森），国家级审评师 6 名，原国营茶厂制茶技术人员 6 名，质检、研发技术人员10名。以数十年制茶经验，沿袭经典配方、工艺，经过对四百多款老茶仓储转化的研究，对茶性有了更深的理解，更懂得如何制作一饼好喝好养的优质普洱茶。

（3）系统审评团队：双陈普洱系统审评团队成员大部分来自安徽农业大学茶学系，团队对茶学有着深入科学研究，掌握普洱茶专业审评技术，形成了整套系统化审评程序，相继研发出双陈审评法、双陈泡茶法等。

（4）生态仓储团队：双陈普洱生态仓储团队立足对干仓储藏技术的不断探索，诞生和培养了一批实力精湛的仓储技术人员，拥有丰富的仓储经验，精心养护每一款普洱茶，让其品质在时间的沉淀中得以升华。

（5）市场营销团队：双陈普洱通过十余年业务拓展经验，已形成架构完善的专业市场营销团队，在不断拓展高端市场的同时，为双陈加盟区域提供全方位的专业市场服务。

（6）信息技术团队：双陈建立起专业的信息技术团队，使双陈的经营、管理与服务能力都更加强大与科学。

7 双陈普洱的特点介绍

7.1 普洱行业最全最丰富的干仓老茶库

1992年，双陈品牌创始人陈永堂开始了优质普洱茶的生态干仓储藏之路，至今已积累了行业最丰富的干仓老茶资源——超过400款国营时期的优质干仓老茶。面积达13万平方米的双陈生态茶仓，贮藏着估值超过50亿元的优质成品茶，被业界誉为"普洱专业仓储开创者"。

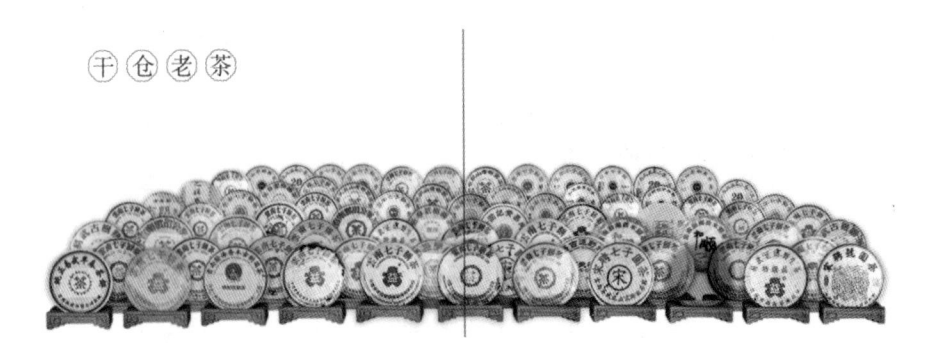

双陈优质丰富的干仓老茶代表

2006年，双陈开始在长期对丰富老茶资源选料、工艺与仓储的深刻研究的基础上自主研发与生产茶品。双陈更清晰地知道好茶如何而来，所以双陈只从传统产茶名区——勐海、易武选料，只做古树春茶产品，只用3年以上陈料压制新品。以包括3名国家级制茶工程师、6名原国营勐海茶厂制茶技术工人在内的制茶技术团队制作茶品，以有着20余年干仓储藏经验的双陈生态茶仓陈化养普。

7.2 全产业链布局

（1）源头：六大野放茶林，质优料足。双陈在云南拥有六大野放型生态茶林，分别是易武茶区的刮风寨、麻黑寨、三合社，勐海茶区的布朗深山、曼新龙、章家三队。这六大野放古树茶林，从源头保证充足的用料资源和优质的茶品产出。双陈只选择传统优质产区（易武、勐海）原料，所有双陈茶原料遵循——古树、春茶两大标准，这是双陈做好茶的基础。

（2）茶厂：双陈品牌自有茶厂配备完善。双陈自有茶厂——勐海春福润茶厂，坐落在普洱茶源头之乡——勐海县生态工业园区，坐拥布朗、南糯及巴达等多座优质茶山资源，位置优越，环境天然。总占地逾万平方米，集生产、毛料仓储、研发、质检、展览于一体。从原料的层层筛选到茶品的出厂检验，都严格把关。保证毛料优质，卫生生产。真正做到360度严格把控生产的每一个环节，保证茶品品质优秀，滋味醇净。

春福润茶厂配备数位国家级制茶工程师和数十位制茶技术人员，以数十年制茶经验，严选毛茶，悉心陈化，古法拼配，匠心压制，对制茶工艺严苛要求，对制茶环节精益求精，只为做出最好的"双陈味"。

茶厂共设两条生产线，一条生产线用于复刻历史经典茶品，传承经典，延续经典。另一条生产线用于研发生产现代普洱茶标准产品。配置齐全的软硬件设施，让双陈普洱在传承经典和创新升级上两不误，在新品制作工艺环节为双陈普洱的持续发展提供了强有力的技术保障。

（3）干仓储藏：双陈干仓 业界首创。双陈首创生态干仓储藏技术，掌握了"干仓"环境数据的变化规律，普洱茶藏茶量业内第一，被业界誉为"普洱专业仓储开创者"。20世纪90年代初著名茶人陈永堂就对多种仓储方式进行实践探索，经双陈四代生态仓储发展，时至今日仓储总面积已逾130 000平方米。

7.3 10大生态干仓储藏系统

其中毛料仓储5大系统为：采集仓、稳定仓、规划仓、定性仓、陈料仓。贮藏的春茶古树陈料涵盖了12个年份、8种等级、30多个品种，总量超过5 000吨。

成品仓储5大系统为：净化仓、稳定仓、调节仓、陈化仓、醒茶仓。贮藏着20

世纪 50 年代、60 年代、70 年代、80 年代、90 年代、21 世纪 00 年代至今不断代干仓老茶 400 余款。

老茶，尤其是保管得当、贮藏干净的干仓老茶，已经成为业界的稀缺资源。双陈普洱贮藏了 400 余款干仓老茶资源，经营者不需要从市场上辛苦寻找品质、品种和数量都无法保证的老茶，让经营者省心、放心。丰富的老茶资源更让经营者与同区域同行相比自带优势。

7.4 15 项全生态干仓储藏参数

双陈经多年潜心研究，建立四季与温湿度参数、仓内外温湿度茶的参数、仓储系统温湿度与石灰木炭量的参数、通风时长与仓储面值的参数、通风频率与季节参数、通风频率与内外温湿度差的参数、茶品含水量与季节参数、茶品香气与通风的参数、茶仓建筑与方向的选择参数、仓库面积与调控次数的参数等 15 项全生态干仓仓储参数。

7.5 普洱行业全国规模性高端深度专业的普洱门店系统

目前，双陈已在全国建立了近百家高端体验平台。致力于满足用户日益增长的高品位生活需求，打造区域最好的高端普洱品牌体验空间。

7.6 存茶服务：为顾客提供存茶服务，用户至上

双陈干仓为用户提供存茶养茶服务，让用户安全存茶、安心养茶。双陈本着以用户为中心的宗旨来服务用户、便利用户。

有很多普洱茶用户都或多或少面临一些烦恼。遇到一款心仪的茶品，想多买一些存起来慢慢品饮或者投资升值，但是家庭的存茶环境往往不能长久地保证普洱茶的品质。但如果不买多一点，又会面临多年后再想喝的时候，这款茶已经因为优秀的选料和干仓的品质大大升值，这个时候再入手无疑是要付出更多的代价。

而双陈因为全产业链包含着生态仓储的缘故，恰恰可以解决顾客的这一需求上的痛点，让顾客养茶无忧，收藏无忧（见附录五）。

8 双陈渠道业模式

8.1 传统渠道

双陈过往传统渠道以近乎苛刻的要求在全国重点城市设立经营商平台，对加盟双陈普洱的经营商进行严格筛选，确保每一位加入双陈普洱的经营商都能够为双陈普洱

会员提供优质的服务。其中，80%的平台属于高端体验式会所或高品位茶馆、茶庄型门店。位置多处于高档社区、写字楼、五星级酒店等中高消费商圈，70%的门店面积在 100～200 平方米（见附录六）。

传统渠道拥有专业的营销服务团队，将全国市场划分为华南、华东、华北、华中、东北、西南六大市场区域，进行区域差异化市场开拓、客户服务和运营管理。

公司所有的授权传统渠道经营商平台遵循全国统一零售价的管理规定，价格体系稳定有序，而且，财务结算上实行"款到发货"制度，资金运作良性健康。

8.2 新渠道

从 2018 年初，双陈探索新渠道模式，旨于在传统的茶行业中创新出新的商业模式，是双陈品牌构建的全国性高端普洱茶零售渠道，采用"轻资产，快周转"的运作方式，和"小风险采购，不限额进货，低压力库存"的进货方式，合情合理分配各个环节的销售利润，确保品牌健康、稳定、长久发展和保证双陈新渠道经营者在每个环节的利益，为新渠道经营商实现轻资产的高效运营和把握解决小需求开拓大市场的发展机遇。

双陈新渠道依托双陈全产业链的优势，开发出涵盖"方格""龙珠""散茶""饼茶""砖茶"等多种形态的双陈畅品，可适用于品牌专营店，异业加盟店。

其中异业加盟意为加盟者在经营其他产业的同时，只需在自己原有门店内建设一个不小于 10 平方米的双陈普洱品牌形象专区用以双陈畅品经营，即可提升店面形象调性，使原有门店氛围更加典雅，以促进原有门店销售，又可以借助原有门店客群展示销售双陈畅品，以扩大经营业务和增加销售收入。

而对于用户群体来说，双陈畅品能同时满足家庭与公务场合自饮、商务待客、专业品鉴和高端送礼等多种场景应用，满足多元化消费者追求品质生活的不同偏好，有着广阔的市场空间。

公司的双渠道运用，既保留已树立良好口碑的传统市场，又创新性地开发更加灵活、更快周转、更小投入的新渠道市场。优质的茶品和双陈多年成熟的渠道开发经验使加盟者的投入模式更加稳健，收益也更加有保障。

8.3 双陈传统渠道与新渠道运行遇到的困境

传统渠道运营模式与新渠道运营模式的尝试与磨合，双陈的市场运营实施路径到底要沿着怎样的路径规划执行，这是当前双陈在渠道运营上急需解决和梳理的问题。传统渠道运营扎根传统运营群体，平台化运营模式，依托双陈积累优质的新老茶品和仓储服务资源，从而形成现有的以会员消费为主体的门店销售模式，一定程度上形成了较好的客户黏性，同时困境在于门店客户资源较少，熟人圈子影响较大，当熟人圈子拓展到一定"瓶颈"时,会员消费饱和,门店销售增长陷入困境,急需打开新的消费群体。新渠道依托新形势下简洁快消的理念,客户进入"门槛"低,快速周转流通,一定程度上能够拓展品牌消费群体,但潜在存在对传统渠道加盟模式和习惯形成较大的冲击,有可能影响传统渠道的经营运转,也存在从渠道定位上拉低了双陈品牌的整体调性和档次的风险,进而对现有消费群体形成一定困惑,似乎双陈不再是一个高品位和极致体验的品牌。

8.4 双陈普洱的产品体系布局——产品体系(见附录七)

稀缺收藏老茶系列:80年代经典、90年代经典、00年代经典;

双陈优质中期茶系列:2006年易武典藏、2007年和顺和润、2008年桃花、2009年名山、2010年五大印级;

双陈精制新茶系列:高端云深处、精品名山、经典配方;

双陈易用系列:龙珠、方格、散茶、金条;

双陈定制茶系列:企业定制茶、子女出生定制茶、婚庆定制茶、平台定制茶;

双陈新渠道系列:双陈畅品。

双陈现行的24小时货品配送标准,客户服务7×24小时响应效率,全国店面详情联网查询实时反馈机制,双陈所有贮藏茶品与生产茶品详细信息互联网查询机制,严格的全网控价机制,清晰的全国市场秩序等有比较优势的商业模式构成元素都在为双陈的百年品牌梦想保驾,也在为双陈经营者的百年老店愿景护航。

9 中国新零售、新场景、新体验的背景

随着移动互联网的下半场的盛宴启幕,中国的零售整体格局正在迈向新零售的时代,在这个开启不久的崭新时代中充满了各种新的机遇与更大挑战。影响涉及了几乎全行业,为中国消费品和零售行业的变革埋下了必然的伏笔,并渗透到数字化、战略、组织、运营等各个方面,不少先行的企业积累了大量丰富的行业经验。在新零售时代的背景下,作为普洱茶行业23年的品牌,双陈拥有全国主要城市高端专业体验的普洱茶消费场景及多样化的产品服务,服务于消费者普洱茶需求的各个维度,也在积极地探索新环境下的营销创新。

10 决策

2018年6月7日,面对市场发展的机遇和挑战,双陈普洱品牌创始人陈永堂先生在公司总部召集了市场部的相关负责人。大家吃着刚刚从公司总部的荔枝树上新鲜摘

下来的荔枝，喝着公司的经典款普洱茶，针对公司既要拓展，又无合适路径的困境，一起来"头脑风暴"。虽然公司内部的人员都很熟悉自身的产品和市场，但是在新零售和新消费的场景下，双陈普洱如何能通过营销创新，得到市场的认同和消费者的共鸣，在打造高端品牌和进行市场扩张的同时，如何使用合适的营销和品牌战略等一系列的问题上，似乎显得众说纷纭。

陈永堂先生看着窗外的沥沥细雨，又回想起了自己年轻时如何帮助中国香港和台湾地区的商人发现商机并获取竞争优势的经历，当年敏锐的观察力和深入的思考帮助他看到了其他人都忽略的机会。现在的普洱茶市场上仍然没能打造一个被普遍认同的高端品牌，双陈普洱能否沿着其战略定位，成为中国干仓普洱的代言品牌？在新零售和新消费的场景下，双陈普洱如何通过营销创新，得到市场的认同和消费者的共鸣？在打造高端品牌和进行市场扩张的同时，如何使用合适的营销和品牌战略？这些问题的解答必将奠定公司未来的发展方向，也会为公司的员工注入新的动力。

附 件

附件一：普洱茶历史发展阶段

第一阶段（唐宋时期）：中原已经进入团饼茶阶段，云南普洱茶则处于散收、无采造法的自由发展期。

第二阶段（元明清时期）：随着普洱茶因入贡受到清朝廷宠爱而进入发展的鼎盛时期，这一时期为真正的地理意义上的普洱茶阶段。

第三阶段（清末以来）：即现代普洱茶阶段。现代普洱茶加工技术萌芽，出现了多茶类生产的社会格局。

普洱茶从20世纪50年代复兴开始，大致经历了五个阶段：

第一阶段，20世纪50~80年代，普洱茶的复兴之初，国营茶厂时期。

普洱茶在改革开放之前，都是由国家统一经营，对外出口换外汇的产品，属于国有企业。普洱茶的四大茶厂，也都是起身于原云南省茶叶公司，由国营茶厂改制而来的。1973年，昆明茶厂成功研制人工渥堆发酵工艺，实现了普洱茶产业的革命性创新。

第二阶段，20世纪80~90年代末，普洱茶的积淀，民营茶厂发展时期。

改革开放时，国营茶厂转制，同时私人开办茶厂不受限制，与国企转制后的四大茶厂竞争，大量民营茶厂应运而生，但也有足够的空间生存。

第三阶段，20世纪90年代末~2003年左右，普洱茶升温，价值塑造时期。

中国台湾地区的部分茶商把藏茶理念带入内地，内地初步具有了陈放普洱茶升值的概念，"存钱不如存普洱"。同时更放大了普洱茶的保健功效，加强了消费者对普洱茶的认知。

第四阶段，2004~2015年左右，普洱茶爆发，产品炒作时期。

由于大量资金流向投资市场，普洱茶作为茶中独有陈化价值的产品，成为热门投资对象受到追捧。在经历了2007年的暴涨暴跌之后，普洱茶蜚声全国，从2008~2016年上半年，在以大益为先头的带领下普洱茶行业迅速累积，涌现出一大批优质的普洱茶企业，同时在全国各地积累了大量渠道资源和消费者基础。

第五阶段，2015年后，普洱调整，回归理性消费时期。

在普洱茶市场被炒热的同时，也造成了虚高的价格泡沫，市场逐渐回归理性，炒作人群、范围以及"门槛"越来越高。市场竞争更多地回归到产品品质和销售渠道的竞争上。普洱茶行业再次进入调整期，消费市场逐渐崛起，熟茶、柑普茶、中期茶市场热度明显上升。

从普洱茶发展历程来看，普洱茶市场在 2007 年 6 月份整体崩盘之后，从 2007 年的下半年到整个 2008 年都是"寒冬"。虽然整个行业的回暖是在 2011 年，但先行先试者早在 2009 年就摸索出行业未来之趋势，并及时调整企业战略布局，从而推动了古树茶热、品牌茶热的第二次浪潮。以此观之，2018 年是普洱茶产业第三次浪潮的发力之年，其真正形成气候还得到 2020 年左右。

附件二：双陈出品 12 项产品质量检测标准

双陈普洱成立系统审评团队，掌握普洱茶专业审评技术，形成了整套系统化审评程序，对出仓的每一款茶都进行严格的系统审评和严格的质量检测。

如：

饼茶的干茶香气（是否纯正）、干茶条索（是否匀整）、干茶色泽（油润度如何）、干茶完整度（是否完整）；

散茶：杂质（是否有杂质）、干茶香气（是否纯正）、干茶条索（是否匀整）、干茶色泽（油润度如何）。

附件三：行业资源

公司行业资源

广东省茶叶收藏与鉴赏协会副会长单位

广东省茶文化促进会副会长单位

东莞市茶文化促进会副会长单位

北京中侨联文化交流中心理事单位

附件四：品牌加盟流程

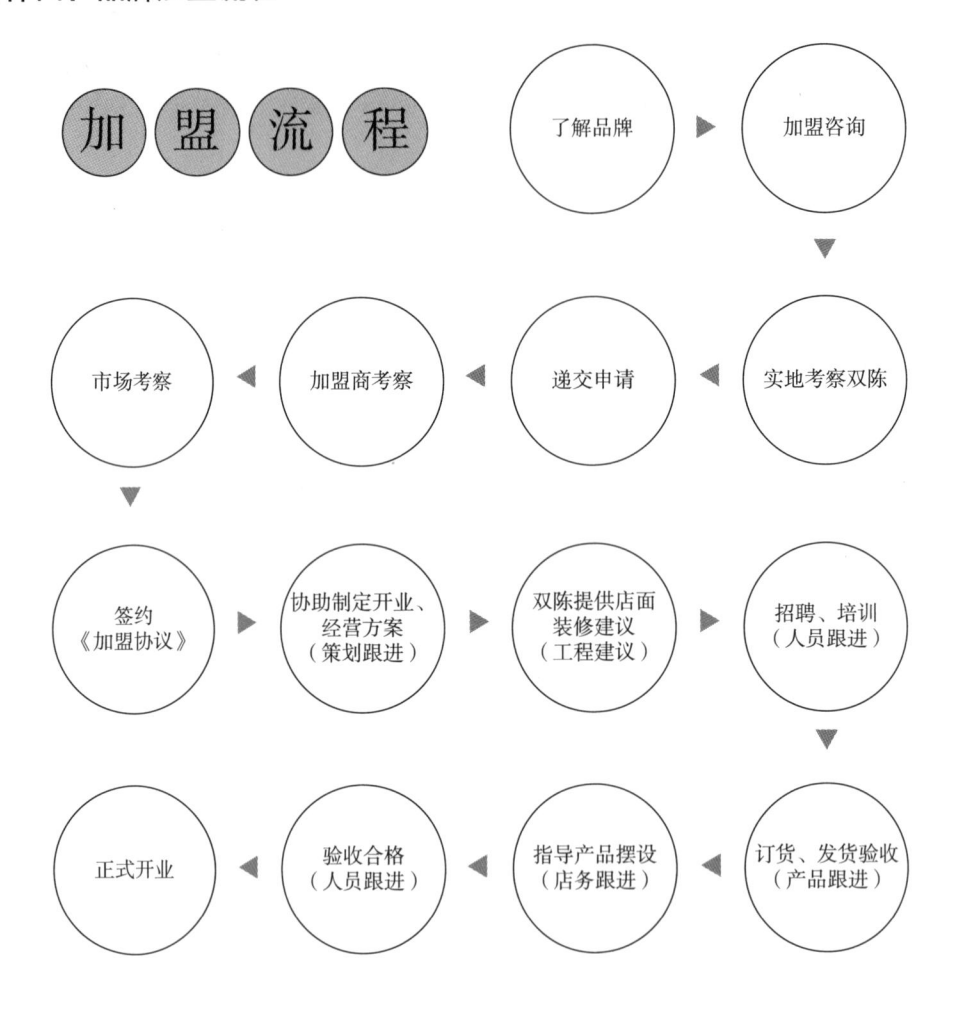

加盟流程

了解品牌 → 加盟咨询 → 实地考察双陈 → 递交申请 → 加盟商考察 → 市场考察 → 签约《加盟协议》 → 协助制定开业、经营方案（策划跟进）→ 双陈提供店面装修建议（工程建议）→ 招聘、培训（人员跟进）→ 订货、发货验收（产品跟进）→ 指导产品摆设（店务跟进）→ 验收合格（人员跟进）→ 正式开业

附件五：普洱茶干仓、湿仓的特点区分

普洱茶在不同的仓储环境下品质不同

	干仓	湿仓
干茶	油润有光泽,香气常有青叶香或干木香	茶面有白霜、霉点,表面干枯无光泽,有明显霉味
香气	茶汤香气纯正怡人	有明显杂味,如霉味、水闷味等
茶汤	汤色清澈明亮,泛油光	汤色偏深,浑浊不通透
滋味	茶汤饱满、活泼,生津回甘快且持久,饮后喉咙润泽、甘甜	口感钝、不活泼,茶质淡薄、清寡,且饮后喉咙有明显干燥感

附　录

附录一：

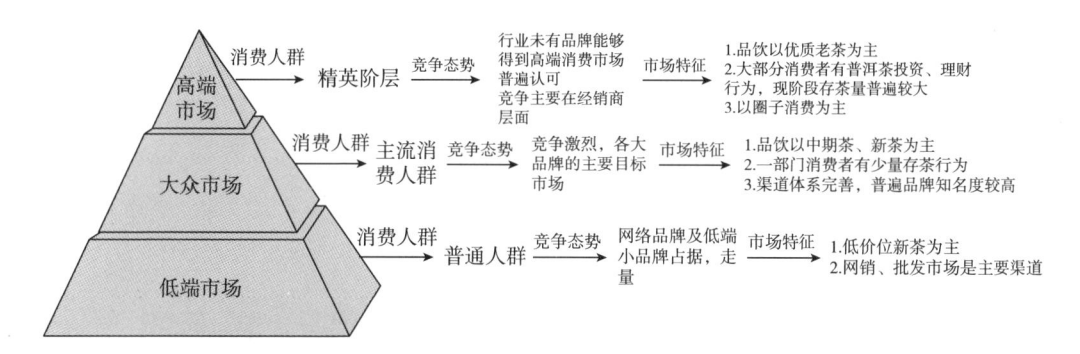

普洱茶市场竞争格局

市场层级	消费人群	竞争态势	市场特征
高端市场	精英阶层	行业未有品牌能够得到高端消费市场普遍认可；竞争主要在经销商层面	1.品饮以优质老茶为主 2.大部分消费者有普洱茶投资、理财行为，现阶段存茶量普遍较大 3.以圈子消费为主
大众市场	主流消费人群	竞争激烈，各大品牌的主要目标市场	1.品饮以中期茶、新茶为主 2.一部门消费者有少量存茶行为 3.渠道体系完善，普遍品牌知名度较高
低端市场	普通人群	网络品牌及低端小品牌占据，走量	1.低价位新茶为主 2.网销、批发市场是主要渠道

资料来源：双陈普洱内部访谈。

附录二：

普洱茶主要互联网交易平台

- 蒙顶山茶叶交易所　2011年成立　中央二套财经频道战略合作　国资控股、证监会牵头
- 陆羽国际茶业交易中心　2015年成立　省级牌照茶叶交易中心　茶标准评级中心
- 大圆普洱 TeaEx.com　2015年成立　二维码溯源机制　大圆"普洱指数"

附录三：

普洱茶主要专业仓储品牌

- 昌兴存茶　打造茶行业服务第一品牌　"普洱茶的五星级酒店"
- 天得茶业　现代化质量检测研究中心　综合茶服务
- 双陈普洱　干仓库普洱茶第一品牌　生态仓储

附录四：

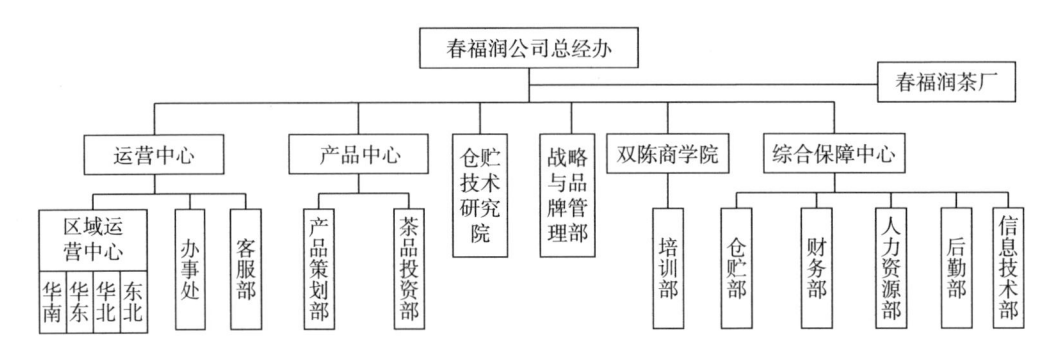

春福润公司组织架构

附录五：

双陈普洱的生态干仓

附录六：

| 上海平台 | 北京平台 | 锦州平台 |

双陈普洱的代表门店

附录七：

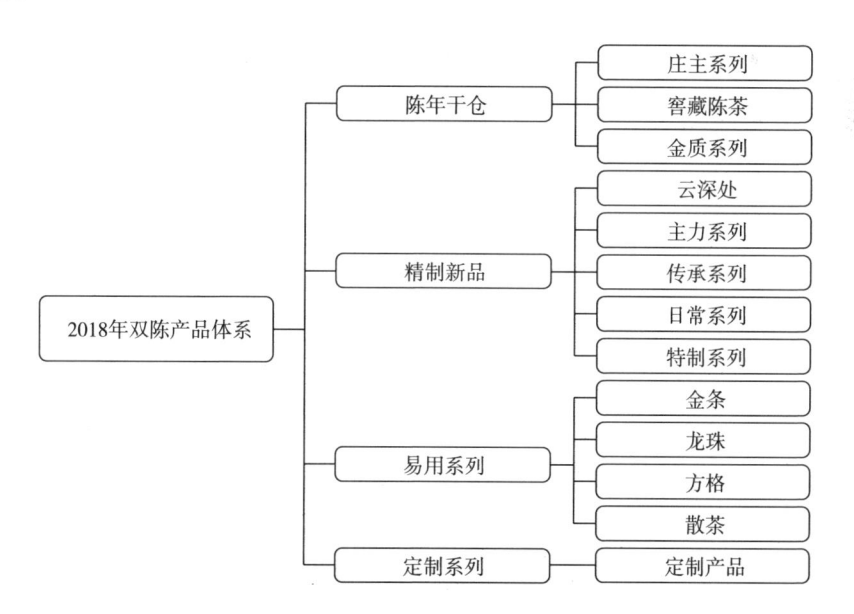

```
                                  ┌─ 庄主系列
                    ┌─ 陈年干仓 ──┼─ 窖藏陈茶
                    │             └─ 金质系列
                    │             ┌─ 云深处
                    │             ├─ 主力系列
                    ├─ 精制新品 ──┼─ 传承系列
2018年双陈产品体系 ─┤             ├─ 日常系列
                    │             └─ 特制系列
                    │             ┌─ 金条
                    ├─ 易用系列 ──┼─ 龙珠
                    │             ├─ 方格
                    │             └─ 散茶
                    └─ 定制系列 ─── 定制产品
```

双陈普洱的产品体系布局

产品组合深度				
	庄主系列	云深处	金条	
	窖藏陈茶	主力系列	龙珠	定制系列
	金质系列	传承系列	方格	
		日常系列	散茶	
		特制单品		
	陈年干仓	精制新品	易用产品	定制产品

产品组合广度

双陈普洱的产品组合

案例研究论文选

共享经济下平台商业模式的价值创造点
——以 Airbnb 为例①

王超男　王雪晴　赵　楠　管如航　梁剑平

（中山大学管理学院，广州，510275）

> **摘　要**：现如今共享经济正在蓬勃发展，共享经济下的平台型商业模式更是创造出许多价值。本研究以 Airbnb 为例，从资源共享、资本价值、监督与评价、情感价值与用户连接这四个方面进行共享经济下平台商业模式的价值创造点的具体研究。本研究创造性地提出了共享型商业模式与传统商业模式不同的价值创造点，丰富了关于共享型商业模式的研究，也为后续学者进一步展开细致而又全面的探索提供一定的理论基础和逻辑框架。研究成果对企业而言都具有较强的可操作性和实践意义。

1　引言

近年来，共享经济蓬勃发展。共享经济的概念已经提出了多年，但是可以说直到现在，我们才真正地体会到共享经济对于我们生活带来的影响和改变。在生活的某些方面，我们或许不再需要那些传统的大型企业为我们提供服务，你周围的陌生人就能提供你想要的一切。

在共享经济的催生下，以 Airbnb 与 Uber 等企业为代表新生的平台型商业模式迅速崛起并席卷全球。出门没车，你可以向周围的陌生人租用车辆；来到陌生的城市，

---

① 本案例授权中山大学陈瑞球亚太案例开发与研究中心使用，陈瑞球亚太案例开发与研究中心享有复制权、修改权、发表权、发行权、信息网络传播权、改编权、汇编权和翻译权。由于企业保密的要求，在本案例中对有关名称、数据等做了必要的掩饰性处理。本案例中的观点仅代表作者的观点。本案例研究论文曾被 2018 年 "Journal of Management Studies 共享经济专辑论文工作坊暨第二届全球化背景下营销科学与创新国际研讨会"录用为大会演讲论文。通讯作者：梁剑平，电子邮件：liangjp8 @ mail. sysu. edu. cn。本案例撰写得到国家自然科学基金项目（71102099，71672201，71832015），教育部重大专项课题（19JZDZ026）以及陈瑞球亚太案例开发与研究中心资助。

你不再需要住在酒店,而是可以住在一位陌生人的家里;甚至经济方面紧张的问题,也可以不再仅仅依靠银行和亲友,陌生人也可以为你提供信贷……在互联网和通信技术等的推动下,共享经济给整个社会带来了巨大的变革,Airbnb 与 Uber 等循声而动的企业,以平台型商业模式为基础,为社会大众搭建了资源共享的舞台,为我们提供服务的不再只是大中型企业,曾经只是作为消费者的我们都可能成为市场中的供给者,社会化共创的序幕已经拉开。

目前,国外如 Uber、Airbnb、Lending Club 等企业,国内如滴滴出行、小猪短租、陆金所等公司都纷纷搭建了共享经济的平台,开始开展社会化共创活动并取得了一定的效果。尤其是不少传统企业已经注意到了利用共享平台、促进社会化协同消费的重要性,进行了大量的社会化共创实践,以达到提升价值创造空间、增加消费者福利、优化与消费者关系的目的。然而,当前的实践活动尚缺乏系统的理论指导,这种新的平台模式的新价值创造能力究竟具体体现在何处,企业如何更有效地抓住这些要点,更好地管理社会化共创活动等问题还知之甚少(Kenter J O., 2015)。

本文将基于 Airbnb 的具体案例,对共享经济催生下的这类平台型商业模式的价值创造能力进行分析总结。参考前人的相关文献资料,我们通过分析共享经济的社会价值共创与平台型商业模式的具体价值创造流程两种理论框架,结合 Airbnb 本身运营模式中的特点,从中选取了我们认为有研究价值的四个方面进行具体的研究分析。

2 文献回顾及理论基础

2.1 共享经济社会共创层面

所谓社会化共创,即由企业提供价值共创平台,广大用户作为价值创造的主体,通过平台利用用户盈余的物质或非物质资源,持续地、动态地共同创造经济或非经济价值的过程(杨学成、陶晓波,2015)。共享经济下的价值共创可以看作是朋辈生产,它是由用户自发集结物质或非物质的社会资源,保证由大众创造的价值保持社会性(Bauwens M. Class and Capital in Peer Production, 2009)。因此,社会化共创相比传统的价值共创发生了很大的变化。首先,是共创场景的变化,以往的价值共创通常发生在企业内部,是用户参与企业内部价值创造流程当中的一种活动,而社会化共创则依托于全新的价值创造平台,不受企业内部流程的掌控。其次,是共创主体的变化。以往价值共创的主体是企业和用户,以企业与用户的垂直互动为基础,而社会化共创的主体则主要是用户,体现的是用户与用户之间的水平互动。最后,是共创结果的变化。社会化共创的结果既包括经济性价值,也包括人际互动等非经济性价值。正是因为以上变化,社会化共创和以往共创相比具有大规模、动态性、自发性、随机性、复杂性等特点（杨学成、杨阳，2017）。对此，杨学成等提出的"社会化价值共创机理模型"值得我们借鉴（见附录一）。

共享经济背景下的社会化共创开始于企业平台的搭建。企业研发、开创良好的用户参与平台，降低用户参与成本，并制定合理的规则，确保共享活动有组织、合理合法地进行。当平台产生吸引用户的效果后，用户自发地加入进来。在社会化共创主体过程中，用户与用户水平建立连接，共同使用一种或某种资源，实现彼此的需求，给予共创活动更多社会性。活动完成后，双方进行评价，既是对社会化共创活动的监督，也给之后的用户更多参考。共享经济背景下的社会化共创创造出双重价值。一重是资本价值，用户获得收入，企业抽取佣金，越多用户参与便产生越多的经济资本；另一重是情感价值，与传统的价值共创不同的是，用户很少与企业建立情感关联，而是通过企业搭建的平台与其他用户建立情感联系，形成更加良好的社会文化氛围，这也与当今所提倡的"环境友好、和谐进步"的理念相契合。

2.2 平台型商业模式价值创造流程层面

平台型商业模式（platform-based business model，PBM）是基于利益相关者所构建的价值网基础上，实现价值共创及共享的典型商业模式。是在平等的基础上，由多主体共建、资源共享、能够实现共赢、开放的一种商业生态系统。平台型商业模式具有开放、平台化、网络化、交互、共赢、扁平化和并联等特征（江积海、李琴，2016）。

作为一种特殊的服务生态系统，平台型企业的发展也是参与主体的价值共创（Amit and Zott，2001）：平台型企业连接了平台卖家和平台买家以及其他支持种群，向这些参与者提供平台架构、交互标准、交互规则、互动机制，促使参与者通过共享自己的资源提升其他参与者的价值，也通过分享其他参与者的资源提升自己的价值（Grewal et al.，2010；Chakravarty et al.，2014）。但是，不同于现有的服务生态系统研究大多关注双元互动关系范式下的价值共创，平台型企业的价值共创逻辑大多是多方合作向另一方传递价值，如平台企业和平台卖家合作向平台买家传递"供给侧"价值，平台买家和平台企业合作向平台卖家传递"需求侧"价值，平台卖家和平台买家合作向平台型企业传递"连接侧"价值（刘江鹏，2015）。因此，平台型企业的参与主体既依据合作关系建构了同步互动的价值创造系统，也依据交易关系建构了线性闭环的价值传递系统，多元价值共创主体与单元价值分享主题所构成的关系网络更为复杂。事实上，平台型企业主要提供情境价值，平台卖家主要提供使用价值，平台买家主要提供交换价值（汪旭辉、张其林，2017）。这一过程可以总结为平台型商业模式的价值创造流程（见附录二）。

最后，结合以上理论对 Airbnb 进行具体分析。在共享经济的背景下，平台型企业

Airbnb 搭建平台，平台卖方（房东）、平台买方（旅行者）作为平台的用户进行水平互动。平台企业 Airbnb 可以起到非常好的连接作用，将两方用户连接在一起从而共同创造并传递价值。通过对 Airbnb 的分析，我们认为有以下四个方面的价值创造值得进一步研究分析。

（1）资源共享。依据社会网络理论和图论思想（见附录三），资源共享属于资源属性，可以从三个方面来分析"点驱动模式"。

①整合有形资源创造核心产品，为实现价值共创提供要素基础；

②集聚无形资源打造核心竞争力，挖掘用户需求、创新体验；

③发展合作伙伴，利用互补资源完善平台服务功能，创造协同价值。

Airbnb 为用户与用户搭建平台，打通房东与租客之间的信息不对称机制，注重设计、个性化体验，有利于整个社会闲散房屋资源的重新配置。

（2）完善的监督与评价机制。作为社会化共创模型中用户与用户水平互动的一个主要部分，监督与评价是指在完成平台活动之后，平台上的用户提供或是接受服务，并且对此进行双向评价，提供多方面的有效信息给之后的更多用户，成为后者可参考的可靠选择，在此过程中，企业作为平台提供方不直接参与服务监管，但是能够依靠评价机制，合理控制相关风险，达到对共享活动形成良性监督的目的。

在网络消费环境下，消费者为什么会选择平台上完全陌生的住宿环境入住是个值得思考的问题，在其出现购买或者体验意向时，相应的感知风险与感知价值会同时出现，当消费者认为感知价值大于感知风险，他们才会做出准确的"是"的决策。在两者权衡之中，米契尔（Mitchell，1999）认为，消费者购买时倾向于减少其感知风险而不是最大化其感知利益，感知风险在消费者购买行为的解释上更强而有力。恰恰我们的评价机制便是一种很好的降低消费者感知风险来获得消费者的信任与肯定答案的方式。

根据现有的研究，感知风险理论属于一个多维度的概念。雅各比和卡普兰（Jacoby and Kaplan，1972）提出五种感知风险：财务风险（financial risk）、性能风险（performance risk）、身体风险（physical risk）、心理风险（psychological risk）、社会风险（social risk），其后默里和施莱克特（Murray and Schlacter，1990）在雅各比和卡普兰的研究基础上引入时间风险（time risk），并发现 6 个维度能解释将近 90% 的整体感知风险。通过匹配相关风险，我们认为评价机制能够从以下三个维度中的风险中得到体现。

①性能风险。性能风险是指产品不具备人们所期望的性能或产品性能比竞争者的产品差所带来的风险。在 Airbnb 平台上这种风险的具体体现情况便是租客对空间舒服度的期望，诸如屋内家居的舒适程度、采光效果、空气质量等都成为租客考虑的重要因素。此时，除了良好的在线的真实图文展示以外，租住过的用户所反馈出的评价信

息便是最好的从外部降低房子性能风险的手段，租客通过对其他入住过用户评价信息的搜索，了解房屋真实情况是否做到与图文描述一致、承诺提供的家具是否完备、设备是否能够正常使用与体验等，这些内容都能够使其更加客观地感知房屋功能性的强弱以便做出判断。

②身体风险。身体风险是指产品可能对自己或他人的健康与安全产生危害的风险。居住在一个对租客来说完全陌生尤其还很独立的环境里，个人安全是首要考虑因素。在对将入住房屋一无所知的情况下，每个人都存在着很大的未知的恐惧，这种不确定的认知会对租客是否选择入住起到决定性的作用，一旦恐惧被放大，租客会因为带来的巨大的身体风险而选择放弃体验 Airbnb 这种新型的共享型居住环境；但是如果租客知晓大多数和自己有相同选择倾向的用户已经安全体验过并且给予了很高的评价这样的事实后，它们的身体风险便会大大地降低，并且会更放心地选择，不仅如此，体验过并给予好评的用户数量越多，用户由此产生的信任感会越增强，会表示出更强烈的体验意愿。

③心理风险。心理风险指消费者预期在做出错误的购买或使用行为后产生的焦虑、不安和后悔的心理感受。也就是说，用户在预订房间后由于种种原因而产生的不满情绪。比如，图文严重不一致、浴室的设备残旧无法使用、网络环境过于卡顿造成无法正常进行工作等，此时，其他用户的完整评价可以说是降低这种个人心理风险的最佳解决办法：在预定前，通过了解其他租客的房屋体验描述掌握相关准确信息，尤其是看到一些负面消息或者租客自身勉强接受的设置后，租客一定会提前有自己的心理风险评估，也就是我们俗称的"心理准备"，从而在最终真正选择预订房间后降低自己的不满度。

在 Airbnb 平台上允许房主和游客互相评分，这一双向评分机制有利于房主与游客之间建立信任，使双方的情况相对透明，方便游客选择。经历的分享可以保持社会化共创的持续性，使得平台完善和发展。

（3）资本价值。从 Airbnb 的融资和估值以及它 2017 年已经盈利并计划上市的情况来看，共享经济催生下企业自身未来的价值不可限量。同时，Airbnb 用技术手段降低各方成本，吸引更多人参与这一共享经济中来为大众提供资本价值。

（4）情感价值。共享经济创造出的与众不同的情感价值在于房主与游客彼此建立一定程度的关系纽带，建立弱连接。通过 Airbnb 进行的用户与用户之间的链接与互动中所体现的道德准则及情感联系可以建立文化和社会资本，进一步加强社会联系纽带。

3 研究方法

3.1 方法选择

本研究采用探索性单案例研究方法，属于单案例多阶段过程分析。本研究旨在讨论共享经济的背景下平台型商业模式相比于传统的商业模式在价值创造上有什么变化和不同之处的问题，是一个动态和发展的问题，所以适宜采用案例研究方法。

3.2 案例企业选择

本研究遵循典型性原则，选取 Airbnb 公司作为案例研究对象。选择 Airbnb 公司的主要原因有：第一，本研究所涉及研究的平台型商业模式企业在资源共享价值、资本价值、监督与评价价值以及情感价值四个方面的问题，此类问题在共享经济下的平台企业具有很强的代表性，而 Airbnb 在这四个方面的问题上表现出的特性较为明显。第二，Airbnb 自 2008 年创建以来，成功地成为住宿行业的"搅局者"，是共享经济下平台型商业模式的成功案例。第三，Airbnb 自 2008 年创立以来，发展势头非常迅猛，2017 年的营业收入已超过 10 亿美元，公司估值更是超过了 200 亿美元，相比于其他的共享住宿企业已经确立了龙头老大的位置，有许多值得研究和借鉴的方面。

3.3 数据收集

（1）案例数据来源及收集方式。本研究的数据收集方法主要包括：半结构化访谈、非正式访谈、参与式观察、二手数据收集等，通过多样化的数据来源保证数据的相互补充和交叉验证，提高案例的信度和效度。主要资料来源包括：①企业档案资料，如企业官网发布的统计数据、社会责任报告等；②深度访谈及半结构化访谈；③参与式观察所获得的体验；④权威机构发布的企业认可的相关资料；⑤前人已做过的研究文献等。通过采用多层次、多数据源的资料收集方法，提供给所研究主题更丰富、更可靠的解释，增强研究结果的准确性。进而使用访谈、档案资料和观察等得到的数据撰写解决方案的开发过程。案例的资料来源及编码如附录四所示。

（2）访谈数据。本团队通过领英等社交平台以及团队成员的关系网络，对 Airbnb 北京办公室的成员、一些 Airbnb 的房东以及使用过 Airbnb 的房客进行了访谈。其中对 2 位房东的采访为面对面深度采访，而对北京办公室的工作人员以及房客的采访则为线上的非正式采访。本研究的访谈部分主要分为两个阶段，第一阶段为走访两位在广州的 Airbnb 房东，目的是了解在平台型商业模式当中卖家对于价值创造的体验与看法；第二阶段为通过线上聊天软件在线访谈 1 位 Airbnb 北京办事处的工作人员以及 9

位曾经使用过 Airbnb 的房客，目的是了解在平台型商业模式当中买家和平台方对于价值创造的体验与看法。

3.4 数据分析

本研究从不同的证据源、由不同的研究者对证据进行分析，以提高研究的信度。首先我们依据社会化价值共创机理的模型（附录一），将研究重点切割成资源共享、资本价值、监督与评价以及情感价值四个重要的方面，然后结合原始数据、二手数据，分析影响这四个方面价值创造的动因。然后，采用双盲方式对资料进行编码，从而方便对相关构念的证据援引，相关构念及典型证据援引如附录五所示。

4 案例发现

本研究基于社会价值共创理论（附录一）、平台型商业模式的具体价值创造流程理论（附录二），通过对案例资料的全盘分析和团队的反复讨论后，选取了理论中的资源共享、资本价值、监督与评价、情感价值与用户连接这四个方面进行共享经济下平台商业模式的价值创造点的具体研究。

4.1 用户与用户水平互动中的资源共享

共享经济的最大特征是资源共享，它共享的是商品的使用权而不是所有权，追求的是为客户带来更好的服务。

Airbnb 中房主将自己的房屋与游客进行共享，收取一部分租金给游客提供便利。社会化共创中的资源，如房屋、汽车、人力，都不交换所有权，而是将物品进行共享。

相较于传统的酒店业，Airbnb 分享的不仅是房屋，通过在线平台，彻底打破了线下狭窄且固定的人际圈，使得人们可以通过 Airbnb 建立起传统房屋租赁中难以实现的人际关系。作为在线短租平台，Airbnb 所提倡的不仅是金钱上的来往，用户可以通过平台结识世界各地不同的人，获得与住传统酒店不一样的经历。

Airbnb 作为平台类网站，拥有雄厚的人力资源，丰富的网络资源、广布的房源。与传统酒店平台相比，Airbnb 主打人际交流的居家体验，简洁、高效的特点虽然无法完全保证房屋质量，但是人力资源管理负担较轻，其主要的人力资源就是房主，房主只需要在 Airbnb 平台上注册登记，通过审核后即可在平台上出租自己的房屋。

根据资源共享的相关理论我们对 Airbnb 进行分析。

（1）整合有形资源创造核心产品，为实现价值共创提供要素基础。Airbnb 基于网络连接，打造轻资产化的另类旅行公司或酒店。较于传统酒店业，它连接提供家庭民宅、树屋、城堡等多样房源的创客，形成极具个性化的全球服务能力，即从房源数量的多样性和种类的异质性使其更具有竞争力，为顾客和企业提供价值创造的前提。

（2）集聚无形资源打造核心竞争力，挖掘用户需求、创新体验。Airbnb 经历两次创新转型，一是从做沙发客等廉价住宿服务向线上旅行住宿转变；二是引进数十位专业摄影师，为招租者提供免费拍摄服务，并精心包装房间，使得它将上传的房源向本地化、个性化、富有人文气息的非廉价住房转型。通过两次创新，Airbnb 形成了注重设计和个性化体验的核心竞争力，在整合世界各地闲置房产的同时，也将房主与租客的知识、资源运用到产品体系中，从而实现共创产品和服务。同时，Airbnb 通过 A/B 测试对比从 Facebook、Twitter 和外链等带来的流量特征进行重要页面的修改和流程上的优化，以进行精准人性化数据分析来挖掘用户需求。

（3）发展合作伙伴，利用互补资源完善平台服务功能，创造协同价值。Airbnb 也使相关服务供应商和个体资源拥有者融合进价值平台，如差旅服务提供商 Concur、社交平台 Facebook 等企业、专业摄影师等个体。

综上，Airbnb 通过建立体验导向的智能交互平台构造新型"价值网＋"，网络中集聚的极具个性化和独立诉求的租客，拥有房源、创意、经验的房东，以及服务性企业和个体，均是有形或无形资源的拥有者，属于网络中的点。因此，以 Airbnb 为核心的"价值网＋"形成了一个资源池，节点间通过多样化、异质性的资源共享、优势互补来共同创新产品或服务。

4.2 用户与用户水平互动中的监督与评价

随着自媒体的广泛发展与网络平台的不断建设，大众在选择产品与服务时，更倾向于关注使用者的切身感受，相较于官方疏离感很强的公关用词，人们更喜欢具有温度与情感的表达，充满熟悉感与真实感，说的便是社会化共创活动一般都会设立的评价机制。作为社会化共创模型中用户与用户水平互动的一个主要部分，监督与评价是指在完成平台活动之后，平台上的用户提供或是接受服务，并且对此进行双向评价，提供多方面的有效信息给之后的更多用户，成为后者可参考的可靠选择，在此过程中，企业作为平台提供方不直接参与服务监管，但是能够依靠评价机制，合理控制相关风险，达到对共享活动形成良性监督的目的。

（1）降低风险。本团队通过访谈发现，Airbnb 通过双向评价机制等方式控制和减少着这些风险，像受访的房客小李就表示："……住过 Airbnb 的房客同样会收到房东的评价，差不多了解完这些吧，我刚开始产生的那点担忧也就差不多消除了很多了……"。

（2）动态监督。评价体制在增加信任、降低租客感知风险的同时，也是企业实施监督的有效依据。在住宿体验结束后，Airbnb 平台允许房主和租客互相评分，以确保住宿的质量和体验。一方面，这一双向评分机制有利于房主与房客之间互相反馈，使双方的情况更加透明化的同时也能够给新房客更多的信息参考,以及新房客对平台以及房主的信心,方便房客进行选择;另一方面,作为游离在房东与租客以外的平台提供者企业,能够在对这些包含着双方反馈信息的整合中达到有效评测和及时采取措施实施管理,对相关异常的数据快速地采取各种方式的整改措施,以便对"劣质房主"进行警告整改或剔除;对于"恶性租客",也能够及时列入"黑名单",不再允许其加入租客群体,净化平台各个用户的体验环境,做到实时监测,动态监督管理。通过这种强有力的管理,增强平台的用户的黏性,并且吸引越来越多的用户参与其中。

4.3 创造双重价值中的资本价值

(1) 企业行业层面。

①Airbnb平台的市场价值。Airbnb自成立以来迅速发展,2015年结束的E融资再次为Airbnb带来15亿美元现金,公司估值达到255亿美元,成为仅次于小米、Uber后的全球第三大创业公司。到了2017年,据英国Sky News报道,短租平台Airbnb向美国证券交易委员会递交的文件显示,在Airbnb发售的价值股份中,中国投资有限责任公司(简称"中投公司")认购了约10%。这一轮最新融资有40余家投资机构参与,该公司估值也由此达到310亿美元,成为美国第二大最具价值创业公司(见附录六)。

有消息指出,Airbnb在2016年下半年已经实现盈利,且全年营增幅超过80%,预计2018年将继续盈利。Airbnb早就成为众望所归的"下一个上市的独角兽"。

截至2016年11月,Airbnb报告在全世界有超过300万的房源。通过相关披露的数据,这几乎是位于第二的万豪国际集团和喜达屋酒店及度假酒店的新合并的房屋数量的三倍。同时近三年来,使用Airbnb的需求量也逐年上涨,平台的价值进一步显现。

②Airbnb对旅游业的贡献。现在的Airbnb,平均一年能够为1 100万人次提供住宿环境,营业额超过2.5亿美元。该平台已经覆盖了超过50个国家的数十万民宿,并以Airbnb为中心形成了一个微型经济圈。民宿主人在提供住宿空间的同时还提供接送机、导游、购物等旅游服务,这一生态圈颠覆了传统酒店行业,为旅游业创造了巨大的经济价值。

Airbnb这个线上虚拟租赁公司,可被视为经济全球化互联网阶段的公司代表。与之相对的是广义的线下传统实体房屋租赁公司,其中不仅包括各类型酒店和私人家庭旅店,还包括民宅出租公司,比如中国的太平洋房屋租赁。尽管线下实体租赁公司和酒店也将部分业务搬上了互联网,但现实中他们各自业务因体制趋于僵化都面临无法解决的弊端。无疑,Airbnb以"联合自治的家庭旅店"的解决方案,扮演了行业破冰者的角色。更重要的是,它所创造的商业模式还具有互联网平台创新企业最重要的两个典型特征。擅长用标准化网站操作代替流程性的人工操作，以降低企业的运营成本。

总体来看，传统租赁行业形成的市场模式较为死板，民宅没有按天计算的房屋租赁服务，酒店虽然有按天出租的客房，但却解决不了地理位置和服务价格间的对立关系，而且还有一大笔房屋、固定设施的成本无法减少。除了这些劣势，前两者还均不同程度地缺乏灵活、细腻的人性化服务。私人家庭旅店服务虽然更灵活、更具性价比，但缺少标准化管理，尤其缺少市场的统一监管，因此安全性成为最大掣肘。相比之下 Airbnb 的商业模式简化理解就是一个连接租客和房东的 C2C 平台，所以其两端客户数量的不断增长会引起直接和间接的网络效应，创造更多网络价值。Airbnb 的网站几乎以零成本的信息设计就解决了以上所有问题：不仅节省了线下寻租、登记、支付等人工工作，还调动了买卖双方的积极性：没有雇用前台接待和房间清扫人员的必要，那些注册的房东既是老板又是伙计。因每次接待客户的人数有限，房东们有更多精力回应客人的个性化要求，这些来自世界各地的"散户"能比跨国酒店提供更个性化、更本土化的服务，还不会得"大企业病"。没有房间装修的前期投入，却能提供五花八门、风格迥异的房间；量化的奖惩措施还保障了投诉纠纷能够被快速解决。

世界性贫富不均是造成本次世界经济危机的根本原因。在经济危机发生的前夜，很多原本服务于大众的商业却有转向服务少数有钱一族的趋势；而来自互联网的创新企业则往往以解决大众消费困境为己任，其搭建的平台以共赢的方式与用户形成一种唇亡齿寒的关系。Airbnb 通过挖掘城市居民闲置住房的剩余价值，极具创意地为普通人提供了收入来源。更重要的是，Airbnb 的模式并非单纯的经济行为，它还蕴藏了新的消费文化。

综上，Airbnb 以一套打破租客和房东的信息不对称机制，用技术手段去掉了酒店业最重的租赁地产、管理和推广酒店品牌以及工作人员的雇佣成本，使得企业快速地扩张到世界各地，并让分布在全球各地的旅游人士和房源拥有者可以紧密互动，从而交织成密不可分的网络。Airbnb 扮演了行业破冰者的角色，促进了整个旅游行业的新发展。

（2）社会层面。随着互联网技术的兴起，在 2000 年前后世界已出现了全球经济互联网化的发展势头。到 2010 年，全世界有 22% 的人可以使用计算机上网；而来自《牛津经济》的调查显示，到 2013 年，数字经济已经占到全球贸易的 13.8%。为了强调这一时代的独特性，又以全球各国互联网带宽、应用的发展成熟度为参照物，这个阶段为经济全球化的互联网初级阶段。在此阶段中，企业最大的任务是挑战并改革经济全球化上一个阶段——工业经济全球化时代的企业行为，通过计算机远程网络的方式建立新的商业交易模式，从而推动新经济秩序以及文化秩序（道德观念）的建设。任何企业发展的核心都是为了追逐利润，但不同时代下利润追逐法却大相径庭。在经济全球化互联网时代的初级阶段里,与工业经济全球化时代相比,参与全球数字经济的企业竞争更自由、更充分市场化。而且,不像以往的跨国企业动辄要花几十年时间、通过耗费大量人力物力的营销手段才能逐渐占领多国市场。这些数字企业的业务模式往往在设计之初就已面向全球,于是就要求其核心产品(或服务)必须具备人类最广泛的普世价值理念,能以人类通识的方式满足全球不同文化区域的消费者。一旦消费者买账,企业就能在极短时间内通过互联网技术实现全球性销售,从而获取全球化利润。然而,全球性互联网企业还必须面对更为激烈的全球性竞争。网络销售成为企业面对消费者最重要的门户,因此当商业模式不符合其消费利益,或者一旦出现更优的商业形态,消费者会在最短的时间里淘汰企业。

用户参与社会化共创,只需利用自己的闲暇时间和闲置物品便可获得额外收入;而成本的降低也吸引更多人参与进来,刺激了经济的发展。

当前的共享经济平台是与互联网技术前沿相伴而生的,共享平台本身的功能也在不断地调整和完善,但是学术界对共享经济的研究尚处于探索期。已有很多的研究成果注意到了共享经济作为一种拉动经济发展新引擎的特征。

在共享经济背景下,价值创造的内涵也发生变化。一方面,由于共享经济中获得产品使用权不需要获得产品的所有权,因此,交换价值被共享价值取代,例如在共享平台中,只需双方同意,便可以在同一时间、同一空间共同享用商品或资源;另一方面,共享经济创造出了额外的价值,供应者从闲置资源中获得了额外的收益,而且共享经济模式借助于以按需分配为核心的第三方平台,能够更高效地调配资源,导致共享经济下的价值创造成本更低,创造出了额外的价值。

Airbnb作为平台型企业搭建了一个复杂且密集的价值网以促进多主体共创价值。第一,Airbnb的商业模式简化理解就是一个连接租客和房东的C2C平台,所以其两端客户数量的不断增长会引起直接和间接的网络效应,创造更多网络价值。第二,Airbnb是一个信息平台,供房东与租客交换信息,通过精准的算法与反馈机制来帮助租客进行信息的甄别。由此,它的运营边际成本几乎为零,因为新房源上传至平台,只需要一些日常管理费用,交易管理成本比起传统酒店业大幅度降低,可以忽略不计,使得Airbnb可以在短期内提供大量房源满足用户,并通过规模效益将中介费累积成巨额利润。综上,Airbnb以一套打破租客和房东的信息不对称机制,用技术手段去掉了酒店业最重的租赁地产、管理和推广酒店品牌以及工作人员的雇佣成本,使得企业快速地扩张到世界各地,并让分布在全球各地的旅游人士和房源拥有者可以紧密互动,从而交织成密不可分的网络。因此,以Airbnb为核心构成的"价值网+"结构的网络密集度越高,共创价值越多。是"从自行拥有转向网格分享"(Own - to - Mesh)模式,由第三方建立一个平台,将拥有各种商品与服务的个体连接起来并对所有的参与者提供一定的激励。

最后，一个新的现象的出现总会引发对传统理论的进一步检验与反思，甚至修正。弗雷里、勒科克、瓦尼耶和 Strategy 明确指出了 Airbnb 以及 Uber 模式对传统战略管理理论的挑战，Airbnb 允许人们利用自己多余的空房间或资源赚取额外的收入，这种大规模的普通资源通过一种平台商业模式进行流动带来的价值，将超出传统战略管理理论中所强调的一部分有价值的、独特的、难以模仿的战略资产所带来的价值。因此，对于共享经济模式背后的理论探讨，将是未来学术研究领域里的重要内容。

4.4 创造双重价值中的情感价值与用户连接

价值共创是参与主体通过资源整合与服务交换共同创造价值的动态过程，即社会经济参与者通过服务交换和共享制度共同创造价值。

以 Airbnb 为例，平台型企业 Airbnb、平台卖方（房东）、平台买方（旅行者）都在创造价值。平台企业 Airbnb 可以起到非常好的连接作用，将两方用户连接在一起从而创造并传递价值。我们对广州的某家民宿进行了深度访谈，民宿的老板表示在 Airbnb 上注册成为用户极大地增加了自己住宅的曝光度，让更多的旅行者可以了解自己具有独特风情的民宿，从而大大提升了自己闲置房屋资源的价值。

而双向评价制度也是 Airbnb 这样的平台可以提供的非常独特的服务。双向评价制度使得买家与卖家更加注重声誉和口碑的培养，尤其对于注重品牌营销的卖家。

根据 Airbnb 的价值网，平台型企业 Airbnb 不仅仅创造普通的使用价值，也注重分享、交友、宾至如归的人文关怀、体验不同文化、体现个性化、参与感等方面的情感价值（见附录八）。

从市场营销的角度来看，卖家和平台为买家创造的情感价值是促成买家重复购买行为和口碑营销的重要因素。我们对 9 位曾经多次使用过 Airbnb 的消费者进行了深度访谈，发现他们绝大部分都因为 Airbnb 创造的用户连接和情感价值的因素而导致其重复使用 Airbnb 这一平台。由此可见在共享经济的背景下，平台型商业模式可以把握情感价值创造的机会为三方创造价值（见附录九）。

5 研究结论与探讨

5.1 研究结论

通过对共享经济背景下平台型商业模式的探索，结合价值共创机理模型与平台型企业 Airbnb 的发展，本研究寻找出其相较于传统商业模式有所不同的价值创造点，主要体现在以下四个层面：资源共享、资本价值、情感价值与用户连接、监督与评价。简单来说便是，共享经济下的平台型企业在资源共享的理念下建立价值网，通过进一步的评价与监督机制管理各方用户，创造属于企业和社会的双重资本价值的同时，连接用户并构建其情感价值。

5.2 理论意义

本研究创造性地提出了共享型商业模式与传统商业模式不同的价值创造点，丰富了关于共享型商业模式的研究，也为后续学者进一步展开细致而又全面的探索提供一定的理论基础和逻辑框架。

本研究结合实际进一步地将价值共创机理清晰化与具体化，与近年来的共享经济平台市场有所呼应，为社会化共创、企业价值创造理论都提供了一定相关的视角。

5.3 实践意义

尽管近年来很多的中国企业都开始尝试进行共享经济下的商业模式探索，诸如滴滴出行、摩拜单车、OFO 单车等，但是结果都收效甚微，其发展与管理模式亟待调整与改善。本研究通过提出共享经济下平台型企业价值创造点，为此类新兴企业的建设与管理提供了一种可供参考的发展模式，具体体现为这些企业可以从本研究所讨论的这四个价值创造点入手，监测评估自身企业的状况，合理匹配，找到自身发展过程中最值得注意和改进的部分，从而有针对性地采取相关的措施进行有效的改进。同时，本文总结出从四个层面体现出的共享平台模式的价值创造点，是从企业视角出发，层次分明，佐证清晰，数据支撑强而有力，研究成果对企业而言都具有较强的可操作性和实践意义，企业可以通过本研究所使用的各类研究方法对自身企业进行更进一步全面的探索，分析发展利弊，做得好的地方继续优化坚持，做得不足的地方修正改善，结合企业自身状况适当参考效仿 Airbnb 等优秀企业的优秀机制，做到创新性的有机结合。最后，本研究不仅丰富了少有的对共享型平台商业模式的研究，还将价值共创理论与具体的实际企业有效结合，推动了社会大众对于价值共创进一步的认识与理解，也为更多共享经济背景下平台型商业模式的跃跃欲试者们提供了更有参考价值的研究文献。

5.4 研究的局限性

首先，单案例研究本身存在的局限性。虽然本研究选取的案例具有一定的代表性，数据资料也可以说是足够充分，但是终究是属于单案例研究，单案例研究在复制性和拓展性上的不足构成了本研究在样本上无法避免的局限。

其次，基于大量的文献阅读，本研究对前人的社会化共创机理模型进行一定程度的解构，提取其中资源共享、资本价值、情感价值与用户连接、监督与评价的价值创造点，重新形成本研究独特的价值创造模型。对这四个层次点的提取可能缺乏一个更加科学而又充分的依据，仅仅是本研究人员通过分析大量一手和二手资料，主观判断出来的对共享平台型企业的发展最为重要并且最值得关注的部分，全面性与完整性还有待商榷。

最后，由于商业模式这个词汇本身具有一定的复杂性，包含很多方面的内容，本研究在梳理与撰写的过程中无法做到面面俱到，很多部分难免存在一定程度上的疏漏。

根据上述的分析，可以看到我们的研究发现与我们选取的理论基础基本一致，Airbnb 提供了价值共创的平台，广大用户（房东和房客）作为价值创造的主体，通过租/借房屋等，使用户与用户水平建立连接，持续地、动态地同创造经济或非经济价值。本研究以 Airbnb 为例进一步明晰了价值共创机理，指明了平台型企业可以通过资源共享、建立完善的监督与评价机制等发挥平台的作用，创造资本与情感上的双重价值。

附　录

附录一：

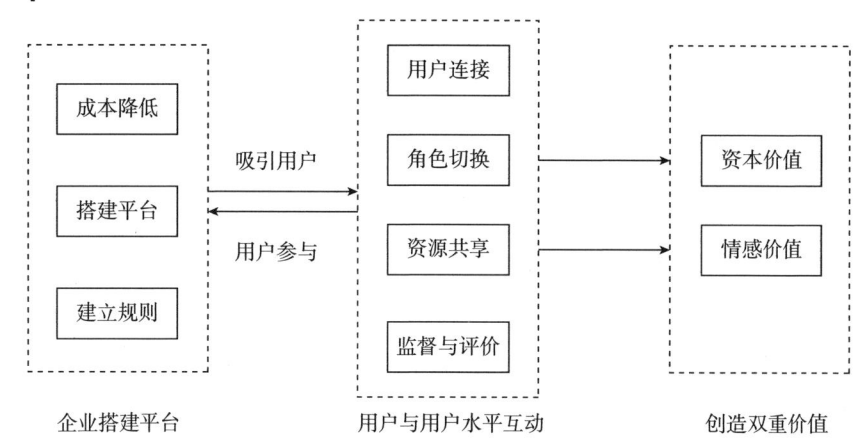

社会化价值共创机理模型

企业搭建平台：成本降低、搭建平台、建立规则

用户与用户水平互动：用户连接、角色切换、资源共享、监督与评价

创造双重价值：资本价值、情感价值

吸引用户 ←→ 用户参与

附录二：

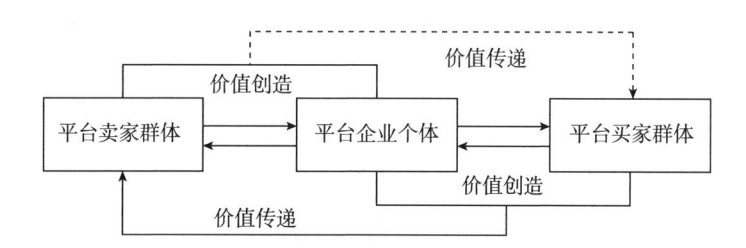

平台型商业模式价值创造流程理论

平台卖家群体 — 价值创造 → 平台企业个体 — 价值创造 → 平台买家群体

平台买家群体 — 价值传递 → 平台卖家群体

平台企业个体 ⇢ 价值传递 ⇢ 平台买家群体

附录三：

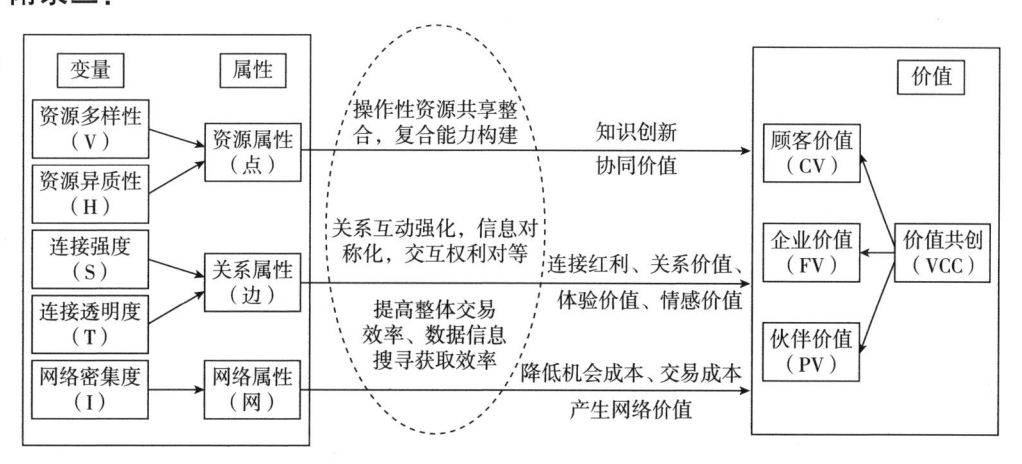

"价值网＋"的连接属性影响价值共创的理论框架

变量：资源多样性（V）、资源异质性（H）、连接强度（S）、连接透明度（T）、网络密集度（I）

属性：资源属性（点）、关系属性（边）、网络属性（网）

操作性资源共享整合，复合能力构建 → 知识创新、协同价值

关系互动强化，信息对称化，交互权利对等 → 连接红利、关系价值、体验价值、情感价值

提高整体交易效率、数据信息搜寻获取效率 → 降低机会成本、交易成本、产生网络价值

价值：顾客价值（CV）、企业价值（FV）、伙伴价值（PV） → 价值共创（VCC）

附录四：

案例的资料来源及编码

数据来源		数量	编码
一手资料	通过深度访谈获得的资料	2	F1
	通过非正式访谈获得的资料	10	F2
二手资料	企业的融资报告	4	S1
	企业网站及相关文件	3	S2
	权威机构发布的企业认可的资料	1	S3
	企业认可的外部文献	19	S4

附录五：

相关构念及典型证据援引

一级编码	二级编码	典型证据举例援引	来源
资本价值	企业价值	"公司估值也由此达到310亿美元，成为美国第二大最具价值创业公司。有消息指出，Airbnb在2016年下半年已经实现盈利，且全年营增幅超过80%，预计今年将继续盈利。Airbnb早就成为众望所归的'下一个上市的独角兽'。""Airbnb以一套打破租客和房东的信息不对称机制，用技术手段去掉了酒店业最重的租赁地产、管理和推广酒店品牌以及工作人员的雇佣成本，使得企业快速的扩张到世界各地。""Airbnb为2016年8月5日至21日在巴西里约热内卢举办的夏季奥林匹克运动会提供2万间出租房源。"	F2、S2、S3
	行业贡献	"Airbnb让分布在全球各地的旅游人士和房源拥有者可以紧密互动，从而交织成密不可分的网络。""Airbnb扮演了行业破冰者的角色，促进了整个旅游行业的新发展。""Airbnb的最大优势在于性价比，能以较酒店更低的价格租到同等甚至是更优品质的房子（尤其是在国外），而且这些房子往往有当地的特色，是个非常特别的体验。更喜欢去游玩了。我遇到的大多房东都很热心，会给你很多建议和帮助，尽心解答你的疑问。有些房子还设有厨房，可以自己做饭。"	F2、S2、S4
	价值网共创	"Airbnb允许人们利用自己多余的空房间或资源赚取额外的收入，这种大规模的普通资源通过一种平台商业模式进行流动带来的价值，将超出传统战略管理理论中所强调的一部分有价值的、独特的、难以模仿的战略资产所带来的价值""房东一般月均收入超过两万。有人因为收入不错，改行专职做Airbnb房东。""我觉得Airbnb的最大优势在于性价比，能以较酒店更低的价格租到同等甚至是更优品质的房子（尤其是在国外）"	F2、S4

续表

一级编码	二级编码	典型证据举例援引	来源
资源共享	整合有形资源	"Airbnb 较于传统酒店业,它连接提供家庭民宅、树屋、城堡等多样房源的创客,形成极具个性化的全球服务能力,即从房源数量的多样性和种类的异质性使其更具有竞争力,为顾客和企业提供价值创造的前提。"	F1、S4
	集聚无形资源打造核心竞争力	"通过两次创新,Airbnb 形成了注重设计和个性化体验的核心竞争力。"	S4
	创造协同价值	"Airbnb 也使相关服务供应商和个体资源拥有者融合进价值平台,如差旅服务提供商 Concur,社交平台 Facebook 等企业,专业摄影师等个体。"	F2、S4
监督与评价	性能风险	"正是通过对评价信息的了解,我才决定要不要住,如果租客推荐的很多因素刚好是我关注的,比如我工作需要的采光环境,我当然会选择的。" "在各种评价中,除了一些客观性的描述外,还有很多意见是很主观的啦,就他们的感受嘛,有好也有坏吧,这种东西就因人而异吧。我会寻找一些尽量客观的来进行判断选择我在乎的房屋具备的条件。" "最怕的就是图片仅供参考,结果入住之后房屋里面的设备无法使用,浴室没有热水,网卡到爆炸这种了,屋子不够舒服之类的,不过一般看评论的话,这种担忧就会少很多。"	F1、F2
	身体风险	"毕竟这种新型的共享民宿虽然很新鲜很值得尝试,但是我还是觉得安全问题是更重要的。" "后来就发现它一开始会有对每个房客严格的身份验证那种,就是说 Airbnb 会要求房客上传身份证或护照、手机号、邮箱等信息进行验证。除了这个,它们还会查看房客个人简介并进行审核,当然每一个房子下面都会有各种各样的住过的人的评论,有对房子的评价,同时也有对房东的评价,住过 Airbnb 的房客同样会收到房东的评价,差不多了解完这些,我刚开始产生的安全担忧也就差不多消除了很多了。"	F1、F2
	心理风险	"最怕的就是图片仅供参考,结果入住之后房屋里面的设备无法使用,浴室没有热水,网卡到爆炸这种了,屋子不够舒服之类的,不过一般看评论的话,这种担忧就会少很多。" "我觉得其中一种比较担忧的点当然是住进去了之后发现和自己想的不一样,就还是挺让人难受的,失望。" "有时候一时冲动订了房,看到评论说房屋里面电视是坏的,浴室的装置有些老旧,入住的时候往往期待性就会降低了,看到有些小小不满的地方就不会太过于在意了,毕竟提前打过预防针啊。"	F1、F2
	动态监督	"我们不仅如实地进行了评价,还向 Airbnb 平台的客服投诉,后来可能涉及的问题影响还是挺大的,这位房主的这套房子就暂时算是说'下架'了。虽然这个经历实在是太恐怖,但是我对 Airbnb 的处理方式还是表示非常满意的" "碰到态度恶劣的房东或者是乱搞破坏的房客,通过评论和投诉,客服就都会进行情况了解、采取一些措施的,就像是那种列入黑名单的感觉。" "我觉得他们平台就是通过房主和房客的这个双向评价来进行管理的,算是挺有效的一种方式吧。"	F1、F2

续表

一级编码	二级编码	典型证据举例援引	来源
情感价值与用户连接	平台软件操作人性化程度	"上一次使用Airbnb是今年国庆去台湾的时候,自己在第一次使用过Airbnb以后发现这个平台非常user friendly,所以就一直用了。"	F2
	文化价值	"Airbnb上很多房子的装饰都有当地的特点,这一点非常能吸引到我去选择这些房子"	F2
	交友价值	"我遇到的房东都是那种人很好很愿意交流的那种,有些现在还会跟他们保持联系,这一点上Airbnb真的很让人喜欢"	F2

附录六:

	时间	融资金额	投资方	估值
A轮融资	不详	780万美元	红杉资本、Crunch Fund以及Ashton Kutcher、Greylock、SV天使基金以及Youniversity风投等	不详
B轮融资	2011年5月	1.12亿美元	Andressen Horowitz、DSTGlobal和General Catalyst	10亿美元
C轮融资	2012年10月	1.17亿美元	不详	20亿~30亿美元
D轮融资	不详	4.75亿美元	红杉资本、TPG等	不详
E轮融资	2015年	15亿美元	不详	255亿美元
F轮融资	2017年3月10日	10亿美元	包括中投公司的40余家机构209	310亿美元

附录七:

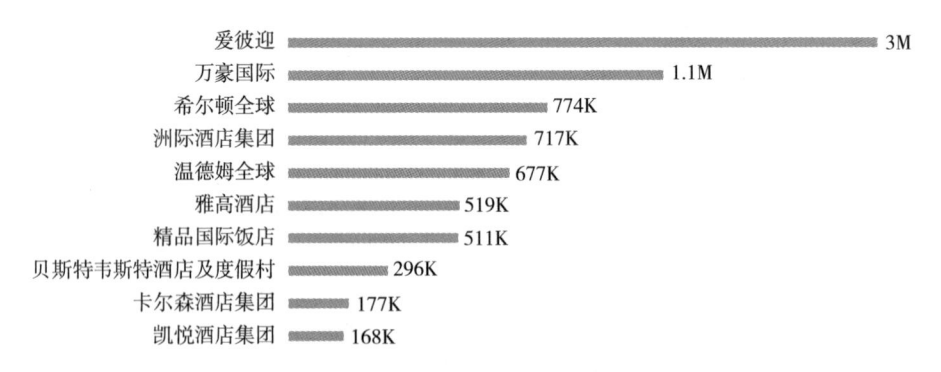

爱彼迎 3M
万豪国际 1.1M
希尔顿全球 774K
洲际酒店集团 717K
温德姆全球 677K
雅高酒店 519K
精品国际饭店 511K
贝斯特韦斯特酒店及度假村 296K
卡尔森酒店集团 177K
凯悦酒店集团 168K

Airbnb与传统酒店行业房间供给情况对比

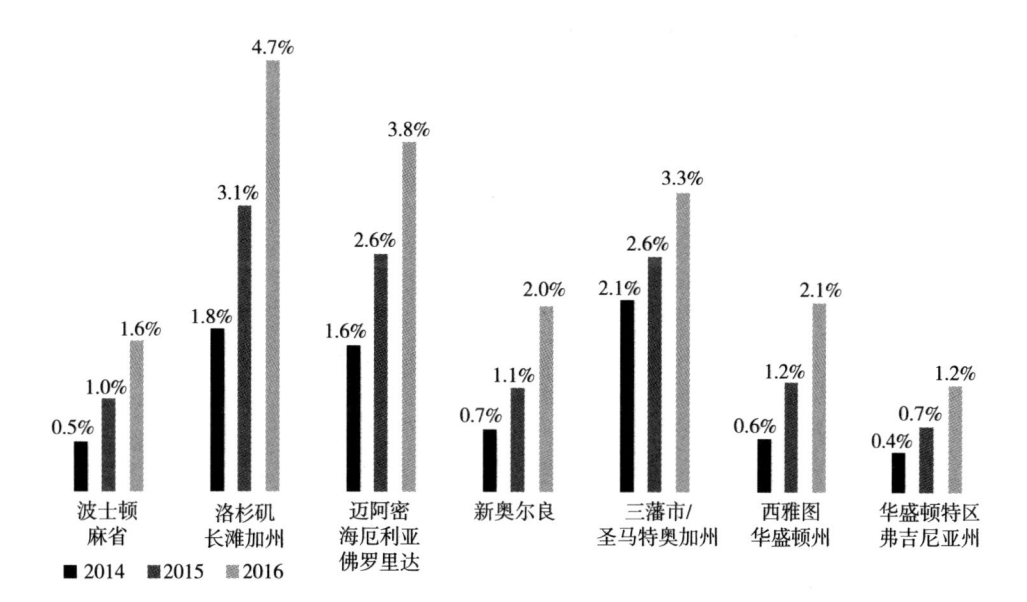

Airbnb 部分市场需求增长情况

波士顿麻省: 0.5% (2014), 1.0% (2015), 1.6% (2016)
洛杉矶长滩加州: 1.8%, 3.1%, —
迈阿密海厄利亚佛罗里达: 1.6%, 2.6%, 3.8%, 4.7%
新奥尔良: 0.7%, 1.1%, 2.0%
三藩市/圣马特奥加州: 2.1%, 2.6%, 3.3%
西雅图华盛顿州: 0.6%, 1.2%, 2.1%
华盛顿特区弗吉尼亚州: 0.4%, 0.7%, 1.2%

附录八：

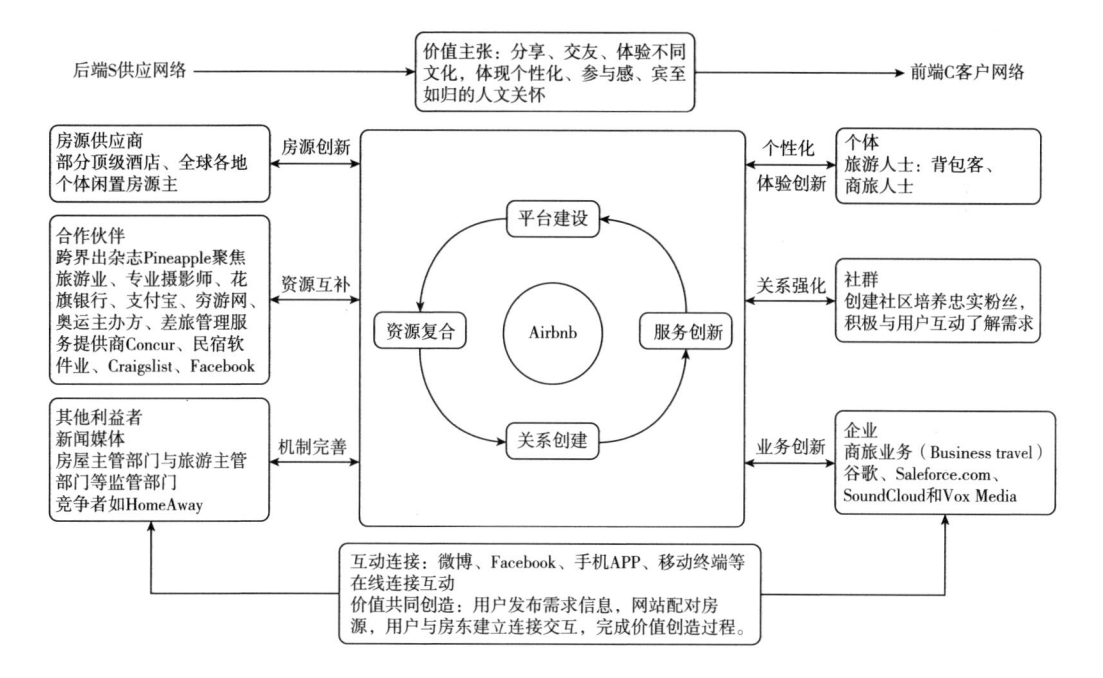

后端S供应网络 → 价值主张：分享、交友、体验不同文化，体现个性化、参与感、宾至如归的人文关怀 → **前端C客户网络**

房源供应商
部分顶级酒店、全球各地个体闲置房源主
— 房源创新 —

合作伙伴
跨界出杂志Pineapple聚焦旅游业、专业摄影师、花旗银行、支付宝、穷游网、奥运主办方、差旅管理服务提供商Concur、民宿软件业、Craigslist、Facebook
— 资源互补 —

其他利益者
新闻媒体
房屋主管部门与旅游主管部门等监管部门
竞争者如HomeAway
— 机制完善 —

中心圆圈：Airbnb — 平台建设、服务创新、关系创建、资源复合

个性化 体验创新 → **个体**
旅游人士：背包客、商旅人士

关系强化 → **社群**
创建社区培养忠实粉丝，积极与用户互动了解需求

业务创新 → **企业**
商旅业务（Business travel）
谷歌、Saleforce.com、SoundCloud和Vox Media

互动连接：微博、Facebook、手机APP、移动终端等在线连接互动
价值共同创造：用户发布需求信息，网站配对房源，用户与房东建立连接交互，完成价值创造过程。

附录九：

针对用户情感价值体验的访谈结果

问题	总结	证据援引
问题1	在9名受访者中，有8名都表示在自己使用过Airbnb以后的旅途当中，超过50%的情况下会选择使用Airbnb；有4名受访者表示也会因为共同出游人数的不同而影响其是否选择Airbnb的行为	"上一次使用Airbnb是今年国庆去台湾的时候，自己在第一次使用过Airbnb以后发现这个平台非常 user friendly，所以就一直用了"
问题2	在9名受访者中，有5名受访者表示当出行人数比较多时，会首选Airbnb；有7名受访者表示当自己旅行更希望能体验当地风土人情自由行时会更偏向选择Airbnb；有4名受访者提到会因为价格因素考虑使用Airbnb	"Airbnb上很多房子的装饰都有当地的特点，这一点非常能吸引到我去选择这些房子"
问题3	在9名受访者中，全部都提到了Airbnb可以让自己感受到情感价值的创造，其中8名受访者提到使用Airbnb可以与房东更加深切地交流从而创造情感价值和有效的用户连接	"我遇到的房东都是那种人很好很愿意交流的那种，有些现在还会跟他们保持联系，这一点上Airbnb真的很让人喜欢"
问题4	在9名受访者中，全部提到了Airbnb在交友上可以创造情感价值；有6名受访者提到带有当地风土人情的民宿可以创造情感价值	"首先就是这种民宿可以让人交到来自不同国家的朋友，这就是很明显的价值。还有你可以更好地体会当地的风俗啊什么的"
问题5	在9名受访者中，全部受访者都提到了Airbnb的使用体验尤其是情感价值上的创造可以促使自己重复使用Airbnb这个平台	"Airbnb这种模式让我对旅行又多了一份期待，认识不同的人，Airbnb是我旅行住宿的首选"

参考文献

[1] Kenter J O., et al. What Are Shared and Social Values of Ecosystems？[J]. Ecological Economics，2015（111）.

[2] 杨学成，陶晓波. 从实体价值链、价值矩阵到柔性价值网——以小米公司的社会化价值共创为例[J]. 管理评论，2015（7）.

[3] Bauwens M. Class and Capital in Peer Production [J]. Capital and Class，2009（97）.

[4] 杨学成，杨阳. 共享经济背景下的社会化共创——以Airbnb为例[J]. 内蒙古社会科学（汉文版），Jan.2017，Vol.38，NO.1.

[5] 江积海，李琴，平台型商业模式创新中连接属性影响价值共创的内在机理——Airbnb的案例研究[J]. 管理评论，2016（7）.

[6] Amit，R.，C.Zott. Value Creation in E-business [J]. Strategic Management Journal，2001，22（6）：493-520.

[7] Grewal, R., A. Chakravarty, A, Saini. Governance Mechanisms in Business-to-business Electronic Markets [J]. Journal of Marketing, 2010, 74 (4); 45 –62.

[8] Chakravarty. A., A. Kumar, R. Grewal. Customer Orientation Structure for internet-based Business-to-business Platform Firms [J]. Journal of Marketing, 2014, 78 (5); 1 –23.

[9] 汪旭辉,张其林,平台型企业声誉的构建——平台企业和平台卖家价值共创视角 [J]. 中国工业经济 2015 (11).

[10] STR Airbnb & Hotel Performance——An analysis of proprietary data in 13 global markets Analyzed.

第四部分

案例中心年度报告

陈瑞球亚太案例开发与研究中心 2015 年年度报告

一、管理学院三十周年庆——陈瑞球亚太案例开发与研究中心揭牌仪式

2015 年 3 月 14 日下午,"陈瑞球亚太案例开发与研究中心"揭牌仪式在管理学院顺利举行。执行院长李仲飞代表学院向陈瑞球博士颁发了"陈瑞球亚太案例开发与研究中心荣誉主任"聘书。此次陈博士慷慨解囊,向我院捐助 500 万元人民币,设立陈瑞球亚太案例开发与研究中心,拓展了我院的教学空间,对提升学院案例开发能力、深化教学实践、提高讲授技能与提高学生学以致用的能力等方面都将带来巨大帮助。

二、组织学院教师第六届全国百优案例评选

2015 年 3 月,为鼓励管理学科的教师基于中国制度与文化背景,联系本地区实际,积极开发高质量的中国企业管理案例,案例中心特组织学院 5 名教师参选第六届全国百优案例,同时,案例中心也是此次活动的组织者之一,中心组织了 5 位老师担任案例评审专家。

汤光华主任还常年担任中国案例共享中心主办刊物《管理案例研究与评论》的审稿人。2015 年共计评审了 16 篇稿件。

三、案例征集、评选、计划出版案例集

2015 年,案例中心共收集到来自各管理学科教师的 8 篇高质量案例,其中包括《苏宁转型之机:价值投资还是豪赌?》《外资并购与民族品牌安全:水井坊"外嫁"背后的思考》《长江制衣集团:传统与创新》等。同时组织 8 位外校专家对案例进行了评审,投稿学者将对案例进行修订,计划于 2016 年出版案例集。

四、案例中心参加哈佛商学院案例教学与写作培训

为了更好地帮助学院教师提高案例撰写与教学水平,案例中心副主任梁剑平博士参加了 2015 年 7 月和 2016 年 1 月于美国哈佛大学举办的案例教学与写作培训。来自全球多个国家和地区的 100 多位教师和学者参加了此次案例教学与写作培训,其中包括中国(含香港和台湾地区)、印度、巴基斯坦、新加坡、日本以及欧洲和南美等国家和地区的著名商学院。此次培训多名资深和优秀的哈佛商学院教授深入讲授了其著

名的案例教学和写作方法。

五、与管理学院联合承办第九届中国企业管理案例与质性研究论坛

2015年11月6~8日，由中国人民大学商学院和《管理世界》杂志联合主办、中山大学管理学院和中山大学陈瑞球亚太案例开发与研究中心联合承办的"中国企业管理案例与质性研究论坛（2015）"在中山大学管理学院国际会议厅隆重召开。本届论坛以"中国经济新常态下的企业管理理论构建"为主题，涵盖四场主题报告、三场工作坊、十五场分论坛、十二场圆桌讨论、一场期刊介绍专场等多种形式。本届论坛圆满完成各项既定日程目标，顺利闭幕。这是论坛创办以来第二次在北京以外的城市、由兄弟院校承办，再次获得热烈反响，参会人数再创历史新高。强烈的学术交流氛围自始至终弥漫在论坛各会场，参会师生相互碰撞学术思想，收获颇丰。他们表达了对下一届论坛的期待，并向论坛主办方提供了很多建设性意见并送上祝福。

汤光华及梁剑平在会上分别主持了两场分论坛。

六、案例比赛

2015年4月26日，汇丰银行广东省大学生商业案例大赛在北京大学汇丰商学院拉开帷幕。案例中心副主任梁剑平博士负责选拔和培训参赛队伍，参赛队伍获得此次赛事的第一名。

该项赛事由汇丰银行赞助，北京大学汇丰商学院主办，北京大学商业银行协会协办。汇丰银行（中国）有限公司副行长丁国良、北京大学汇丰商学院院长助理岑维、北京大学汇丰商学院助教授兰赛担当评委。汇丰银行（亚太区）企业可持续发展高级总裁李婉秋等出席了本次竞赛活动。案例大赛为全英文挑战和展示。比赛结束后，丁行长发表了感言，对今天优秀的参赛选手表示了肯定，并希望参赛队伍能真正从比赛中学到知识，借助比赛的机会积累实战经验，也希望商业大赛能够有益于参赛选手们未来的发展。最后，评委、嘉宾和参赛选手合影留念，活动圆满结束。本次比赛第一名将于6月赴香港大学参加亚太区商业挑战赛。

一等奖（第一名）小组名单：钟泽铭、张嘉润、麦楚滢、华恩迪（中山大学）。

2015年6月3~5日，梁剑平博士带领此支冠军队伍代表广东省赴香港大学参加亚太区商业案例挑战赛，击败多支亚太区队伍，并与北京大学同时获得大陆高校最佳成绩。

七、成立管理学院案例俱乐部（MBA学生、本科生）

2015年6月，案例中心副主任梁剑平博士带队赴香港大学参加汇丰银行亚太区商业案例比赛，和亚太区的多家著名商学院交流时发现，他们都有一个可以互相学习和

交流案例的平台：案例俱乐部。因此，由梁剑平博士倡议，在案例中心主任汤光华副教授的大力支持下，梁剑平博士及获得 2015 年汇丰银行广东省大学生商业案例大赛冠军的小组成员（钟泽铭、张嘉润、麦楚滢、华恩迪）草拟了俱乐部的相关章程。经过多次讨论和修改，最终确定把案例俱乐部定位为学生自发建立的学生组织，案例中心将全力协助案例俱乐部开展相关的活动，包括提供合适的人力、物力和财力的支持。2015 年 9 月，中山大学本科和 MBA 的案例俱乐部相继成立，现已各拥有会员数十人。2015 年 12 月，针对案例俱乐部成员，案例中心主任汤光华副教授主讲了"案例的智慧"讲座，案例中心副主任梁剑平博士主讲了"案例分析方法"讲座。

八、哈佛、IVEY 案例使用情况

2015 年，我院和哈佛商学院签订了新的购买案例协议，我院教师可以较大折扣购买哈佛商学院案例。同时，我院与 IVEY 商学院签订了购买 IVEY 案例库的使用协议（site license），我院教师可以不受数量限制使用 IVEY 商学院案例库的超过 8 000 多份案例。

九、举办学术讲座，参加案例研讨会

2015 年 11 月 6 日，在管理学院 M301 举办了一场名为"佩玉者顺行——如何开发优秀教学案例"的讲座。主讲人史有春为南京大学商学院市场营销系教授，商学院案例研究与教学中心主任。

中心汤光华主任、梁剑平副主任与史有春教授进行深入探讨，关于未来一年在案例论坛的举办以及案例中心的网站等方面的工作得到史教授建设性的建议；我院十多位对案例撰写有兴趣的老师参加了此次讲座，就案例的设计、写作等与史教授进行沟通分享，纷纷表示从中受益匪浅。

2015 年 4 月 23~24 日，汤光华主任参加了在西安工业大学举办的"第六届中国管理案例学术年会"，为会议提交论文《科学、艺术与管理教育》，与多位外校案例中心主任交流，参加中国管理案例共享中心的工作会议。

十、开设留学生案例课程以及案例著作和译作出版

2015 年 9 月，中心梁剑平副主任在参加哈佛商学院案例教学与写作培训后，开设了一门新的留学生课程，课程使用全英文及全案例教学方式，并于每个学期开设一期，每个学年共开设两期。

刘运国教授在 2015 年 1 月由中国财政经济出版社出版了个人专著《中国情境的管理会计案例研究》。

汤光华副教授在 2015 年分别由中国人民大学出版社和人民邮电出版社出版了译

著《信誉至死》及《反直觉投资》。

十一、中心网站建设

辰米网络科技有限公司服务于案例中心的网站建设，网站内容正在进一步完善中，包括案例集上传、案例相关书籍的展示等。

十二、Ivey 总监来访交流

2015 年 12 月 4 日，Ivey 商学院香港校区（主管亚洲事务）的卡罗尔·张（Carol Zhang）总监（Business Development Director）来到中山大学管理学院，与中心梁剑平副主任会面，并亲切交流了两家商学院案例中心相关工作的心得体会和计划设想，会面取得了非常良好的效果。2016 年 1 月，卡罗尔·张总监再次和中心梁剑平副主任联系，经过双方协商和大力推动，Ivey 商学院香港校区的主管副院长克里斯·陈教授（Prof. Chris Chan）将于 2016 年 2 月 17 日和卡罗尔·张总监一起到访中山大学管理学院，并和案例中心的主管副院长刘运国教授、中心汤光华主任、以及梁剑平副主任会面，进一步商谈双方合作事宜。

十三、参与学院专业学位论文改革方案的制定

2015 年元旦，汤光华主任与学院书记及相关老师一行出访中国航空航天大学管理学院，了解该院有关案例型毕业论文的相关政策。回来后，参照其做法，制定出本院教学型专业学位论文评阅标准，未来会在专业硕士论文写作中推广。

陈瑞球亚太案例开发与研究中心 2016 年年度报告

总结 2016，中心在学院领导以及陈瑞球博士的支持下，在原有工作基础上稳步前行，积极与海内外知名商学院探讨案例开发与写作方面的合作，同时也与加拿大使馆、本院 EMBA、MBA 中心等机构、部门探讨合作案例论坛事宜，并主要负责承办了第四届全国管理案例精英赛总决赛以及第二十二届中国管理案例共享中心"管理案例开发与案例教学"师资培训班，进一步提升了本中心在全国各商学院及高校的知名度。

由中心负责管理的学生案例俱乐部，今年也逐渐开始推动相关活动，致力于做到教与学及务实同步，切实帮助我们的本科生、MBA 学生，让他们在求学期间也有更多实践操练。帮助学生们提高自身的各项技能。

在新的一年将致力于落实相关的合作细节，切实提升中心的案例教学与科研工作在海内外的影响力。

相关活动介绍：

一、Ivey 中国香港校区院长及总监来访我院案例中心

2016 年 2 月 17 日下午 15：00，IVEY 香港校区陈维康（Chris WH Chan）院长、郑健华（Carol Zhang）总监来访我院案例中心，中心汤光华主任与梁剑平副主任在何氏会议室接见两位嘉宾，双方就合作撰写案例、举办案例论坛以及项目合作的可行性进行深入探讨。

二、IVEY 商学院院长来访我院

3 月 17 日中午，IVEY 商学院的罗伯特·肯尼迪（Robert Kennedy）院长和陈维康副院长来访我院，我院王帆院长、案例中心汤光华主任以及 EDP 中心主任助理罗萍老师接待了 IVEY 两位院长。王院长对两位院长的到来表示欢迎，并介绍了学院的情况以及战略发展思路，IVEY 商学院院长也对 IVEY 的基本情况做了介绍。双方就 IVEY 成功的案例教学展开合作进行探讨；以案例教学为中心，发展两院教师优势，开展主题学习。

会面在愉快的氛围中结束，王院长向 IVEY 院长赠送礼物并合影留念，双方都表示非常期待将来能够展开更多的合作与交流。

三、拜访加拿大大使馆

2016年4月26日下午，案例中心梁剑平副主任及中心秘书何柳萍拜访加拿大驻广州领事馆，探讨关于双方合作举办粤港地区中加案例高峰论坛事宜。

四、5月10～13日，案例中心梁剑平副主任与管理学院四位教师赴香港IVEY商学院参加案例教学与书写工作坊。

应IVEY商学院郑总监推荐及邀请，同时为提升我院教师在案例开发与教学方面的研究能力，中心梁剑平副主任与学院任荣伟教授、刘阳春、陈玉罡、李炜文副教授一同赴IVEY香港商学院参加为期3天的案例教学与书写工作坊。本次工作坊由毅伟商学院苏宁教授主讲，参会老师纷纷表示在这个学习过程中收益良多，对自己在今后的科研和教学工作都有很大的帮助，非常感谢案例中心资助提供这次学习机会。

五、中心两位主任携管理学院MBA学子荣获第四届全国管理案例精英赛华南赛区晋级赛冠军、季军

2016年7月8～9日，案例中心汤光华主任、梁剑平副主任带领我院MBA学子"冲上云霄队"和"中大联队"赴深圳大学参加第四届全国管理案例精英赛华南区晋级赛。此次赛事由全国工商管理专业学位研究生教育指导委员会等单位主办，深圳大学承办，华南区共有6所院校11支队伍参加此次比赛。大赛围绕"海信接管夏普电视美洲业务：借力攀爬还是为他人作嫁衣？"这一两难择选问题展开。我院学子在中心两位主任的精心指导下，荣获本届华南赛区晋级赛的冠军和季军。

六、2016年中心组织我院6位老师参加第七届百优案例评选

今年，中心组织学院6位师生提交8篇案例参加第七届全国百篇优秀案例评选，我院师生积极准备、参与，提交案例不论从选题、内容还是形式上，都比往年有很大的提升。

七、学生案例俱乐部工作

今年10～12月，在中心两位主任的支持下，管理学院本科生案例俱乐部筹办了实习求职分享会、模拟案例面试以及新会员招募等活动。

八、举办"佳书抵万金"读书会

为提升学院学生的阅读兴趣，并满足同学们对科学研究、对知识及真理的求索热情，中心主任汤光华老师分别于6月18日和11月5日推动举办"佳书抵万金"的读

书会,邀请在证券投资以及企业文化研究方面的专家,与师生们一起品读《漫步华尔街》([美]伯顿·G. 马尔基尔)、《聪明的投资者》([美]本杰明·格雷厄姆)、《人类简史:从动物到上帝》([以色列]尤瓦尔·赫拉利)、《清教徒的礼物》([美]肯尼斯·霍博,威廉·霍博)等优秀著作,既关注专业知识的分享,同时也关注人类起源文化及美德的探索。

九、承办"陈瑞球案例中心杯"全国案例精英赛总决赛以及师资培训班

我院于 2016 年初获得承办第四届全国管理案例精英赛"陈瑞球案例中心杯"全国总决赛以及第二十二届中国管理案例共享中心"管理案例开发与案例教学"师资培训班的机会。此两项活动均由全国工商管理专业学位研究生教育指导委员会、中国管理案例共享中心主办,由案例中心负责统筹、筹备此次活动。

继 7 月 9 日两位主任带领 MBA 学员取得华南区冠、季军的佳绩之后,老师学生们一刻不松懈,在课余时间常聚首探讨案例比赛分析事宜。

经过细致紧凑的筹备工作,9 月 23~24 日,案例大赛总决赛如期在我院举行,经过历时两天激烈角逐,我院 MBA 代表队以总分 89.42 分的佳绩荣获亚军并荣获赛区组织奖。

同时,9 月 25 日,由全国工商管理专业学位研究生教育指导委员会、中国管理案例共享中心主办,我院(案例中心具体负责)承办的第二十二届中国管理案例共享中心"管理案例开发与案例教学"师资培训班在怀士堂成功举行。来自全国 90 余所院校共 150 余名教师参加了本届培训。我院李广众副院长及案例中心汤光华、梁剑平两位主任出席了研讨班,其中两位主任还担任研讨班主持及点评专家。

本次培训班邀请了来自西南科技大学、清华大学、台湾科技大学、南京大学等高校的老师,大家就如何撰写案例使用说明、写作流程、关键要点、要素构成分享了各自的观点和心得体会。

此次培训班获得了广大参会代表的认可和好评,大家纷纷表示内容贴近教师的需求,收获满满,代表们也对中山大学管理学院及案例中心的组织工作表示感谢。

十、支持学院老师参加哈佛商学院案例教学与写作培训

为了更好地帮助学院教师提高案例撰写与教学水平,案例中心于 2016 年 7 月支持刘运国教授参加美国哈佛大学举办的案例教学与写作培训。来自全球多个国家的 100 多位教师和学者参加了此次案例教学与写作培训,其中包括中国(含香港和台湾地区)、印度、巴基斯坦、新加坡、日本以及欧洲和南美等国家和地区的著名商学院。此次培训由多名资深和优秀的哈佛商学院教授深入讲授了其著名的案例教学和写作方法。

十一、哈佛商学院拜访案例中心

9月20日,哈佛商学院中国区代表应蔚芸来访案例中心,中心两位主任在何氏会议室接待了应女士,应女士详细介绍了哈佛商学院目前在亚太区的发展趋势,以及他们的产品使用;同时中心也详细介绍了我院在过往几年中参加哈佛商学院的案例教学培训,以及对哈佛案例的使用情况等,双方均积极表示在今后可以开拓更多合作方式。

十二、哈佛、IVEY 商学院案例使用情况

2016年,案例中心一如既往协助学院教师订购哈佛案例和IVEY案例。

陈瑞球亚太案例开发与研究中心 2017 年年度报告

2017 年度，陈瑞球亚太案例开发与研究中心在学院领导、陈瑞球博士的大力支持和帮助下，在原有工作基础上大步前行，各项工作有条不紊地开展。

本年度，中心组织并资助学院教师参加各项案例项目活动学习培训，比如美国哈佛商学院教学案例写作全球培训项目学习、中欧"案例大师成长营"培训等；组织并培训我院学生参加汇丰商业案例分析比赛、全国 MBA 管理案例精英赛，都取得了出色成绩，对我院教师的科研教学和学生的专业学习水平提高做出了贡献。

在国际案例使用方面，中心与 IVEY 案例库、哈佛商学院出版社（HBSP）教学案例数据库续签合约，并开办读书会培养学生案例分析的素质和能力；在案例实践学习方面，专门为学生安排企业系列参访活动，为"读万卷书，行万里路""理论结合实际"提供优渥的条件。

本年度，中心加大了鼓励、发现、推荐、收编优秀案例的支持力度，组织参加第八届百优案例评选，两篇案例成功入库；开展优秀管理案例书籍征稿活动，激发师生案例创作热情；中心梁剑平副主任一篇案例成功进入国际顶级的 IVEY 案例库，树立了新的里程碑。

中心不仅充分发挥往年积累的资源优势，大力支持学生案例俱乐部的相关活动，使得案例俱乐部的两名成员成功斩获 IVEY 商业案例大赛一等奖；同时大胆创新，主办了 2017 首届"陈瑞球案例中心杯"中山大学管理学院—IVEY 商业案例大赛，继承优良传统，开创美好未来。

一、组织并资助学院教师参加培训，提升教学能力

1. 支持并资助学院教师参加美国哈佛商学院教学案例写作全球培训项目，学习案例教学经验

2017 年 7 月 21~31 日，陈瑞球案例开发与研究中心支持并资助刘静艳教授、宋耘副教授前往美国哈佛商学院进行学习。哈佛商学院的 MBA 课堂多采用案例教学方式，认为案例教学能有效提升学生的经验基础。通过这次在哈佛商学院的学习，两位老师得以站在学生的角度感受案例教学的效果，而同时又站在教师的角度思考案例教学的利弊，对于如何组织课堂案例讨论有了比较清晰的认识，受益匪浅。

2. 支持并资助学院教师参加 2017 中欧"案例大师成长营"

2017 年 10 月 9~10 日，陈瑞球亚太案例开发与研究中心支持并资助李炜文副教授赴上海参加 2017 中欧"案例大师成长营"培训活动。2016 年起中欧国际工商学院推出"案例大师成长营"培训活动。"成长营"由中欧教授执教，通过教学示范与课堂互动，分享中国主题案例教学与写作经验。李老师表示在学习过程中收益良多，且对自己今后的科研和教学工作都有很大的帮助，非常感谢陈瑞球亚太案例开发与研究中心提供这次学习机会。

二、组织并培训学生参加案例比赛及企业参访，提升专业知识

1. 组织培训学生参加汇丰商业案例分析比赛，荣获中国南区赛亚军

2017 年 4 月 23 日，汇丰商业案例分析比赛中国南区赛在广州太古汇汇丰银行召开。中山大学代表队由陈瑞球案例开发与研究中心副主任、"中国营销创新"科研团队梁剑平副教授带队和指导，张才文副教授全程参与并给予指导，从众多代表队中脱颖而出，斩获亚军。这与我院老师在课堂上给学生打下的扎实专业基础，与学院对学生的素质培养密切相关。

汇丰商业案例分析比赛始于 2008 年，是一个注重管理学领域案例分析的本科生赛事，由香港大学亚洲案例研究中心（ACRC）主办，致力于为亚太地区商学院本科生提供高规格的国际交流平台，在亚太地区颇具影响力。

2. 组织培训 MBA 学生参加 2017 第五届全国管理案例精英赛华南赛区总决赛，荣获季军和最有价值队员奖。

2017 年 7 月 9 日，陈瑞球案例开发与研究中心汤光华主任、梁剑平副主任带领学院 MBA 学生赴华南师范大学参加 2017 第五届全国管理案例精英赛华南赛区总决赛，荣获季军，龙潜同学荣获"最有价值队员奖"。

全国管理案例精英赛旨在通过对社会经济热点案例的分析与讨论，高度模拟现实商战，提升 MBA 学员的综合分析能力与决策能力，进一步加强学员们对企业的深刻理解。

三、提供充沛案例资源，培养学术素质

1. 正式续签毅伟（IVEY）案例库

2017 年，陈瑞球案例开发与研究中心协助学院教师订购 IVEY 案例。

2017 年 7 月 12 日，陈瑞球案例开发与研究中心严格按照中山大学政策法规办的程序，正式续签 2017~2018 年毅伟案例库使用权购买合约。

2. 正式续签哈佛商学院出版社（HBSP）教学案例数据库

2017 年，案例中心协助学院教师订购哈佛案例。

2017年11月2日，陈瑞球案例开发与研究中心严格按照中山大学政策法规办的程序正式续签2017年7月~2018年6月哈佛商学院出版社（HBSP）案例库。

3. 举办"佳书抵万金"读书会活动

为提升学院学生阅读的兴趣，激发同学们对科学研究、对知识及真理的求索热情，陈瑞球案例开发与研究中心主任汤光华老师于2017年6月17日举办"佳书抵万金"的系列读书会活动，本次的主题为"创新：极值体验与实现路径"，邀请了陈冲（管理学硕士，公司CEO、创始人）、潘绍章（艺术学硕士、设计师、公司设计总监）两位嘉宾与师生们一起品读《想象：创造力的科学与艺术》（［美］乔纳·莱勒)、《创新者的窘境》（［美］克里斯坦森)、《主动的UI设计师：设计师应该了解的高效工作流程》（［中］米田）等优秀著作。

四、提供实地参访机会，培养实践能力

组织参访广州金控、广东猪兼强公司

2017年11月，在管理学院陈瑞球亚太案例开发与研究中心、本科教务办的大力支持下，梁剑平副主任组织《案例研究方法》2014届、2015届本科选修班、2016届市场营销专业双学位班、2017Fall留学生班以及案例俱乐部的学生，分别参访了广州金控网络金融服务股份有限公司、广东猪兼强互联网科技有限公司，并与企业高管交流，了解公司当前的主要产品、商业模式以及远期战略目标等，以加深对具体行业的认知。

通过参访活动，同学们普遍反映不仅深化了对理论学习的认识，而且通过真正的实践来了解企业和行业实际情况，学会从案例开发与研究视角来进行企业情况研究，让大家亲验了如何才能更好地学习《案例研究方法》课程，着实受益匪浅，并热切期盼陈瑞球亚太案例开发与研究中心今后多开展企业参访活动，为我院师生案例研究方法学习、企业案例研究与撰写创造更多机会和条件。

五、加大鼓励、发现、推荐、收编优秀案例的支持力度

1. 积极进行优秀管理案例书籍征稿活动

在教学案例的开发上，以哈佛商学院和毅伟（IVEY）商学院等著名院校的优秀案例为范本，中心竭力推动教学案例的高标准与国际化，从2006年开始，中心已整理出版了七辑高质量的《中山大学管理案例研究》。过去五年，有8篇案例荣获全国MBA教指委主办的全国"百优"案例奖，有2篇案例入选海外案例库，有12篇案例入选国内高校的案例库。

为继续推动工商管理学科案例编写和MBA案例教学，鼓励我院管理学科的教师基于中国制度与文化背景，联系本地区实际，积极开发高质量的中国企业管理案例，

陈瑞球亚太案例开发与研究中心2017年11月面向学院院内教师队伍诚征优秀管理案例，对参选的管理案例，本中心将遵循公开、公平、公正的原则，实行尊重科学、发扬民主、鼓励创新的方针，充分发挥专家的作用，采用案例中心内部科研人员与外部领域专家联合评审的方式对参选案例作评审。目前活动正在积极进行中。

2. 组织我院师生参加第八届百优案例评选

两篇案例成功进入中国管理案例共享中心案例库

2017年5月，陈瑞球案例开发与研究中心组织学院师生提交案例参加第八届全国百篇优秀案例评选，我院师生积极准备、参与，不论从选题、内容还是形式上，都比往年有很大的提升，最终获得了可喜的成绩——于洪彦教授、申文果副教授提交的《顺利啤酒：如何找出败北之原因？》；朱沆教授、杨稷、温舒婷提交的《窝趣：前路向何方》经专家评审，符合中国管理案例共享中心案例库入库标准，已正式收录至中国管理案例共享中心案例库，在全国MBA培养院校中共享。

中心梁剑平副主任英文案例入选毅伟（IVEY）案例库：Paper Stone：Building A Bakery Industry Luxury Brand。

六、助力学生案例俱乐部，培养案例分析人才

管理学院学生案例俱乐部由陈瑞球亚太案例开发与研究中心指导成立，属于陈瑞球亚太案例开发与研究中心旗下学生兴趣类组织。成员涵盖2015届、2016届人力资源管理、市场营销、会计学等专业的优秀本科生，顺利完成了新一期会员的招募工作。

换届工作顺利完成，第二期会员招募工作圆满结束

2017年7月，管理学院学生案例俱乐部顺利完成交接工作，确立以谭佳怡、李伟祥、高蔼琳为核心的新一期管理团队。在陈瑞球亚太案例开发与研究中心的大力支持下，管理学院学生案例俱乐部于2017年9月通过线上答疑、微信推送、年级群宣传等形式成功吸纳13位优秀本科生加入管理学院学生案例俱乐部，成为第二期管理学院学生案例俱乐部会员。新招募的会员包括6名2015届学生、7名2016届学生，专业背景涵盖财务管理、会计学、人力资源管理等，确保了团队的多样性，为日后案例分析活动中多元化的思想碰撞奠定了良好基础。

举办案例分析技巧分享活动，顺利推进模拟案例分析系列活动

为加强管理学院学生案例俱乐部成员的案例分析基本技巧的培养，管理学院学生案例俱乐部鼓励所有第二期成员参与由陈瑞球亚太案例开发与研究中心举办的2017中山大学管理学院—IVEY商业案例大赛。为让第二期会员为赛事做足准备，2017年9月，管理学院学生案例俱乐部邀请2017年汇丰商业案例分析大赛中国南区亚军队伍的成员，为第二期成员做案例分析技巧的分享，并与同学积极交流，帮助同学加深对案例分析的认识。经由培训，共有3位成员入围该赛事的十强，2位成员在其后斩获

中山大学管理学院—IVEY 商业案例大赛总冠军，收获甚丰。

此外，管理学院学生案例俱乐部亦开展两期以陈瑞球亚太案例开发与研究中心提供 IVEY 商学院全英管理案例为学习材料、鼓励成员以小组模式展开限时密室分析的模拟案例分析训练活动，与会成员均表示受益匪浅。

邀请 MBA 校友、已保研的优秀学子做行业研究、求职面试等主题讲座，助力于提升俱乐部成员的专业素养

为提升学生们的专业素养，加强对实业的基本认识，管理学院学生案例俱乐部先后邀请本土企业管理咨询龙头企业的资深高管陈冲校友，以及分别成功推免清华大学经济与管理学院、上海交通大学上海高级金融学院的 2014 级优秀本科生黄星铭、林梓佳为俱乐部成员做专业素养提升的相关主题演讲，内容包括咨询行业常用分析工具、简历制作及小组面试技巧等，与会成员非常珍惜课堂外对实务世界的了解机会，与嘉宾多有互动与交流，为俱乐部成员其后的专业实习奠定了良好基础。

建立"商学院学生时事交流群"，鼓励俱乐部成员关心时事以培养商业嗅觉

为帮助同学们加深对实务动态的了解、培养对专业相关商业时事的敏感，管理学院学生案例俱乐部成立"商学院学生时事交流群"线上微信群，鼓励俱乐部成员每天分享一篇商业时事新闻微信推送并附以评论，形成良好的交流氛围。除了线上分享外，管理学院学生案例俱乐部亦鼓励成员跟踪具体热点，于 2017 年 11 月完成了自主选题的 7 分钟商业时事热点跟踪汇报。此次分享活动主题多元，包括关注房市政策波动的"房子：投资品还是必需品？"、关注长租公寓市场发展的"政策暖风吹，长租新南海？"、关注人工智能发展的"AI 时代玩家攻略"等在内的主题演讲，覆盖投资、政策、营销等多领域，充分展现出同学们对资料的搜集、整理能力以及杰出的分析能力。

七、举办首届"陈瑞球案例中心杯"中山大学管理学院—Ivey 商业案例大赛，展现管院风采

2017 年 10 月 28 日，在中山大学管理学院和加拿大西安大略大学毅伟商学院（Richard Ivey School of Business, University of Western Ontario）的大力支持下，由管理学院陈瑞球亚太案例开发与研究中心主办的 2017 首届"陈瑞球案例中心杯"中山大学管理学院—IVEY 商业案例大赛（SYSBS – IVEY Business Case Competition）在南校园管理学院善思堂国际会议厅顺利举办。

本次案例分析大赛分初赛、半决赛、总决赛三个阶段，历时约一个半月，吸引到了来自全校不同类型（包括外国交换生）、不同院系专业的 400 多位同学报名参赛。总决赛现场，我院党委漆小萍书记、刘静艳副院长、李广众副院长、周晶副书记、陈瑞球案例开发与研究中心副主任梁剑平副教授、旅游酒店管理系傅慧教授等领导和专任教师应邀出席，分别担任比赛的嘉宾和评委。

决赛过程中，各队伍从容不迫，分工合作，体现了他们良好的团队协作能力，面对嘉宾和评委们进行答辩时，各队伍稳定发挥，赢得了评委老师们的赞许。最后，评委嘉宾们各自表达了对同学们的期望，希望通过这样的形式让同学们得到更多的培训与锻炼，不断提升自己，从而走出校园，走向亚太地区，甚至是全球性的平台，与世界更多著名高校的商学院学生开展更深层次的学习与交流。

回顾与展望

回首 2017，陈瑞球亚太案例开发与研究中心在培养师生教学科研与学习钻研能力方面不遗余力，在案例材料与实践机会方面提供充沛资源，在发现与奖励优秀案例方面投入巨大，努力办好已有社团活动与开创创新培养模式。

2017 年度，陈瑞球亚太案例开发与研究中心成绩斐然，所培养师生获得切实的能力提升与骄人的荣誉，斩获汇丰商业案例分析比赛中国南区亚军、全国管理案例精英赛华南赛区季军，四篇案例分别入选中国管理案例共享中心案例库与 IVEY 案例库。

展望 2018，中心将继续加大对师生能力培养、对优秀案例奖励的力度，激发师生教学与研究热情，组织出版优秀案例汇编，开办案例交流研讨会议，加强与国内外著名商学院与案例研究中心的交流合作，为中山大学管理学院成为亚太地区案例研究领军力量奠定基础，为建设"双一流"学科做出贡献。

陈瑞球亚太案例开发与研究中心 2018 年年度报告

岁月不居，时节如流。2018 年度，陈瑞球亚太案例开发与研究中心在中山大学基金会、学院各级领导的大力支持和帮助下，坚持初心、开放创新，在原有工作基础上奋力向前，各项工作有条不紊地开展。

在举办与参与案例赛事方面，中心与 IVEY 商学院合作，成功举办第一届 SYSBS－IVEY 全球商业案例大赛暨案例系列活动，吸引了来自全球 62 个国家与地区共 173 支队伍参加。同期举行的案例工作坊、案例论坛、圆桌讨论、案例大讲堂和案例思享会等系列活动得到了校内外师生的广泛关注。同时，中心充分发挥资源优势，选拔培训并指导学生队伍参加汇丰商业案例分析比赛、全国 MBA 管理案例精英赛（华南区晋级赛、全国总决赛）、2018 IIBD 国际案例大赛，以及 2019 汇丰"未来之星"冬令营共 5 场赛事并取得佳绩，极大提高了中心的品牌形象及学生的专业学习水平。

在案例教学方面，中心继续坚持服务老师、服务学院教学的宗旨，组织并资助学院教师参加各项案例项目活动学习培训，如美国哈佛商学院教学案例写作全球培训项目学习、中欧"案例大师成长营"培训，致力于提高我院的案例教学能力。

本年度，中心率先完成 2018 年 IVEY 案例库、哈佛商学院出版社（HBSP）教学案例库续签手续，为学院师生使用案例教学提供便利；中心主任梁剑平副教授担任第一作者的英文商科教学案例成功在 IVEY 商业英文案例库在线出版发行。同时，中心继续征集优秀案例并将在 2019 年组织校内外专家进行评选，以期 4 月份出版成集。

中心秉承为学生提供良好学习环境和机会、培养案例人才的精神，坚持举办企业参访、案例思享会等系列活动，并大力支持学生案例俱乐部的发展。本年度中心共组织了 6 次企业参访，其中不乏腾讯、高露洁等知名企业；组织"案例思享会"专题讲座 11 场，通过与海内外知名学者的学术交流促进学生的进步与发展。目前，案例俱乐部已完成第三届会员的招新工作并针对新成员举办了若干案例学习活动。

同时，中心继续以开放学习与合作的心态，加强与国内外各学术机构、院校的合作与交流。中心梁剑平主任、程江慧老师赴加拿大西安大略大学毅伟商学院香港校区开展交流访问；并赴印度新德里参加 2018 管理案例国际会议。中心相信，在全球化的当今时代，推动合作与交流对中心的发展至关重要。

一、合作共创新,与毅伟(IVEY)商学院合作举办 2018 SYSBS – IVEY 全球商业案例大赛暨案例系列活动

2018 年 11 月 9~11 日,2018 SYSBS – IVEY 全球商业案例大赛暨案例系列活动成功举办。本次活动由中山大学管理学院与加拿大韦仕敦大学毅伟商学院联合主办,中山大学管理学院陈瑞球亚太案例开发与研究中心与加拿大韦仕敦大学毅伟商学院亚洲案例中心联合承办,由中山大学管理学院案例俱乐部与毅伟商学院亚洲校友会共同协办。

2018 SYSBS – IVEY 全球商业案例大赛共分为晋级赛、半决赛、总决赛三个阶段,吸引了来自全球 62 个国家与地区共 173 支队伍。晋级赛通过交叉评分、多轮复议的匿名评审方式,评选出了最终进入半决赛的 10 支队伍。

除了精彩纷呈的比赛,案例工作坊、案例论坛与圆桌讨论、案例大讲堂、案例思享会等活动作为本次大赛的案例系列活动也顺利举办。

最终,香港科技大学代表队凭借出色的表现夺得桂冠,同时获得了最佳团队奖项;香港大学代表队摘得亚军;马尼拉雅典耀大学代表队获得季军;南开大学代表队则取得了第四名的成绩。

颁奖仪式的最后,中山大学管理学院漆小萍书记做闭幕致辞,为本次活动画上了完满的句号。漆书记对 2018 SYSBS – IVEY 全球商业案例大赛暨案例系列活动的圆满举办表示了祝贺,高度肯定了选手们在大赛中展现的专业能力与团队精神。

2018 SYSBS – IVEY 全球商业案例大赛暨案例系列活动,一方面是中心对于案例比赛及活动形式的成功探索,提供了推广案例知识、锻炼学生能力的平台;另一方面,也通过和 IVEY 商学院的强强联手,在全球范围内提升了中心的知名度和影响力,推动了案例中心的品牌化进程。

二、赛事现风采,选拔与指导学生队伍参与多项案例比赛

在参与案例比赛方面,中心 2018 年全力辅助学院进行选拔工作与指导工作。相较 2017 年,本年度在中心指导与培训下,学生参与的全球、国家、地区等赛事更多,过程收获也更为丰硕。

竞赛项目与成果	负责工作
第六届全国管理案例精英赛(2018)华南区晋级赛冠军队	指导工作
第六届全国管理案例精英赛(2018)华南区晋级赛季军队	指导工作
第六届全国管理案例精英赛(2018)全国总决赛季军队	指导工作

续表

竞赛项目与成果	负责工作
2018 SYSBS – IVEY 全球商业案例大赛	指导工作
2018 汇丰商业案例大赛	选拔与指导工作
2019 汇丰"未来之星"冬令营	选拔工作
2018 IIBD 国际案例大赛	选拔工作

三、组织并支持学院老师参加案例教学与写作培训

1. 支持并资助学院教师李广众教授、王永丽教授参加美国哈佛商学院教学案例写作全球培训项目

哈佛商学院的 MBA 课堂多采用案例教学方式,认为案例教学能有效提升学生的经验基础。通过这次在哈佛商学院的学习,两位老师得以站在学生的角度感受案例教学的效果,而同时又站在教师的角度思考案例教学的利弊,对于如何组织课堂案例讨论有了比较清晰的认识,受益匪浅。

2. 组织并资助学院老师陈玉罡教授参加 2018 中欧"案例大师成长营"培训

中欧国际工商学院于 2016 年开始推出"案例大师成长营"培训活动。"成长营"由中欧教授执教,通过教学示范与课堂互动,分享中国主题案例教学与写作经验。

四、组织学生进行企业参访与学习

本年度,中心面向我院师生共组织 6 场企业参访,得到热爱案例、对案例研究有兴趣的学生的积极参与。参访企业中不乏阿里巴巴、唯品会、腾讯等知名企业,在走进企业的同时,也让学生通过实地学习,收获更多课堂之外的见识与经历。

时间	参访企业
3月13日	广州白云山和记黄埔中药有限公司
3月14日	高露洁
3月21日	美的集团
4月11日	唯品会与阿里巴巴
5月8日	腾讯深圳总部
12月13日	区块链国际创新中心

五、提供优秀案例资源,鼓励案例写作与征集,大力推动案例开发与教学

1. 继续推进哈佛与 IVEY 商学院案例订购工作,提供丰富案例资源

2018年，案例中心协助学院教师订购哈佛与IVEY商学院案例，案例主要使用于课堂教学、案例大赛、研讨会。使用案例教学的课程包含了运营管理、商务沟通、营销管理、战略管理等。

案例中心将会在2019年继续辅助教师在专业课程教学中大力推动案例教学，鼓励同学们知行合一，理论实践融会贯通。

2. 鼓励案例写作与发表，做好案例开发与研究

2018年1月，案例中心主任梁剑平副教授担任第一作者的英文商科教学案例"Yangtzekiang Garment Group Company：Challenges And Opportunities In Transformation"被国际著名案例研究机构——毅伟商业案例库在线出版发行（案例编号：9B18D001）。

喜讯 | 我院梁剑平副教授撰写的英文案例成功入选加拿大IVEY商学院案例库

原创：sysbs 中山大学管理学院 2018-04-03

近日，由我院梁剑平教授担任第一作者的英文商科教学案例"Yangtzekiang Garment Group Company: Challenges And Opportunities In Transformation"被国际著名案例研究机构——毅伟商业案例库在线出版发行（案例编号：9B18D001）。

3. 加强案例征集，评选，计划出版案例集

案例中心在2017年发布了关于开展优秀管理案例书籍的征稿通知。在2018年上半年，中心收集到了许多关于优秀管理案例书籍的征稿投稿以及案例授权书，并于8月安排两轮国内外专家匿名评审，同时向投稿学者及时反馈修改意见，计划于2019年4月出版案例集。

4. 组织我院师生参加第九届百优案例评选

同时，2018年5月，中心组织我院师生参加第九届百优案例评选，并积极推荐我院11位教师进入案例评选专家库。

六、助力学生案例俱乐部，培养案例分析人才

1. 大力支持学生俱乐部活动

案例中心案例俱乐部于2018年9月份完成了第三届会员的招新工作，截至2018

年共举行了一次见面会与三次案例学习活动。

每一次活动结束后，俱乐部都会发布问卷收集会员们对活动内容等方面的评价与改进建议，吸取经验，继续不断改进，给大家提供一个更好的学习环境和机会。至此，俱乐部已经完成了本学期第一次完整的案例学习闭环，案例中心将继续支持案例俱乐部在2019年进行持续的案例人才培养。

2. 持续举办2018"案例思享会"专题讲座

案例中心以"案例思享会"为主题开展了系列品牌讲座，成功举办了11场专题学术分享会。讲座邀请到来自北京大学、复旦大学、西安交通大学以及加拿大卡尔顿大学、西安大略大学等多所国内外知名高校的专家学者与师生共同交流。

讲座时间	讲座内容	主讲嘉宾
1月10日 第一讲	Case Teaching and Case Writing	加拿大西安大略大学毅伟商学院 潘兆铭助理教授
1月10日 第二讲	Channel Strategy for Manufacturers in the Presence of Service Free Riders	加拿大西安大略大学毅伟商学院 潘兆铭助理教授
6月24日 第三讲	消费升级背景下矿泉水行业的潜力及CSR项目的战略意义	达能中国饮料水科首席顾问 苗慧帅
10月14日 第四讲	"在工作中脱颖而出"案例分享会	哈佛商学院商务顾问 王云珍老师
11月26日 第五讲	案例编写与营销的理论创新	西安交通大学管理学院市场营销学系 庄贵军教授
12月8日 第六讲	动机的动态性与多维性研究	复旦大学市场营销学系 金立印教授
12月8日 第七讲	研究驱动的"迷你案例"教学：以消费者行为学课程为例	复旦大学市场营销学系 金立印教授
12月10日 第八讲	升级中的降级与获得感难题：VUCA时代中国人的消费、自我与文化	北京大学光华管理学院市场营销学系 彭泗清教授
12月10日 第九讲	共创案例教学五步法：教学4.0时代的创新尝试	北京大学光华管理学院市场营销学系 彭泗清教授
12月11日 第十讲	关于在教学中使用在线模拟的一些个人体会	加拿大卡尔顿大学 蒋国梁副教授
12月14日 第十一讲	Case teaching/writing talk	加拿大西安大略大学毅伟商学院 潘兆铭助理教授

以交流促进学术进步，让思想碰撞的火花照亮求知的迷途。案例中心通过一系列"案例思享会"系列专题讲座，探究学术前沿，构建我院和国内外院校、学术机构的

沟通之桥,为我院的学术研究和相关教学带来了新颖的观点与别样的启发。"案例思享会"系列专题讲座的开展,为我们打开了全新的认知之窗,让我院师生在交流中不断激发研究动力。

七、加强对外交流与学习,促进中心品牌建设

1. 赴加拿大西安大略大学毅伟商学院香港校区开展交流访问

2018年4月23~24日,陈瑞球亚太案例开发与研究中心梁剑平主任、程江慧老师赴加拿大西安大略大学毅伟商学院香港校区开展交流访问,双方就案例培训、案例撰写、案例使用以及联合举办2018年国际商业案例大赛等合作进行了深入的交流与洽谈。毅伟商学院香港校区院长陈维康(Chris WH Chan)、毅伟案例中心亚洲总监李雪芳(Lydia Lee)以及毅伟案例中心亚洲经理杨翠珊(Tracia Yeung)参加了会谈。

2. 赴印度新德里参加2018管理案例国际会议

2018年11月28日~12月2日,我院副院长郑国坚教授、陈瑞球亚太案例开发与研究中心梁剑平主任、科研办程江慧老师、教务办牟欣老师一行赴印度新德里参加2018管理案例国际会议。

梁剑平主任在大会开幕式上做了题为"为中国顶级商学院的案例师资、案例写作与案例学习赋能——以中山大学管理学院陈瑞球亚太案例开发与研究中心为例"的主题学术演讲,围绕案例中心的三大功能(案例教学、案例开发和案例比赛),分享如何通过案例师资培训、案例俱乐部创建、案例企业参访、案例开发与研究、以及主办、参与国家、地区及全球性案例比赛等形式,打造一个致力于成为中国及亚太地区的最佳案例中心。

在此次案例教学与研究的交流学习过程中,我院和博拉管理技术学院(BIMTECH)也都详细介绍了各自院校的发展情况。我院郑国坚副院长、梁剑平主任、程江慧老师、牟欣老师与查图维迪(H. Chaturvedi)教授、阿乔－戴伊(Ajoy K. Dey)教授就学术合作等事宜进行了详细商讨,并就双方在学生交换、师资互访、合办案例大赛与论坛会议等方面的合作前景交换了意见。

陈瑞球亚太案例开发与研究中心将一如既往地致力于案例开发与研究,通过广泛的案例教学和研究、案例写作与学习应用,打造亚太地区案例开发与研究的品牌,进一步促进国际教育在学术交流上的深度合作。

回顾与展望

回首2018,陈瑞球亚太案例开发与研究中心坚持开放创新,在培养师生教学科研与学习钻研能力方面不遗余力,在案例学习与实践机会方面提供充沛资源,在对外合作与交流方面深入开展,同时发挥优良传统,推动各项活动有序开展。

2018年度，陈瑞球亚太案例开发与研究中心成绩斐然，所举办的案例大赛和活动得到广泛关注，所指导的学生们也在各大赛事取得骄人成绩。在对外交流与合作的过程中，中心也不断打造自身的品牌形象，极大提升了在校内校外、国内国外的知名度和影响力。

展望2019，中心将持续培养案例人才，激发师生教学与研究热情，同时组织出版优秀案例汇编，参与国际一流的案例交流研讨会议、商业案例大赛等，加强与国内外著名商学院与案例研究中心的交流合作，致力成为亚太地区案例研究的一流品牌。

陈瑞球亚太案例开发与研究中心 2019 年年度报告

岁月如流,韶光似箭。2019 年度,陈瑞球亚太案例开发与研究中心在中山大学基金会、学院各级领导的大力支持和帮助下,各项工作始终围绕着"一个平台,两个主体","为教师赋能,为学生发展"的原则,不忘初心、坚持开放、勇于创新,在原有工作基础上大踏步向前,取得一系列可喜的成绩。

案例是目前国际公认的商学院教学实践中不可缺少的一部分。案例的开发、教学实践及应用对于商学院学术水平、教学质量、学生素质等各方面的发展都有着非常重要的作用。为提高整体教师的案例写作研究及教学水平,案例中心一方面继续组织并资助学院教师参加各项案例项目活动学习培训,如美国哈佛商学院教学案例写作全球培训项目学习、哈佛商学院出版社线上模拟(Simulation)体验工作坊等,致力于提高我院的案例教学能力。另一方面也继续与 IVEY 案例库、哈佛出版社合作,同时尝试其他案例库(如中欧、清华、SAGE 等)的试用洽谈,争取为教师们提供更多可选择的国际一流案例资源。

为提升学生分析与解决问题的能力,提供丰富的学习和锻炼的机会,案例中心充分发挥资源优势,选拔培训并指导学生队伍参加 2019 SYSBS – IVEY 全国商业案例大赛、汇丰商业案例分析比赛、第七届全国 MBA 管理案例精英赛等,让学生们学以致用,将案例分析与研究的知识应用到实际中。频频佳绩,为同学们进一步深造提供了更好的机会,也提升了案例中心的品牌形象。同时,案例中心坚持举办企业参访、案例思享会等系列活动,并大力支持学生案例俱乐部的发展,让学生在实践中学习和深化所学,在实践中锻炼能力,收获更多课堂之外的见识与经历。

本年度,案例中心更加注重营造良好的案例教学整体氛围,鼓励教师们针对中国本土进行案例写作,参加"IVEY 案例库"、"全国百篇优秀管理案例"等评选活动。案例中心也持续向全国优秀商学院进行案例征集,并计划于 2020 年 1 月出版全新中国案例集,推动中国本土案例的建设。与此同时,案例中心继续以开放学习与合作的心态,加强与国内外各学术机构、院校与企业的合作与交流,通过"2019 SYSBS – IVEY 全国商业案例大赛"、"2019 年中山大学工商管理案例研讨会"等活动打造海内外学术沟通桥梁,助力校企合作,促进学院案例教学氛围的良好发展。

2019 年,案例中心在培养师生教学科研与学习钻研能力方面不遗余力,在案例学习与实践机会方面提供充沛资源,营造了良好的案例教学氛围。

一、交流谋发展，打造海内外学术沟通桥梁，助力产学研工作发展

1. 开展校级交流指导工作座谈会

2019年1月7日，中山大学教育发展与校友事务办公室主任、校友总会秘书长、教育发展基金会秘书长黄瑞敏博士以及邵筠老师来我院开展交流指导工作，案例中心主任梁剑平副教授、程江慧老师出席工作会议。

通过本次交流指导工作座谈会，我院陈瑞球亚太案例开发与研究中心更加坚定了发展的初衷和本心，在新的学期将一如既往地坚持服务老师，服务学院教学的宗旨，秉承为学生提供良好学习环境和机会、培养优秀案例人才的精神，继续开拓前行。

2. 协助学院开展案例建设，促进产学研工作发展

2019年5月15日，我院陈瑞球亚太案例开发与研究中心梁剑平主任、程江慧老师赴深圳与比亚迪公司股份有限公司开展产学研案例建设项目合作洽谈、

双方就比亚迪公司的战略部署和已取得成就、本次产学研合作具体实施项目的情况及合作要求、人才培养及工商管理专业学科建设等一系列问题进行深入讨论，在舒适融洽的氛围中达成了合作意向。

3. 全面开展粤港澳大湾区合作交流

2019年11月18日－22日，我院王帆院长、郑国坚副院长、案例研究中心学术主任梁剑平副教授、学术研究生项目学术主任傅慧教授等一行应邀出访澳大利亚，参加了与麦考瑞大学管理学院联合举办的"塑造商业和教育的未来－跨境思维领导力论坛"及相关交流活动，就双方全面开展粤港澳大湾区合作研究、人才培养等议题进行深入交流，期待共同把握大湾区机遇，深化交流合作，加快协同创新，推动大湾区发展。

梁剑平主任在项目会谈中作主题为"Capacity Building on Case Teaching, Writing & Learning"的演讲。

本次访问拓宽了案例中心关于大湾区合作研究思路，开拓了国际化视野，为我院案例中心与国外高水平商学院全面开展粤港澳大湾区合作研究迈出了坚实的一步。

二、提供优秀案例资源，鼓励案例写作与征集，大力推动案例开发教学

1. 组织我院师生参加第十届百优案例评选，朱沆教授撰写案例成功入选第十届"全国百篇优秀管理案例"

自2010年迄今为止，"案例中心"每年5月积极组织学院师生参与该项评选。2019年，经过专家匿名函审和专家委员会评审两个阶段的评选，我院朱沆教授和曾镜、冯瑞婷同学提交的"壹号土猪：北大猪肉大王的生意经"成功入选，正式收录至中国管理案例共享中心案例库，在全国MBA培养院校中共享。

2. 继续推进哈佛与 IVEY 商学院案例订购工作，提供丰富案例资源

为继续服务我院老师们的案例教学与科研，2019 继续和哈佛案例库、毅伟案例库签订案例采购协议。经过洽谈合作，我院完成 IVEY 案例库三年（2019－2022）使用协议，以及顺利续签 2019－2020 年哈佛案例库使用权购买合同，并继续由陈瑞球亚太案例开发与研究中心提供案例订购服务等工作。

3. 广泛联合国内优质案例库，多方位探索合作意向

案例教学在全球商学院的重要性越来越高，我院师生对于优质案例的需求也随之增加。为了更好地服务于我院老师的案例教学和科研，案例中心于 2019 年广泛联合国内优质案例库，并通过反复沟通商谈，获得案例库试用资格（面向我院全体教师），比如：中欧国际商学院案例中心案例库、清华大学案例中心案例库、SAGE 出版社案例库等。

4. 梁剑平主任担任《International Journal of Inventory Research》国际期刊客座主编

5. 梁剑平主任作为国内优秀案例中心代表受邀负责哈佛案例翻译工作

2019 年 9 月 26 日，梁剑平主任受教育部学位与研究生教育发展中心邀请，加入哈佛案例翻译专家组，负责完成哈佛案例翻译工作。为此，10 月国庆期间，案例中心迅速组织我院从事相关案例教学与研究的师生共同开展系列案例翻译工作，包括 3 个案例正文和 3 个案例教学笔记。

除了总负责人梁剑平主任外，大力支持并积极参与翻译评审工作的老师：于洪彦教授、朱沆教授、傅慧教授、何云副教授、申文果副教授、朱翊敏副教授。

6. 加强案例征集、评选，计划出版案例集

（1）开设优秀管理案例征稿活动

支持并参与李善民副校长主持的教育部重大专项课题《党的创新理论引领贯穿中国工商管理学科知识体系》，负责课题建设中案例部分的相关工作。

（2）顺利完成两本中国工商管理案例集

基于案例中心的资源和平台，在我院师生的支持下，2019 年 2 月顺利出版《提升中国企业竞争力－工商管理精选案例集》（梁剑平、陈静、潘兆铭编著，经济科学出版社）。

同时，组织我院师资以及优秀校友共同完成案例集《全球视野 本土智慧－中国商业管理案例精选集》（梁剑平编著，经济科学出版社），将于 2020 年 1 月正式出版。

三、学习促提升，组织并支持学院老师参加各项案例项目活动培训

1. 梁剑平主任应邀代表我院案例中心出席第三届工商管理案例教学工作坊并作主题演讲

2019 年 4 月 15 日，由北京大学管理案例研究中心主办的第三届工商管理案例教

学工作坊在北京大学光华管理学院成功举办。应北京大学管理案例研究中心指导委员会秘书长兼执行主任王铁民教授、副主任彭泗清教授的邀请，我院陈瑞球亚太案例开发与研究中心梁剑平主任、科研办程江慧老师出席本次工作坊活动。

本次工作坊以"聚焦前沿 扎根教学"为主题，邀请了北大管理案例研究中心高级顾问陈世达博士、北大光华战略管理学武常岐教授、北大光华市场营销学彭泗清教授、北大光华管理科学与信息系统王翀副教授等围绕"案例教学与开发"进行主题分享。案例中心梁剑平主任也向与会人员介绍了陈瑞球亚太案例开发与研究中心的发展现状与案例建设工作进展，并根据自身经历分享了在案例教学、案例写作与应用方面的心得。

为加强校际交流，学习先进经验，我院梁剑平主任、程江慧老师还与北京大学管理案例研究中心指导委员会秘书长兼执行主任王铁民教授、副主任彭泗清教授进行了深度交流座谈，详细了解各自案例中心的发展历程、工作情况、运作模式等，围绕案例库建设、案例师资培训、案例研究、案例企业基地建设、国际国内案例大赛举办以及国际交流合作等方面的经验进行交流分享。

2. 2019年9月2日-5日，梁剑平主任受中国银行国际金融研修院邀请担任"中国银行经典案例评审专题研讨班"评审专家委员，赴北京开展经典案例评审工作

3. 2019年12月6日-12日，梁剑平主任受中国银行国际金融研修院邀请担任"中国银行首批经典案例教学师资培训班"指导老师，赴北京开展中国银行首批30篇经典案例教学与培训工作。

4. 2019年12月18日-20日，梁剑平主任受邀作为案例专家代表我院案例中心赴河北工业大学，出席2019年全国第四批及京津冀地区MBA培养院校案例专题工作研讨会并作主题为"如何赋能中国高校管理学院的案例教、学、写-以中山大学管理学院为例"的演讲

5. 支持并资助学院教师参加美国哈佛商学院教学案例写作全球培训项目

2019年7月，案例中心联合MBA中心资助我院李昊教授、迟嘉昱副教授前往美国哈佛商学院参加案例教学与写作培训项目。

哈佛商学院的MBA课堂多采用案例教学方式，认为案例教学能有效提升学生的经验基础。通过这次在哈佛商学院的学习，两位老师得以站在学生的角度感受案例教学的效果，而同时又站在教师的角度思考案例教学的利弊，对于如何组织课堂案例讨论有了比较清晰的认识，受益匪浅。

6. 举办哈佛商学院出版社线上模拟（Simulation）体验工作坊

2019年9月17日，案例中心成功邀请到哈佛商学院出版社大中华区总监应蔚芸女士，面向我院师生开设"哈佛商学院出版社线上模拟（Simulation）体验工作坊"。线上完整的情景模拟体验过程和模拟后的清晰复盘，让大家沉浸其中且受益匪浅。参

与人员纷纷表示，此次工作坊活动有趣又意义深刻，深受启发，希望以后还有机会参与类似活动。

7. 组织并资助学院老师参加哈佛商学院出版举办的《管理学思想的延伸和影响力》学习工作坊

2019年11月18日瑞球亚太案例开发与研究中心主任及项目负责人梁剑平副教授率领我院学习活动组何朦、吴瑶、薛骄龙、郭咏琳等师生赴上海参加由哈佛商学院出版（Harvard Business Publishing）主办的《管理学思想的延伸与影响力》。

本次交流学习活动，对案例选择、写作、投稿等提供国际高水平指引，为日后更好地开展案例研究做好前期铺垫。这是陈瑞球亚太案例开发与研究中心与国内外学术机构分享交流、学习经验的良好实践，是案例中心坚持"走出去，引进来"发展理念的最佳体现。

8. 成功举办2019年中山大学工商管理案例研讨会

2019年12月4日-5日，由中山大学管理学院主办、陈瑞球亚太案例开发与研究中心承办的"2019年中山大学工商管理案例研讨会"在中山大学管理学院善思堂M101课室成功举办，来自全国MBA教育指导委员会、全国知名高等院校、哈佛商学院出版社、中国银行的专家学者和研究生60余人参与会议，共同探讨"全球新形势下的案例开发与研究"。

本次会议由陈瑞球亚太案例开发与研究中心主任梁剑平副教授主持，管理学院副院长郑国坚教授、全国MBA教育指导委员会秘书处王萍主任致开幕词，邀请北京大学光华管理学院武常岐教授、南开大学商学院许晖教授、香港城市大学的方钰麟教授、中国银行国际金融研修院案例中心张文祥主任、中山大学管理学院朱沆教授和哈佛商学院出版社大中华区总监应蔚芸女士作主题演讲和经验分享。

本次会议的举办为增强我国工商管理案例研究的交流与合作提供了一个良好的学术交流平台。会上，专家学者们分享真知灼见，深入探讨案例教学、案例开发、案例研究等主题，与会人员各抒己见，共同探讨有价值的学术观点和实践应用策略，这为推动我国工商管理案例开发与研究水平的进步贡献力量。

9. 坚持开展"案例思享会"系列讲座，引进前沿

（1）2019年6月1日晚，案例中心邀请加拿大西安大略大学毅伟商学院潘兆铭教授作关于区块链的主题讲座。

（2）2019年6月15日晚，案例中心邀请投资资讯和教育平台Wealthskey.com创办人、香港供应管理协会会长潘建明先生作"如何管理跨国和跨文化团队"主题讲座。

（3）2019年7月4日，案例中心邀请加拿大阿尔伯塔省公立麦科文大学商学院副院长魏小军教授作"IVEY案例教学与发表实践"主题讲座。

（4）2019年7月12日，案例中心邀请中欧国际工商学院（CEIBS）案例中心助理主任许雷平博士作"质量案例开发助力中国管理教育发展－－中欧国际工商学院案例建设经验分享"主题讲座

四、赛事现风采，选拔与指导学生队伍参与多项案例比赛

在参与案例比赛方面，案例中心2019年全力开展队伍选拔与学生指导工作，取得了较为丰硕的成绩。

1. 我院代表队在2019年汇丰商业案例大赛中获得最佳风采奖

2019年4月21日，2019汇丰商业案例大赛南区在深圳大学城北京大学汇丰商学院举行。梁剑平主任带领2017级学生刘晴颖、厉小凡、陶璞、镇婕代表中山大学管理学院参加本次赛事，荣获最佳风采奖。

2. 梁剑平主任担任第七届全国管理案例精英赛"长步道杯"中山大学管理学院突围赛现场专家评委

2019年7月，第七届全国管理案例精英赛"长步道杯"中山大学管理学院突围赛在我院圆满落幕。经过激烈的角逐，"追光者队"荣获冠军，"善思队"荣获亚军，"无敌战队"、"星光军团"和"扫地僧队"荣获季军，全场最具价值队员（MVP）的奖项由"追光者队"的吴扬同学摘得。

本次大赛引起了广大校友、在校师生及热心企业的热烈反响和大力支持。我院副院长刘静艳教授、案例中心主任梁剑平副教授、汤光华副教授、中山大学MBA副理事长陈冲、中大MBA校友帝象企业管理咨询有限公司首席顾问胡在勇、案例赞助企业代表广州长步道光电科技有限公司副总经理吴沛林担任本次大赛评委，我院100多位学生出席了本次突围赛。

中山大学管理学院的商界管理精英成功集结，秉承突破自己的创新态度和团队协作精神，代表中山大学迎战各高校强敌，梁剑平副教授为他们进行集中培训，以顺利参加华南分赛区以及全国总决赛。

3. 我院代表队分别荣获2019第七届全国管理案例精英赛华南区晋级赛冠亚军

2019年7月15日，在梁剑平主任和朱仁宏副教授的指导下，我院代表队"善思队"和"追光者队"以扎实的学术基础和缜密的逻辑推导在激烈的角逐中脱颖而出，分别荣获华南赛区冠军和亚军。案例中心主任梁剑平副教授获"最佳教练奖"。

4. 我院代表队获得第七届全国管理案例精英赛（2019）全国总决赛季军

在案例中心梁剑平主任的带领下，我院代表队"善思队"在第七届全国管理案例精英赛（2019）全国总决赛以逻辑严谨、方案创新、配合默契赢得了评委和观众的一致认可，最终获得季军，充分展现了管理学院学子的风采。

5. 我院代表队荣获2019 SYSBS－IVEY全国商业案例大赛一等奖和最佳人气奖

2019年6月1日，我院梁剑平副教授、申文果副教授、梁雪姬助理教授精心挑选2019 SYSBS – IVEY全国商业案例大赛中山大学代表队队员。

最终，中山大学代表队在案例中心梁剑平主任的指导下，在比赛分析过程中条分缕析，义理相博，以新颖的方案设计、严谨的分析方法和出色的临场发挥获得了2019 SYSBS – IVEY全国商业案例大赛一等奖和最佳人气奖。

6. 思维交锋，商海弄潮——管理学院第六届黄埔杯案例分析大赛

2019年12月22日下午，管理学院第六届"黄埔杯"案例分析大赛决赛于南校园管理学院善衡堂S131顺利举行。本次比赛由管理学院学生事务与职业发展办公室主办、管理学院学生会承办，本次比赛共收到69支队伍、近500名学生报名。案例中心作为支持单位，梁剑平主任担任两支队伍的指导老师。

五、实践见真知，组织学生进行企业参访与学习

2019年5月27日上午，案例中心梁剑平主任、程江慧老师带队组织我院师生前往广州高露洁黄埔工厂进行参访调研活动。参加本次活动的有我院韩小芸教授、龚凯颂副教授、申文果副教授、部分2018FIMBA学生、全日制研究生以及案例俱乐部的学生代表等。

这次走进企业的机会，让学生在实践中学习和深化所学，在实践中锻炼能力，收获更多课堂之外的见识与经历。案例中心将继续组织企业参访等活动，拉近学生与商业实践的距离，让知识在实践中碰撞，在实践中磨砺与成长。

六、合作共创新，举办2019SYSBS – IVEY全国商业案例大赛

2019年11月23日，2019 SYSBS – IVEY全国商业案例大赛正式拉开帷幕。本次大赛由中山大学管理学院、加拿大韦仕敦大学毅伟商学院联合主办，中山大学管理学院陈瑞球亚太案例开发与研究中心、加拿大韦仕敦大学毅伟商学院亚洲案例中心承办，中山大学管理学院案例俱乐部、毅伟商学院亚洲校友会联合协办。赛事分为初赛（线上评审和现场展示）和决赛两轮。

在本次比赛中，中山大学代表队凭借出色的表现获得一等奖，同时还获得了投票产生的最佳人气奖，南京大学代表队、南开大学代表队、香港中文大学（深圳）代表队获得二等奖，清华大学代表队、复旦大学代表队、华南理工大学代表队获得三等奖。

七、案例中心学生案例俱乐部的活动开展

管理学院学生案例俱乐部由陈瑞球亚太案例开发与研究中心指导成立，属于陈瑞球亚太案例开发与研究中心旗下学生兴趣类组织。成员涵盖中山大学管理学院2016

级、2017 级、2018 级的优秀本科生。过去一年，俱乐部通过一系列的线上线下活动，让思想碰撞的火花照亮求知的迷途，以交流促进学术进步。

1. 线上活动：商业热点与读书笔记分享

为培养同学阅读与关注时事的习惯，思考商科知识在日常生活中的体现与运用，提高商科综合素质与能力，俱乐部在公众号平台制作并分享了多篇与商业热点或读书笔记相关的推送。线上的推送分享活动不仅有利于同学们在理论与实践的结合中不断成长与学习，还有利于俱乐部进行线上品牌建设。

2. 线下活动：内部研讨会与案例分析学习活动

为帮助新一期会员初步入门案例分析，俱乐部举行了相关线下活动：以内部研讨会的方式讨论线上专题推送的内容；邀请 BSCC 第二期会员陈元燊同学作为嘉宾，举行案例学习沙龙活动。在线下活动的过程中，同学们对案例学习的战略层战术层思想、分析方法、思考角度等方面有一个基本的了解与认识，而且加强了会员之间的交流，鼓励大家在交流中互相学习。

2019 年 3 月 10 日，活动内容包括比赛经验分享及答疑、关于核心竞争力的一些知识以及自由讨论。BSCC 的两名成员何可人、林睦锦在 2019 年厦门大学"毕马威杯"管理案例分析全国十强邀请赛中取得了全国二等奖的佳绩。两位成员分享了关于赛前和赛中获得的经验。BSCC 的另外四名成员杨恺童、黄乐维、镇婕、厉小凡讲解了关于核心竞争力的一些知识。

2019 年 3 月 31 日，中山大学管理学院案例分析俱乐部（BSCC）第二次学术讨论。成员何可人、林睦锦、杨玮琪、刘晴颖。本次小组的分享模块分别为企业定位、环境分析、市场进入时机选择等。

每一次活动结束后，俱乐部都会收集会员们对活动内容等方面的评价与改进建议，吸取经验，继续不断改进，希望给大家提供一个更好的学习环境和机会。2020 年，案例中心将继续大力支持案例俱乐部活动，培养优秀的案例分析人才。

八、回馈学院，不忘昔时就学之情，深表心意，期盼襄助中心发展

2019 年 3 月 19 日，我院陈瑞球亚太案例开发与研究中心收到中国银行广东省分行经理，原我院 15 级 MBA 校友龙潜先生的 3000 元捐赠。该笔捐赠款项为龙潜先生 2018 年担任 SYSBS – IVEY 全球商业案例大赛评委的评审费用，龙潜先生为支持案例中心发展，表达自己对学院对中心的深厚情谊，以及对中心不断进步发展的深切期盼，特将该笔款项捐赠我院陈瑞球亚太案例开发与研究中心。

回顾与展望

回首 2019，陈瑞球亚太案例开发与研究中心坚持开放创新，在培养师生教学科研

与学习钻研能力方面不遗余力，在案例学习与实践机会方面提供充沛资源，同时发挥优良传统，推动各项活动有序开展。2019年度案例中心所举办的案例大赛和活动得到广泛关注，所指导的学生们也在各大赛事取得骄人成绩。在对外交流与合作的过程中，中心也不断打造自身的品牌形象，极大提升了在校内校外、国内国外的知名度和影响力。

中心坚持开放、勇于创新，充分发挥资源优势，一方面为教师赋能，以教促学；另一方面为学生提供丰富的学习和锻炼的机会，促进学生分析与解决问题能力的提升。同时，案例中心通过开展与"案例开发、研究、出版与交流"相关的系列活动，为形成全方位、高质量的案例教学研究与实践打下坚实基础，营造良好的案例教学整体氛围。

展望2020，中心将持续培养案例人才，激发师生教学与研究热情，同时组织出版优秀案例汇编，参与国际一流的案例交流研讨会议、商业案例大赛等，加强与国内外著名商学院与案例研究中心的交流合作。中心将坚持服务老师，服务学院教学的宗旨，秉承为学生提供良好学习环境和机会、培养优秀案例人才的精神，通过系列具有开拓性、创新性的活动进行中心的品牌化建设。同时立足国内，放眼世界，加强对外合作与交流。